kailash

Dr. Julia Tanck

Unfiltered. Social Media und unser Körperbild

Wie wir zu mehr Körperakzeptanz und einer gesunden Selbstwahrnehmung finden

kailash

Inhalt

Vorwort
oder: Wie das Thema zu mir kam
(und ich zu ihm)

Warum ich mich dazu entschieden habe, dieses Buch zu schreiben? In meiner Arbeit als psychologische Psychotherapeutin und Wissenschaftlerin habe ich viele Frauen mit Essstörungen und Körperbildstörungen kennenlernen und begleiten dürfen. Der größte Risikofaktor für die Entwicklung einer Essstörung heißt eindeutig: ein negatives Körperbild in Kombination mit ausgeprägter körperlicher Unzufriedenheit.

Körperliche Unzufriedenheit lässt sich aber nicht nur bei Menschen mit Essstörungen finden, sondern ist ein weitverbreitetes Phänomen in unserer Gesellschaft sowie der gesamten westlichen Welt. Bereits im Alter von fünf bis sieben Jahren können Kinder ein Gefühl von Körperunzufriedenheit entwickeln, das auch im Erwachsenenalter ein alltäglicher Begleiter bleibt und sich ab der Menopause bei Frauen sogar noch einmal intensivieren kann. Hinzu kommt, dass wir das, was wir über unseren Körper denken und fühlen, (unbewusst) an unsere Kinder weitergeben, die es wiederum (unbewusst) an ihre Kinder weitergeben. Sich diese Prozesse bewusst zu machen, ist essenziell, nicht nur um die Beziehung zu unserem eigenen Körper zu verändern, sondern auch um das Körperbild nachfolgender Generationen positiv zu beeinflussen.

Ich bin der festen Überzeugung, dass uns allen eine verbesserte Beziehung zu unserem eigenen Körper guttun würde. Wir alle haben nur diesen einen, mit ihm werden wir geboren, er wird uns durch unser Leben begleiten, bis wir sterben. Unseren Körper so wie er ist zu akzeptieren und vielleicht sogar wertzuschätzen, kann uns zu mehr Leichtigkeit, mehr Lebensfreude, mehr Genuss, mehr Flexibilität, mehr Freiheit, kurzum zu mehr Lebensqualität verhelfen. Ich finde, ein absolut erstrebenswertes Ziel.

Leichter gesagt als getan, denkst du jetzt vielleicht. Manchmal hilft jedoch bereits ein verbessertes Verständnis von Zusammenhängen und Hintergründen, um das eigene Verhalten in neue Bahnen zu lenken. Einfach weil sich der eigene Horizont erweitert hat. Dabei möchte ich gern unterstützen und mithilfe dieses Buches versuchen, das für uns alle so relevante und potenziell lebensverändernde Thema »Körper« aus drei Blickwinkeln zu beleuchten: aus der Wissenschaft, der therapeutischen Praxis und der Betroffenenperspektive. Ich möchte unser aller Bewusstsein dafür schärfen, warum wir uns mit unserem Körper so fühlen, wie wir es tun. Dazu werde ich Erklärungen sowohl auf individueller als auch auf struktureller Ebene liefern und Ansatzpunkte aufzeigen, um unsere Beziehung zum eigenen Körper zu verbessern: um gut für ihn zu sorgen und uns vor potenziell schädlichen Einflüssen besser schützen zu können.

In diesem Buch stütze ich mich auf eine breite Palette von Forschungsstudien. Die Mehrheit dieser Studien ist hauptsächlich auf Cisgender-Personen ausgerichtet, also auf Menschen, deren Geschlechtsidentität mit dem übereinstimmt, was ihnen bei ihrer Geburt aufgrund ihrer körperlichen Merkmale und Chromosomen als Geschlecht zugewiesen wurde. Zusätzlich sind männliche Populationen in der Forschung rund um Körperbild und Essstörungen oft unterrepräsentiert. Diese einseitige Ausrichtung kann dazu führen, dass wichtige Perspektiven und Erfahrungen übersehen werden. Meine Verwendung, entsprechend vorliegender empirischer Daten, bedeutet also keineswegs, dass ich andere Geschlechtsidentitäten und sexuelle Orientierungen ignoriere oder nicht respektiere. Im Gegenteil, ich möchte das Bewusstsein für die Notwendigkeit einer inklusiven Wissenschaft und weiteren Sensibilisierung in diesem

Bereich schärfen. Ich hoffe, dass dieses Buch dazu beitragen kann, das Interesse an der Erforschung und Anerkennung aller Geschlechtsidentitäten und sexuellen Orientierungen zu fördern und eine vielfältigere und der gesellschaftlichen Realität entsprechendere Wissensbasis aufzubauen.

Ich habe mich in diesem Zusammenhang bewusst dafür entschieden, beim Schreiben zu gendern. Es ist mir ein wichtiges Anliegen, den Respekt für die vielfältigen Erfahrungen und Identitäten meiner Leser*innen auch auf diese Weise zum Ausdruck zu bringen.

»Wie bist du zu diesem Thema gekommen, Julia? Hast du selbst schon einmal eine Essstörung gehabt?« Fragen dieser Art begegnen mir sehr häufig.

Mein Weg war weit weniger »von langer Hand geplant«, als du jetzt vielleicht denkst. Nach dem Abitur habe ich nicht gewusst, was ich studieren möchte. Mir war aber klar, ich möchte gerne mit Menschen arbeiten. So entschied ich mich für Psychologie. Mit einem Abischnitt von 2,8 (ja, ich hatte damals keine Lust auf Schule, und andere Dinge haben mich weitaus mehr interessiert) schien dieses Ziel für mich zunächst unerreichbar, da der Numerus Clausus für das Fach an staatlichen Universitäten damals schon bei 1,0 lag. Ich habe mich trotzdem beworben und wurde – wie zu erwarten – abgelehnt. Durch eine gute Freundin kam ich jedoch auf die Idee, gegen den Bescheid Widerspruch einzulegen. Und zack: Vier Wochen später hatte ich den Studienplatz. So begann ich mein Psychologiestudium in Hamburg und freute mich besonders auf das Fach Klinische Psychologie. Ich hatte aber, offen gestanden, von Tag eins an große Versagensängste und dachte, ich könnte mit den ganzen 1,0er-Abiturientinnen und Abiturienten nicht mithalten. Trotzdem absolvierte ich das Bachelorstudium problemlos und bewies mir hier erstmals, dass Noten im Abitur nichts darüber aussagen, wie geeignet man für ein Studium ist, das einen wirklich interessiert.

Den *Master of Science Psychologie* legte ich im Anschluss an der Universität Osnabrück ab, die – wie ich damals noch nicht wusste – auf die Erforschung von Essstörungen und Körperbildstörungen spezialisiert ist. Der Titel meiner Abschlussarbeit lautete: *»Ich habe heute leider kein Foto für dich!«: Effekte der Castingshow Germany's Next Topmodel auf Körperunzufriedenheit junger Frauen.* Das Thema hatte mich gepackt. Nach dem Studium folgte eine Weiterbildung zur Psychologischen Psychotherapeutin (kognitive Verhaltenstherapie), um mich irgendwann einmal mit einer eigenen Praxis selbstständig machen zu können. In dieser Phase arbeitete ich mehrere Jahre auf einer Spezialstation für Essstörungen und behandelte Betroffene verschiedenster Art sowohl stationär als auch ambulant. Dabei merkte ich, wie leicht es mir fiel, eine gute therapeutische Beziehung zu meinen Patientinnen und Patienten aufzubauen. Durch ein paar glückliche Zufälle startete ich im Anschluss mein Promotionsprojekt, für das ich eine groß angelegte Studie durchführte, die eine spezielle Intervention zur Verbesserung des Körperbildes bei Patientinnen mit Anorexia nervosa und Bulimia nervosa experimentell untersuchte. Auch zu diesen Themen wird es im Buch noch mehr Infos geben. Im Oktober 2022, nach gut vier Jahren, reichte ich meine Dissertation ein und konnte diese im März 2023 erfolgreich in der mündlichen Prüfung verteidigen.

Der Schwerpunkt Essstörungen und Körperbildstörungen hat sich daher bei mir mehr oder weniger gefügt, indem ich das Leben, so wie es kam, hingenommen und Chancen ergriffen habe. Ich bin heute mehr als froh darüber. Ganz grundsätzlich schätze ich mich als einen wahnsinnig intuitiven Menschen ein, der wenig plant und Vertrauen ins Leben hat. Genauso ist es letztlich auch zu der Anfrage zu diesem Buch gekommen, die unvermittelt in meinem E-Mail-Postfach gelandet ist. Ich bin unglaublich dankbar für die Chance, dieses Projekt in die Tat umsetzen zu können. Klar, zwischendrin fühle ich mich noch wie die Einklägerin, die inmitten der 1,0er-Abiturient*innenschaft sitzt und denkt, die anderen sind alle besser als ich. Gleichzeitig weiß ich, dass ich in dem, was ich tue, gut bin und vieles zu sagen habe, was hoffentlich wiederum vielen Menschen helfen kann oder neue Blickwinkel eröffnen wird.

Ich hoffe, dass ich dir, die*der du das hier gerade liest, neue Impulse geben und Mut machen kann. Ich hoffe, dass du nach dem Lesen dieses Buches die Beziehung zu deinem Körper verbessern kannst. Dass du verstehst, welche gesellschaftlichen Faktoren auf uns alle einwirken und woher sie kommen. Und dass wir alle für folgende Generationen eine gesündere Beziehung zu unserem Körper vorleben und vermitteln können. Danke, dass du dieses Buch in den Händen hältst, danke für dein Interesse und deine Offenheit für diese Themen und für deine Wertschätzung meiner Arbeit.

Viel Spaß und hoffentlich viele Erkenntnisse auf den folgenden Seiten wünsche ich dir!

Alles Liebe

Teil 1: Wo wir heute stehen – Körperbild, Bodyshaming, Gewichtsdiskriminierung, Essstörungen

In einer Welt, die sich zunehmend auf Äußerlichkeiten fokussiert, steht das eigene Erscheinungsbild oft im Zentrum unseres Denkens und Handelns und ist eng mit unserem Selbstwert verknüpft. Das Streben nach einem als »ideal« geltenden Körper hat eine immense Bedeutung erlangt – die Auswirkungen der Selbstoptimierung sind allgegenwärtig. Die westliche Welt ist geprägt von einem Ist-Zustand, in dem Körperunzufriedenheit, Bodyshaming, Gewichtsdiskriminierung und Essstörungen auf vielfältige Weise miteinander verflochten sind.

Genau hier möchte ich ansetzen: Der erste Teil meines Buches widmet sich diesen Themenbereichen aus wissenschaftlicher und psychologischer Sicht sowie aus Betroffenenperspektive. In einer Welt, die von sozialen Medien und digitaler Kommunikation geprägt ist, scheint unser Körperbild als Teil unseres Selbstbildes oft von einer unendlichen Anzahl realer und virtueller Blicke auf uns selbst abzuhängen. Wir leben im Zeitalter von Social Media, einer permanenten Selbstinszenierung: Jeder Klick, jedes »Gefällt mir« und jedes geteilte Bild kann unsere Wahrnehmung von Attraktivität, Erfolg und uns selbst und letztlich auch unseres eigenen Körpers beeinflussen.

Körperunzufriedenheit ist damit zu einem weitverbreiteten Phänomen in unserer Gesellschaft geworden. In einem Zeitalter, in dem Likes, Follower, filterveränderte Selfies zu Währungen geworden sind, leiden Menschen jeden Alters und Geschlechts unter dem Zwang permanenter Selbstoptimierung. Doch woher kommt dieser Druck, einem allgemein als attraktiv angesehenen Körperideal entsprechen zu müssen? Wie beeinflussen andere Faktoren, wie beispielsweise unser soziales Umfeld unsere Vorstellung von Authentizität und Schönheit? Und welche Rolle spielen diese Faktoren bei der Entstehung von Essstörungen?

1.1 Körperunzufriedenheit – Schmerzhaft empfundener Gap zwischen Ideal und Wirklichkeit

Körperunzufriedenheit lässt sich nicht nur bei Menschen mit Essstörungen, sondern auch in der Allgemeinbevölkerung finden. Ca. 40–50 % der präadoleszenten Mädchen und 70 % der weiblichen Teenager wünschen sich, schlanker zu sein.[1]

Körperunzufriedenheit ist also keine Ausnahme – sie ist vielmehr die Regel. Sie entsteht, wenn das Realbild des eigenen Körpers vom Idealbild, dem wir entsprechen wollen, abweicht. Mit anderen Worten, wenn eine Diskrepanz zwischen »so sehe ich aus« (= Realbild unseres Körpers) und »so würde ich gerne aussehen« (= Idealbild unseres Körpers) vorliegt.[2] Um diese Problematik genauer zu beleuchten, wenden wir uns einer umfangreichen Studie zu, die in den Vereinigten Staaten durchgeführt wurde.[3] Über einen Zeitraum von mehr als 15 Jahren wurden mehr als 1000 weibliche und männliche Teilnehmende rekrutiert. Der Studienzeitraum erstreckte sich von 1998 bis 2016, wobei die Teilnehmenden zu verschiedenen Zeitpunkten befragt wurden, um ihre körperliche Unzufriedenheit zu ermitteln. Das Forschungsprojekt bot einen umfassenden Einblick in die Entwicklung der körperlichen Selbstwahrnehmung. Als es begann, waren die Teilnehmenden im Durchschnitt gerade einmal 14,8 Jahre alt. Als die letzten Daten erhoben wurden, hatten die Teilnehmenden im Durchschnitt bereits ein Alter von 31 Jahren erreicht. Diese langjährige Begleitung ermöglichte es, Veränderungen und Trends in der körperlichen Unzufriedenheit über eine bestimmte Lebensspanne hinweg zu analysieren.

Die Ergebnisse waren beeindruckend und zugleich alarmierend. Es stellte sich heraus, dass die Körperunzufriedenheit bei beiden Geschlechtern im Verlauf der Zeit zugenommen hatte. Insbesondere bis zum Übergang ins junge Erwachsenenalter berichteten 50,0 % der Frauen davon. Doch auch bei den Männern war das Problem relevant: Mehr als ein Viertel von ihnen (25,9 %) gab an, mit dem eigenen Körper unzufrieden zu sein. Die Befunde dieser Studie wurden von weiteren Untersuchungen gestützt, die eine allgemeine Häufigkeit von Körperunzufriedenheit zwischen 67,6 % und 86,1 % bei Frauen sowie zwischen 48,5 % und 67 % bei Männern konstatierten.[4]

Diese Zahlen verdeutlichen die Ausmaße eines Problems, das Geschlechtergrenzen überschreitet und die allgemeine und individuelle Notwendigkeit hervorhebt, sich mit den Themen Körperbild und Selbstakzeptanz intensiv auseinanderzusetzen. Besonders interessant ist, dass Körperunzufriedenheit nicht nur in jungen Jahren präsent ist. Wie vorhin schon angedeutet, kann sie bei Frauen ab der Menopause aufgrund von verschiedenen körperlichen und hormonellen Veränderungen sogar nochmal ansteigen.[5] Was wiederum die Frage aufwirft, welche spezifischen Faktoren dazu beitragen, dass sich die Beziehung zum eigenen Körper in unterschiedlichen Lebensphasen entsprechend verändern kann. Diese tiefergehende Untersuchung ist von besonderer Bedeutung, da Körperunzufriedenheit und ein negatives Körperbild als eindeutige Risikofaktoren für die Entwicklung von gestörtem Essverhalten und Essstörungen gelten.[6]

An dieser Stelle würde ich dir gerne ein paar Fragen stellen, um deine eigene Einstellung zu deinem Körper zu reflektieren. Sie können dabei helfen, deine persönlichen Wahrnehmungs- und Gedankenmuster besser zu verstehen. Selbstreflexion und -erkenntnis ist ein erster wichtiger Schritt im Veränderungsprozess hin zu einem positiveren Körperbild.

Body Reflections

Wie denkst du über deinen Körper?

- Findest du dich zu dick?
- Findest du dich zu wenig muskulös?
- Würdest du gerne ein paar Kilo abnehmen?
- Hast du ein schlechtes Gewissen, wenn du zu viel gegessen hast?
- Treibst du Sport, um nicht zuzunehmen oder abzunehmen?
- Teilst du Lebensmittel nach »gesund« und »ungesund« ein?
- Hast du schon mal eine Diät gemacht?
- Hast du dich schon einmal mit Schokolade o. ä. »getröstet«?
- Hattest du schon einmal das Gefühl, mit dem Essen nicht aufhören zu können?
- Isst du in Stressphasen besonders viel/wenig?

Wie vielen der genannten Fragen würdest du zustimmen? Vielleicht sogar den meisten? Das ist nicht ungewöhnlich.

Ich stelle die gleichen Fragen häufig am Anfang meiner Fortbildungen zu Essstörungen und Körperbildstörungen in Seminaren für angehende Psychotherapeutinnen und -therapeuten. Die Reaktionen sind immer dieselben: Die meisten Teilnehmenden kennen viele der genannten Punkte aus eigener Erfahrung. Bedeutet das also, dass die meisten Menschen in unserer Gesellschaft eine Körperbildstörung haben? Nein. Es verdeutlicht aber, dass viele von uns (restriktive) Gedanken rund um den eigenen Körper kennen. Gedanken, die sich mit Gewichtsabnahme und Diäten beschäftigen. Damit, sich im eigenen Körper unwohl zu fühlen. Um von einer Körperbildstörung zu sprechen, sind weitere Punkte entscheidend, wie beispielsweise ein starker Leidensdruck, der sich aus solchen körperbezogenen Gedanken und Gefühlen ergibt. Außerdem haben Betroffene häufig eine verzerrte Körperwahrnehmung – dazu an anderer Stelle mehr. Darüber hinaus ist nicht allein die Qualität, d.h. das generelle Auftreten oben genannter Gedanken und Gefühle entscheidend, sondern auch die Quantität, d.h. ihre Intensität und Häufigkeit.

Mir ist wichtig aufzuzeigen, dass körperbezogene Gedanken und Gefühle bei den allermeisten Menschen in unserer Gesellschaft alltägliche Begleiter darstellen. Aufgrund ihrer Omnipräsenz (»das kennt doch jeder«) werden sie als »normal« bewertet und nicht pathologisiert bzw. problematisiert. Aber sind sie wirklich so unproblematisch und wirklich so »normal«, nur weil sie so weit verbreitet sind? Zunächst zeigen sie, dass Körperbewertung und -optimierung in unseren Gedanken, Gefühlen, Verhaltensweisen und Einstellungen tief verankert zu sein scheinen. Wir wurden also offenbar »körpersensibel« sozialisiert und geprägt.

Forscherinnen der Universität Osnabrück führten eine Online-Studie mit insgesamt 1327 Personen im Alter zwischen 16 und 88 Jahren durch, um zu untersuchen, inwieweit sich Körperunzufriedenheit, die Bedeutung des Aussehens und die körperliche Wertschätzung im Laufe des Lebens verändern.[7] Die Ergebnisse zeigten eindrucksvoll, dass eine gute bzw. schlechte Beziehung zum eigenen Körper nicht unbedingt vom Alter abhängig zu sein scheint, sondern als mehr oder weniger konstante Begleiterin in unserem Leben auftritt, was auf tief verwurzelte soziale und kulturelle Einflüsse hindeutet, die möglicherweise schwer zu überwinden sind. Zweitens zeigt sich, dass Frauen im Allgemeinen eine stärkere Neigung haben, Körperunzufriedenheit zu entwickeln, als Männer. Dies könnte auf den Erwartungsdruck zurückzuführen sein, dem sie oft ausgesetzt sind, um bestimmten Schönheitsstandards zu entsprechen. In einer Gesellschaft, die kritisch auf ihr Aussehen achtet, sehen Frauen entsprechend mehr Veranlassung, ihren Körper zu beurteilen und verändern zu müssen. Drittens verdeutlichen die Ergebnisse, dass die generelle Bedeutung des Aussehens im Laufe des Lebens abnimmt – obgleich die Körperunzufriedenheit weiterhin präsent ist. Wir sind also weiterhin unzufrieden mit unserem Körper, dies hat aber nicht mehr die Wichtigkeit für uns, die es vielleicht in jüngeren Jahren einmal hatte. Vermutlich Zeichen eines Reifungsprozesses, bei dem Menschen im Laufe der Zeit mehr Wert auf andersgelagerte Qualitäten und Prioritäten wie Gesundheit, zwischenmenschliche Beziehungen und persönliche Erfüllung legen. Wenngleich sich im Zeitverlauf also gewisse Verschiebungen ergeben, bestätigen die Ergebnisse dennoch unsere körpersensible Prägung.

Früher Start – Kindliches Unwohlsein mit dem eigenen Körper

Das Kindesalter ist ganz grundsätzlich eine Zeit, in der die meisten unserer Prägungen angelegt werden. Auch die Entwicklung des Körperbildes setzt bereits in jungen Jahren ein und stellt eine Facette des persönlichen Wachstums- und Reifungsprozesses dar. Forschungsergebnisse bestätigen, dass diese Dynamik weit früher startet, als man vielleicht erwarten würde. Bereits im Alter von fünf bis sieben Jahren beginnen Kinder, ihren eigenen Körper zu evaluieren, und können erste Anzeichen von Körperunzufriedenheit zeigen.[8]

AUS DER PRAXIS

Mit sechs Jahren zum ersten Mal auf Diät

Ein Fallbeispiel einer ehemaligen Patientin veranschaulicht diesen Sachverhalt sehr eindrücklich.*

Die Patientin, nennen wir sie Nina, kam im Alter von 22 Jahren zu mir in die Praxis und berichtete mir, unter auffälligem Essverhalten mit starker Nahrungsrestriktion (d. h. Einschränkung der Nahrungsaufnahme mit Verzicht auf zahlreiche hochkalorische Speisen) sowie der permanenten gedanklichen Beschäftigung rund um die Themen Figur, Gewicht, Essen, Kalorien etc. zu leiden. In weiteren Gesprächen wurde deutlich, dass sie bereits im jungen Alter von sechs Jahren begann, ihr Essverhalten einzuschränken, das bis zum heutigen Tag sehr instabil geblieben sei. Sie kenne eigentlich gar kein »normales« Essen. Sie versuche, eine Gewichtszunahme unter allen Umständen zu vermeiden, weshalb sie sich zahlreiche Lebensmittel verbiete und kompensatorisch Ausdauersport betreibe.

Im Verlauf der Therapie konnten wir gemeinsam herausfinden, welche Faktoren bereits in der frühen Kindheit dazu führten, dass sie entschloss, ihr Essverhalten derart zu verändern. Oft legt eine Therapie offen, dass Essen als Symptom einer tiefer liegenden Ursache fungiert. So auch bei Nina. Sie wuchs mit einer fünf Jahre älteren Schwester in einem leistungsorientierten Elternhaus auf und hat von Anfang an versucht, den hohen Erwartungen der Eltern gerecht zu werden. Sie hat früh gelernt, die eigenen Bedürfnisse nicht zu äußern, um »zu funktionieren«, und sich in Bezug auf ihre Leistungen stets mit der älteren Schwester verglichen, wobei sie aber das »Problemkind«

* Bei allen Fallbeispielen im Buch sind die personenbezogenen Daten anonymisiert und teilweise geändert, sodass keine Zuordnung zu einer bestimmten Patientin/einem bestimmten Patienten mehr möglich ist.

geblieben sei, das mehr Aufmerksamkeit brauchte. Auch für ihr Aussehen hat sie ihre Schwester stets bewundert. »Sie hat eine Figur wie ein Model« hieß es oft über sie, während Nina derartige Aussagen nicht zuteilwurden. Mütterlicherseits lernte sie bereits als Kind ein extremes Diäthalten und Schlankheitsstreben kennen, wobei andere Körper von beiden Elternteilen häufig negativ kommentiert und abgewertet wurden. All das prägte Nina dahingehend, ihren Selbstwert mit äußeren Attributen wie einer schlanken Figur zu verknüpfen. Darüber hinaus trugen aussehensbezogene Aufwärtsvergleiche mit der Schwester dazu bei, dass sie sich häufig weniger geschätzt und geliebt fühlte und versuchte, ihren Wert über eine Veränderung des Aussehens zu stabilisieren. Was dazu führte, dass sie sich bereits im Alter von sechs Jahren zum ersten Mal selbst auf Diät setzte.

Ungefähr die Hälfte der Grundschulkinder empfindet Unzufriedenheit mit ihrer Körperform, Größe oder ihrem Gewicht, wie Untersuchungen offenlegen.[9] Diese Tatsache wirft Fragen nach möglichen Quellen auf, aus denen eine solche Unzufriedenheit entspringt, da Kinder in diesem Alter im Grunde wenig oder gar keinen Kontakt mit gesellschaftlichen Schönheitsidealen haben sollten. Wie bereits erwähnt, stellt Körperunzufriedenheit bei jungen Menschen, und hier besonders bei Mädchen, einen zentralen Risikofaktor für die Entwicklung von Essstörungen dar.[10] Ein Fakt, der die Notwendigkeit unterstreicht, frühzeitig präventive Maßnahmen zu ergreifen, um die psychische Gesundheit Heranwachsender zu schützen. Eine Längsschnittstudie an einer US-amerikanischen Highschool ergab, dass bei denjenigen Jugendlichen, die zu den oberen 24 % der von Körperunzufriedenheit Betroffenen gehörten, die Wahrscheinlichkeit um das Vierfache erhöht war, im späteren Verlauf eine Essstörung zu entwickeln.[11]

Körperunzufriedenheit kann, jenseits von Essstörungen, aber auch eine Vielzahl anderer Auswirkungen nach sich ziehen, die für Kinder und Jugendliche schnell zum akuten Problem werden können: darunter ungesundes Gewichtskontrollverhalten, geringes Selbstwertgefühl, erhöhte negative Stimmung und schlechtere schulische Leistungen.[12]

Schlankheitsideal mit risikoreichen Konsequenzen

Die Verinnerlichung von Schlankheitsidealen, sprich das Ausmaß, in dem Menschen gesellschaftlich definierte Normen als Teil ihrer eigenen Überzeugungen übernehmen,[13] trägt entscheidend dazu bei, dass Kinder bereits in jungen Jahren beginnen, sich mit ihrem Körper unwohl zu fühlen. Was Mädchen betrifft, hat die Forschung gezeigt, dass sie das gesellschaftliche Ideal ultradünner weiblicher Körper zunächst kennenlernen und diese Überzeugung im nächsten Schritt verinnerlichen, woraus wiederum eine individuelle Körperunzufriedenheit resultieren kann.[14] In unserer Gesellschaft lernen wir früh, dass unser Körper bei Abweichung vom Ideal (was für die allermeisten Mädchen zutrifft) nicht in Ordnung ist, so wie er ist. Studien konnten ein derart verinnerlichtes Schlankheitsideal bereits bei Mädchen im Alter zwischen drei und fünf Jahren feststellen.[15,16] Diese sehr früh entwickelte »Wahrnehmungsnorm« gibt zu denken. Wir sehen beunruhigenderweise, wie früh Kinder offenbar lernen, den Körper als etwas abzuspeichern, das es zu optimieren gilt. Eine (unbewusste) Einstellung, die in der Kindheit geprägt wird und sich dann ins Erwachsenenalter fortsetzen kann, sofern kein Reflexionsprozess einsetzt. Studienergebnisse untermauern diese Erkenntnisse und zeigen auf, dass ein konsistent verinnerlichtes Schlankheitsideal bei 7- bis 11-jährigen Mädchen Basis für die Symptomausbildung einer Essstörung war.[17]

Diese Befunde decken sich mit Angaben von Betroffenen, die ich tagtäglich in meiner Praxis behandle. Wenn ich Patientinnen und Patienten mit Essstörungen frage, in welchem Alter sie anfingen, ihren eigenen Körper negativ zu bewerten, vielleicht den Wunsch entwickelten, schlanker zu sein, oder bereits die erste Diät machten, so erhalte ich häufig die Antwort, dass dies schon in sehr frühen Lebensabschnitten der Fall gewesen sei. Wie in Ninas Fall berichten sie mir nicht selten, dass sie bereits im Alter von sechs Jahren strenge Diät hielten und versuchten abzunehmen. Nun entwickelt nicht jeder, der eine Diät macht oder sich körperlich unzufrieden fühlt, eine Essstörung. Sie ist aber bei vielen der erste Impuls in Reaktion auf eine wahrgenommene Unzufriedenheit mit dem eigenen Körper.

Körperunzufriedenheit ist erst einmal ein Gefühl, das, wie wir gesehen haben, viele Menschen bereits seit ihrer Kindheit und Jugend mehr oder weniger intensiv kennengelernt haben. Um zu verstehen, wieso daraus ein Handlungsdrang werden kann (Diät machen), dürfen wir kurz einmal hinter die Kulisse von Gefühlen überhaupt schauen: Wie entstehen sie? Wo kommen sie her? Was wollen sie uns sagen?

Körperunzufriedenheit als Emotion oder die Macht der Gefühle

Gefühle oder Emotionen sind ein lebenswichtiger und unverzichtbarer Teil unseres menschlichen Erlebens. Sie bringen die Erfüllung der Bedürfnisse des Menschen, aber auch deren Nichterfüllung zum Ausdruck und geben uns das Gefühl von Sinnhaftigkeit, Bedeutung und Lebendigkeit. Wenn man beispielsweise Traurigkeit spürt, kann dies bedeuten, dass einem etwas fehlt, ein Mensch, ein verstorbenes Tier, aber auch ein nicht erreichtes Ziel. Somit ist die Wahrnehmung von Gefühlen und deren genaue Beschreibung ein wichtiger Zugang zu den eigenen, zugrunde liegenden Bedürfnissen. Auf der anderen Seite drängen uns Gefühle häufig zu einer Handlung, die manchmal mehr oder weniger im Einklang mit unseren eigentlichen Bedürfnissen stehen kann. Empfinden wir beispielsweise Angst in einer bestimmten Situation, dann wollen wir diese Situation tendenziell auch schnell wieder verlassen – unabhängig davon, ob die Angst in dem Fall angemessen oder übertrieben ist.

Grundsätzlich unterscheiden wir Gefühle nach der individuellen Bewertung von »angenehm« und »unangenehm«. Angenehme Gefühle fühlen sich gut an, und wir neigen dazu, sie häufiger und intensiver erleben zu wollen (Geborgenheit, Lust, Freude, Interesse, etc.). Unangenehme Gefühle fühlen sich schlecht an, und wir versuchen, ihr Erleben zu vermeiden oder schnell zu beenden (Angst, Hilflosigkeit, Trauer, Wut, Einsamkeit, Körperunzufriedenheit, etc.). Hierbei soll angenehm aber nicht heißen, dass das Gefühl grundsätzlich »gut«, und unangenehm nicht, dass das Gefühl grundsätzlich »schlecht« ist. Ein Lustgefühl unter Drogeneinfluss kann sehr problematisch und Angstempfinden in einer reellen Bedrohungssituation absolut richtig und gut sein. Die Schwierigkeit ist nun für jede und jeden von uns zu erkennen, ob unser Handlungsimpuls, der aus dem Gefühl folgt, uns zuträglich oder weniger hilfreich ist.

Nicht zuletzt ist der Ausdruck von Gefühlen eines der wichtigsten Signale an andere Menschen, wie es uns gerade geht, was uns fehlt, was wir brauchen, was uns gefällt. Stellen wir uns einen Menschen vor, der seine Traurigkeit verbirgt. Vermutlich wird dieser Mensch nicht getröstet werden, was seine Traurigkeit wiederum verstärkt. Ein Mensch, der seinen Ärger nicht zum Ausdruck bringt, wird Schwierigkeiten damit haben, dass andere Menschen seine Grenzen respektieren. Je deutlicher und angemessener wir unsere Gefühle wahrnehmen und zum Ausdruck bringen, desto besser können unsere Mitmenschen uns verstehen und auf uns reagieren.

Übertragen auf unser Thema Körperunzufriedenheit lässt sich Folgendes ableiten: Aufgrund der unangenehmen Wirkung dieses Gefühls versuchen wir, es schnell »loszuwerden«, es zu regulieren, es abzuschwächen. Das Gefühl drängt uns also zu einer Handlung, die Einfluss auf unser Körpergefühl nehmen soll. Zum Beispiel, indem wir anfangen, unser Essverhalten zu verändern. Durch die Anpassung unserer Essensgewohnheiten erhoffen wir uns, unsere Figur und unser Gewicht (in der Regel) in Richtung einer Gewichtsabnahme dahingehend zu verändern, dass wir uns wohler mit unserem Körper fühlen, womit in der Folge unsere Körperunzufriedenheit abnimmt. Wir starten eine Restriktionsdiät und/oder beginnen Sport und gesteigerte Bewegung in unseren Alltag zu integrieren. Das Gefühl körperlicher Unzufriedenheit wird in beiden Fällen (Reduktionsdiät, Sport) kurzfristig weniger werden, wir fühlen uns entlastet. Wir lernen, dass wir durch unsere aktiven Handlungen Einfluss auf unser Gefühlsleben nehmen können. Mit anderen Worten: Wir entwickeln Vertrauen in die eigene Handlungsfähigkeit, die sogenannte positive Selbstwirksamkeitserwartung. Die Selbstwirksamkeitserwartung ist per Definition die subjektive Überzeugung, neue oder schwierige Anforderungssituationen aufgrund eigener Kompetenzen bewältigen zu können.[18]

Klingt erst einmal erstrebenswert – oder nicht? Doch ist es überhaupt immer sinnvoll, unangenehme Gefühlszustände durch Handlungen zu verändern oder loswerden zu wollen? Nein, nicht in jedem Fall. Es gibt Situationen, in denen es uns kurzfristig hilft, uns langfristig aber nicht nützt. Schauen wir uns das einmal anhand eines Beispiels an: Wir begegnen in unserem Leben Situationen, in denen es sehr angeraten sein kann, unsere Gefühle *nicht* zu zeigen und uns *nicht* ihnen entsprechend zu verhalten, ich denke zum Beispiel an starke Angst vor einem Vorstellungsgespräch. Ein Handlungsimpuls, der uns kurzfristig Erleichterung verschaffen würde, wäre, diese Situation zu vermeiden, ihr aus dem Weg zu gehen. Langfristig würde diese Handlung aber unserem Bedürfnis nach einem sicheren Arbeitsverhältnis und finanzieller Sicherheit widersprechen.

Umgekehrt ist es in bestimmten Situationen besonders hilfreich, Gefühle zu zeigen und eine entsprechende Handlung zur Gefühlsregulation auf den Weg zu bringen, zum Beispiel bei Trauer nach dem Tod eines Angehörigen oder eines Haustiers. Eine Handlung, die uns hier kurz- und langfristig emotional entlasten könnte, wäre vermutlich das Kontaktieren einer guten Freundin oder eines guten Freundes, sprich das Herstellen von Bindung und Nähe als Trost. Um zu entscheiden, ob eine Handlung zur Gefühlsregulation also hilfreich oder nicht ist, müssen wir uns fragen, welche kurz- und langfristigen Konsequenzen diese mit sich bringen würde.

Bezogen auf unser Beispiel Reduktionsdiät in Kombination mit mehr Sport »gegen« Körperunzufriedenheit würden wir uns also kurzfristig »besser« fühlen (was individuell sehr unterschiedlich aussehen kann). Was aber passiert langfristig? Wir verfestigen negative körperbezogene Einstellungen, die suggerieren, dass unser Körper etwas ist, das es zu optimieren gilt. Wir lernen möglicherweise, unseren Selbstwert zu großen Teilen über Figur und unser Gewicht zu definieren. Wir beginnen, ein niedriges Gewicht als persönlichen Standard anzusetzen. Wir entwickeln eine gedankliche Fixierung auf Zahlen (Kilogramm, Kalorien, Schritte, …), die es zu erreichen und stets zu verbessern gilt. Wir verinnerlichen eine Einteilung von Lebensmitteln nach »gesund«/»erlaubt«/»gut«/»verboten«/»schlecht«. Nicht zuletzt verlernen wir, dass wir – unabhängig von unserem Gewicht und unserer Figur – perfekt in unserer Imperfektion sind. Wir verlernen, dass unangenehme Gefühle zum Leben gehören, ebenso wie angenehme Gefühle. Wir verlernen, dass wir Gefühle aushalten und akzeptieren können, ohne unmittelbar darauf reagieren zu müssen. Wir verlernen letztlich eine gesunde Gefühlsregulation, die die Grundüberzeugung beinhaltet, dass (unangenehme und angenehme) Gefühle kommen und gehen und wir in der Lage sind, diese »einfach« auszuhalten.

Wie wir ein negatives Körperbild entwickeln

Spricht man über Körperunzufriedenheit, kommt man am Konzept des »negativen Körperbildes« nicht vorbei, das im Übrigen nicht deckungsgleich mit der objektiven Realität sein muss. Auch dieses Phänomen zeigt sich bereits im Kindes- und Jugendalter. Bei einer Studie, die an verschiedenen deutschen Schulen durchgeführt wurde, gaben 48 % der befragten Mädchen der 9. Klasse über alle Schultypen hinweg an, sich zu dick zu fühlen, obwohl sie objektiv gesehen normalgewichtig waren.[19] Sogar 15 % derjenigen Mädchen, die untergewichtig waren, gaben an, sich zu dick zu fühlen. Nicht das tatsächliche Gewicht, sondern die Vorstellung bzw. die Annahme, zu dick zu sein, lässt uns also an uns und unserem Körper zweifeln. Die Pubertät stellt aufgrund körperlicher und hormoneller Veränderungen sowie Unsicherheiten bezüglich der eigenen Identität eine besonders sensible Lebensphase dar. Aufgrund dieser Tatsachen klassifiziert man die Altersgruppe zwischen 15 und 19 Jahren auch als sogenannte Hochrisikogruppe zur Entwicklung essgestörter Verhaltensweisen und Essstörungen.[20]

Das Körperbild (engl. *body image*) ist per Definition die *mentale* Repräsentation der Größe, der Form und der Konturen des eigenen Körpers und umfasst auch die damit einhergehenden Gedanken, Gefühle und Verhaltensweisen.[21] Es beinhaltet also viel mehr Aspekte als das eigene Spiegelbild und wird in insgesamt vier Komponenten unterteilt, die sich wechselseitig beeinflussen können und aufeinander einwirken: erstens die Wahrnehmung des Körpers (*perzeptive Komponente*), zweitens die Gedanken hinsichtlich des Körpers (*kognitive Komponente*), drittens die körperbezogenen Gefühle wie zum Beispiel Körperunzufriedenheit (*affektive Komponente*), und viertens die körperbezogenen Verhaltensweisen (*behaviorale Komponente*). Warum es wichtig ist, uns alle vier Komponenten bewusst zu machen, zeigt das nachfolgende Beispiel:

Stellen wir uns vor, wir sind auf einer Wanderung in einem Wald. Plötzlich bemerken wir, dass vor uns ein Braunbär steht. Das plötzliche Auftauchen des Bären ist unsere Wahrnehmungskomponente in dieser spezifischen Situation. Durch die Wahrnehmung des Bären würden uns bewertende Gedanken kommen wie »Das ist gefährlich! Ich muss hier schnell weg!«. Dies sind unsere kognitiven (= gedanklichen) Reaktionen. Durch unsere Wahrnehmung und gedankliche Bewertung des Bären ist es wahrscheinlich, dass wir ängstlich oder panisch werden, da die Situation bedrohlich ist. Diese emotionalen Reaktionen stellen die affektive oder Gefühlskomponente dar. Unser daraus resultierendes Verhalten könnte sein, dass wir sofort in die entgegengesetzte Richtung rennen, um uns in Sicherheit zu bringen. Dies ist die behaviorale Komponente, die aus unseren Gedanken und Gefühlen resultiert. In diesem Beispiel zeigt sich, wie die Wahrnehmung einer beliebigen Situation zu bewertenden Gedanken, Gefühlen und schließlich zu einem Verhalten führt. Es soll verdeutlichen, wie diese vier Komponenten in unterschiedlichen mehr oder weniger akuten Situationen unseres Lebens interagieren können. Situationen, Gedanken, Gefühle und Verhaltensweisen treten also nie isoliert voneinander auf, sondern stellen ein komplexes Zusammenspiel dar.

Übertragen wir diese Erkenntnisse auf das Körperbild, könnte das beispielhaft bedeuten: Wir stehen vor dem Spiegel, und unser Blick fällt auf unseren Bauch, der uns heute etwas »rundlicher« erscheint als die Tage zuvor: Dies ist die Wahrnehmungskomponente. Unsere Gedanken – die kognitive Komponente – könnten sein: »Oh nein, mein Bauch sieht heute dick aus. Ich bin nicht in Form.« Die affektive Komponente würde sich in Form von Gefühlen zeigen, die aus diesen Bewertungen resultieren. Typische körperbezogene Gefühle könnten die bereits ausführlich beschriebene Körperunzufriedenheit sein, aber auch Angst vor Gewichtszunahme, Ekel oder Wut in Bezug auf den Körper, Scham- oder Schuldgefühle. Auf der Verhaltensebene, der behavioralen Komponente, könnten wir womöglich so reagieren, dass wir weiter geschnittene Kleidung anziehen, um unseren Bauch zu verbergen, oder vielleicht beschließen, weniger zu essen oder mehr Sport zu treiben. Die vier Komponenten spiegeln also unterschiedliche Aspekte unserer Beziehung zu unserem Körper wider, woraus sich wiederum hilfreiche Ableitungen treffen lassen, wenn es darum geht, unsere Haltung in diesem Kontext positiv zu verändern.

Unter der Lupe – Die vier Ebenen des negativen Körperbildes

Entschlüsseln wir den Code unseres Körperbildes noch einmal genauer, um ihn dann vielleicht in einer für uns positiven Weise knacken zu können.

Die perzeptive Komponente

Sie bezieht sich – wie bereits definiert – auf die Wahrnehmung und das visuelle Bild, das eine Person von ihrem eigenen Körper hat. Sprich, wie wir unseren eigenen Körper in Bezug auf seine Größe, Form, Proportionen und Merkmale wahrnehmen, sei es, indem wir uns vor einen Spiegel stellen oder uns in Gedanken vorstellen, wie wir aussehen. Diese Wahrnehmung kann von der tatsächlichen Realität abweichen, was zu Verzerrungen oder individuellen Fehleindrücken führen kann. Es kann auch passieren, dass wir unseren Körper anders wahrnehmen, als wir vielleicht von außen wahrgenommen werden. Patientinnen und Patienten mit Essstörungen überschätzen beispielsweise häufig ihre eigenen Körperdimensionen, d.h. sie nehmen sich dicker wahr, als sie tatsächlich sind. Aber auch gesunde Frauen tendieren dazu, den eigenen Körper eher breiter einzuschätzen, als er tatsächlich ist, jedoch weitaus weniger stark als Frauen mit Essstörungen.[22] Man kann also zwischen der »subjektiven« (»Wie fühle ich mich?«) und der »objektiven« (»Wie sehe ich aus?«) Körperwahrnehmung unterscheiden.

Body Reflections

Wie wirkt dein Körper auf dich?

Wenn du wissen möchtest, wie deine Körperwahrnehmung ausgerichtet ist, schau dir einmal die nachstehende Figurenskala an und lasse die zugehörigen Fragen auf dich wirken: [23]

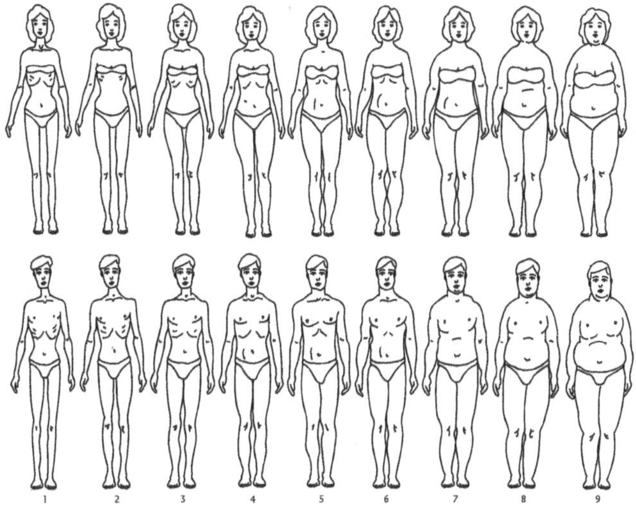

1. Wie sehe ich aus? Wie werde ich von anderen wahrgenommen?
2. Wie fühle ich mich? Wie nehme ich mich wahr?
3. Wie würde ich gerne aussehen?

Zur Beantwortung der Fragen suche dir eine Figur auf der Skala 1 bis 9 aus, die der Antwort auf die Frage am nächsten kommt.

Frage 1 spiegelt den »objektiven Körper« wider. So werden wir von außen wahrgenommen und so sehen wir tatsächlich aus.

Frage 2 hingegen erfasst den »subjektiven Körper«. So fühlen wir uns, so nehmen wir uns selbst wahr – was vom tatsächlichen Körper, wie wir gelernt haben, durchaus abweichen kann. Häufig ist das subjektive Körpergefühl auch tagesformabhängig und hormonell beeinflussbar – während der objektive Körper unabhängig von der Tagesform identisch bleibt. Körperunzufriedenheit entsteht bei Diskrepanzen zwischen 1 (so sehe ich tatsächlich aus) und 2 (so fühle ich mich). In der Regel schlägt die Diskrepanz in die Richtung aus, dass wir bei 2 eine höhere Zahl angeben als bei 1. Das heißt, wir fühlen uns dicker, als wir tatsächlich sind. Wie gesagt: Eine besonders starke Abweichung zwischen 1 und 2 ist häufig bei Patientinnen und Patienten mit Essstörungen zu finden, die ihren Körper sehr viel breiter wahrnehmen, als er in Wirklichkeit ist.

Frage 3 zielt auf die Erfassung des persönlichen Körperideals ab – so würden wir gerne aussehen. Auch hier kann bei einer starken Diskrepanz zwischen den Antworten 1 und 3 sowie 2 und 3 Körperunzufriedenheit entstehen: Unser Körper weicht vom Ideal ab, dem wir entsprechen wollen.

Die kognitive Komponente

Sie umfasst alle Gedanken, Überzeugungen und Bewertungen, die wir in Bezug auf unseren Körper haben, darauf, welche Einstellungen wir unserem Aussehen gegenüber einnehmen und welche Bedeutung wir bestimmten körperlichen Merkmalen beimessen.

Negative körperbezogene Gedanken können in automatische Gedanken und Grundannahmen unterteilt werden. Automatische Gedanken sind Gedanken, die in bestimmten körperbezogenen Situationen, zum Beispiel beim Blick in den Spiegel, aktiviert werden (»Meine Oberschenkel sind zu dick!«), während Grundannahmen langjährige Einstellungen betreffen (»Nur schlank bin ich liebenswert.«), die auf vielfältigen Erfahrungen mit dem eigenen Körper beruhen. Grundannahmen sind uns meist weniger bewusst als automatische Gedanken, können aber durch verschiedene therapeutische Fragetechniken exploriert werden.

Sowohl automatische Gedanken als auch Grundannahmen beeinflussen unser Selbstwertgefühl und können unser negatives Körperbild verstärken. Die Bewertungs- und Überzeugungsmuster sind dabei nie wirklich »objektiv«, sondern von vielen Einflussfaktoren geprägt. Vorerfahrungen, die wir in Bezug auf unseren Körper gemacht haben, spielen eine wichtige Rolle dabei, wie wir heute über ihn denken. Haben wir früh verbale Abwertungen in Form von negativen körperbezogenen Kommentaren unserer Bezugspersonen oder unserem sozialen Umfeld erlebt, ist es wahrscheinlicher, dass wir eine negative Einstellung unserem eigenen Körper gegenüber entwickeln. Man spricht in diesem Fall von sogenannten *kognitiven Verzerrungen* oder dem *Cognitive Bias*. Ein besonders gut erforschtes Phänomen stellen in diesem Zusammenhang die *Aufmerksamkeitsverzerrungen* oder der *Attentional Bias* dar: Dabei wird die individuelle Aufmerksamkeit unbewusst vermehrt auf bestimmte körperliche Merkmale gelenkt, anstatt den Körper als Ganzes zu betrachten. Studien wiesen nach, dass Menschen mit Essstörungen beispielsweise eine erhöhte Aufmerksamkeit für als subjektiv unattraktiv bewertete Körperbereiche zeigen.[24]

Um den Einfluss dieser selektiven Aufmerksamkeitsverzerrungen zu untersuchen, werfen wir einen Blick auf eine international häufig zitierte experimentelle Studie.[25] Sie untersuchte die Fragestellung, ob wir durch die gezielte Aufmerksamkeit, die wir unserem Körper widmen, unsere Körperunzufriedenheit verändern können. Dabei wurden die Studienteilnehmerinnen im Vorfeld mithilfe eines »Eye-Tracking«-Gerätes darauf trainiert, entweder ihre selbstdefinierten attraktiven oder unattraktiven Körperbereiche zu beachten. Sie lernten also, entweder mehr auf ihre positiv bewerteten Körperbereiche oder auf ihre negativ bewerteten Körperbereiche zu schauen. Im Anschluss wurde untersucht, wie sich die Körperzufriedenheit durch diese trainierten Aufmerksamkeitsrichtungen veränderte. Die Ergebnisse zeigten, dass das Herbeiführen einer vorübergehenden

Aufmerksamkeitsverzerrung zugunsten selbst definierter negativer Körperbereiche die individuelle Körperzufriedenheit sinken ließ. Andersherum zeigten Frauen, die mit ihrem Körper unzufrieden waren und darauf trainiert wurden, ihre selbst definierten positiven Körperbereiche zu beachten, eine signifikante Zunahme an Körperzufriedenheit. Die Aufmerksamkeit, die wir auf unsere Körperbereiche lenken, scheint also eine zentrale Rolle in diesem Zusammenhang zu spielen. Die gute Nachricht: Eine veränderte Art und Weise, unseren Körper zu betrachten, könnte eine wirksame Methode sein, mehr Körperzufriedenheit herzustellen.

Body Reflections

Wohin wandert dein Blick?

Stell dir vor, du würdest in Unterwäsche vor einem Ganzkörperspiegel stehen.

Wo wandert dein Blick als Allererstes hin?

Auf einer Skala von 1 (sehr negativ) zu 10 (sehr positiv): Welche Wertung würdest du diesem Körperteil, auf das dein Blick als Erstes wandert, beimessen?

Sehr häufig stelle ich diese Fragen meinen Patientinnen und Patienten mit Essstörungen. Die Antwort ist in 99 % der Fälle dieselbe: Der Blick wandert automatisch und, ohne dies bewusst zu steuern, zuerst auf die negativ bewerteten Körperbereiche. Vielleicht ist das bei dir auch so, vielleicht auch nicht. Unabhängig davon, wohin dein Blick als Erstes geht, überlege dir an dieser Stelle einmal:

Welche sechs Körperbereiche an dir würdest du als »positiv« bewerten?

Körperbereich 1: ....

Körperbereich 2: ....

Körperbereich 3: ....

Körperbereich 4: ....

Körperbereich 5: ....

Körperbereich 6: ....

Bringe diese sechs Körperbereiche in eine Rangliste von 1 = am positivsten bis 6 = am wenigsten positiv.

Rang 1: ....

Rang 2: ....

Rang 3: ....

Rang 4: ....

Rang 5: ....

Rang 6: ....

Zu »Körperbereich« können auch ganz kleine Körperstellen zählen, wie zum Beispiel ein bestimmtes Muttermal oder die Fingernägel, die Augen, die Ohren, der Bauchnabel, etc. Versuche einmal, deinen Körper wirklich im Detail wahrzunehmen und deine Aufmerksamkeit für positive Aspekte zu schärfen. Wenn wir die Körperbereiche (oder klitzekleinen Körperstellen), die wir mögen, mehr beachten, beeinflusst das nachgewiesenermaßen, wie wohl wir uns mit unserem Körper fühlen. Wir werden in Teil 3 des Buches nochmal auf diese Selbstreflexion zurückkommen.

Die affektive Komponente

Sie spiegelt die Gefühle in Bezug auf den eigenen Körper wider. Diese körperbezogenen Gefühle sind eng mit den körperbezogenen Gedanken verknüpft, sie beeinflussen sich wechselseitig. Ein beispielhafter Gedanke, der auch körperbezogene Gefühle zum Ausdruck bringt, könnte lauten: »Immer, wenn ich meine Figur im Spiegel betrachte, kommen bei mir negative Gefühle wie Unsicherheit oder Angst auf. Wenn ich wieder zugenommen habe und meine Jeans wieder enger sitzt, verspüre ich manchmal sogar Ekel und Hass meinem Körper gegenüber.« Typische negative körperbezogene Gefühle können sich in Traurigkeit, Angst, Ekel oder Scham ausdrücken. Zahlreiche Untersuchungen haben gezeigt, dass Frauen mit Essstörungen im Vergleich zu gesunden Frauen ein gesteigertes Ausmaß an negativen Emotionen erleben, wenn sie mit ihrem eigenen Körper konfrontiert werden,[26] was nicht bedeutet, dass Frauen ohne Essstörungen diese Gefühle im Hinblick auf ihren Körper nicht kennen.

Die behaviorale Komponente

Sie beschreibt das Verhalten, mit dem wir unserem Körper begegnen. Dabei unterscheidet man zwischen den körperbezogenen Kontroll- und Vermeidungsverhaltensweisen, dem sogenannten *Body Checking* und der *Body Avoidance*.

Body Checking bedeutet ritualisiertes Kontrollieren des Körpers, wie zum Beispiel häufiges Sich-Wiegen, Kontrollieren des Körpers im Spiegel, Abmessen von Körperteilen oder Sich-Kneifen (zum Beispiel in Bauchfalten). Body-Checking-Episoden umfassen in der Regel kurze zeitliche Abschnitte und sind eher auf unattraktiv bewertete Körperbereiche fokussiert.[27]

Typische *Body-Avoidance-Muster* könnten sein, sich nicht zu wiegen, bestimmte Orte zu meiden, an denen der Körper sichtbar ist (zum Beispiel Schwimmbad, Sauna), bestimmte körperliche Aktivitäten zu vermeiden (zum Beispiel körperliche Intimität) oder besonders weite oder dunkle Kleidung zu tragen, um die Aufmerksamkeit vom Körper wegzulenken. Body Checking und Body Avoidance können auch in Kombination auftreten: »Ich vermeide es, meinen Körper zu betrachten, vor allem wenn ich nackt bin. So schaue ich mich im Badezimmer nicht im Spiegel an. Auch gehe ich nicht mehr ins Schwimmbad oder in die Sauna, da andere dort meinen Körper sehen könnten. Ich kontrolliere jeden Tag, was ich wiege, weil ich Angst habe zuzunehmen. Sport treibe ich nur, um mich ›in Form zu bringen‹, weniger aus Spaß.«

Sowohl das körperbezogene Kontroll- als auch das Vermeidungsverhalten ist eng mit zahlreichen Kernsymptomen von Essstörungen assoziiert. Wichtig zu wissen und studienbelegt ist,[28] dass Body Checking auch bei gesunden Personen in Verbindung mit körperlicher Unzufriedenheit auftritt, weshalb es als ein möglicher Risikofaktor für die Entwicklung einer Essstörung gilt. Auch bei der Body Avoidance deuten Ergebnisse einer aktuellen Meta-Analyse darauf hin, dass ein solches Verhalten mit der Ausprägung von Essstörungssymptomen bei ansonsten gesunden Menschen zusammenhängt.[29] Wichtig: Das Vorhandensein von Essstörungssymptomen, wie zum Beispiel das Schlankheitsstreben, ist nicht gleichzusetzen mit einer Essstörung selbst.

Geschlechtsidentität, sexuelle Orientierung und Alter – Wie sie auf unser Körperbild wirken

Wie wir gesehen haben, ist die Entwicklung eines negativen Körperbildes ein komplexer Prozess, der von verschiedenen Faktoren beeinflusst wird. Einer davon ist die Zugehörigkeit zu bestimmten Risikogruppen, die u. a. durch die Geschlechtsidentität, die sexuelle Orientierung sowie das Alter bedingt sein können. Schauen wir uns das einmal genauer an.

Geschlechtsidentität bedeutet, welchem Geschlecht sich eine Person zugehörig fühlt. Sie ist ein vielschichtiges und individuelles Konzept, das nicht in eine begrenzte Anzahl von Kategorien unterteilt werden kann und über das traditionelle binäre Geschlechtssystem von »männlich« und »weiblich« hinausgeht. Grob unterscheiden wir:

Cisgender: Eine Person, deren Geschlechtsidentität mit dem übereinstimmt, was ihr bei ihrer Geburt aufgrund ihrer körperlichen Merkmale und Chromosomen als ihr biologisches Geschlecht zugewiesen wurde. Zum Beispiel gilt eine Person, die bei der Geburt als weiblich identifiziert wurde und sich auch als Frau identifiziert, als cisgender. Der Großteil der Forschung zum Körperbild umfasst Personen, die sich als cisgender identifizieren.

Transgender: Eine Person, deren Geschlechtsidentität nicht mit dem übereinstimmt, was ihr bei ihrer Geburt aufgrund ihrer körperlichen Merkmale und Chromosomen als Geschlecht zugewiesen wurde. Transgender-Personen können sich als dem anderen Geschlecht zugehörig identifizieren oder eine nicht-binäre Geschlechtsidentität haben. Eine Transfrau ist die Bezeichnung für eine Person, die bei ihrer Geburt aufgrund ihrer körperlichen Merkmale und Chromosomen als männlich identifiziert wurde, sich selber jedoch als weiblich identifiziert und ihren Geschlechtsausdruck und ihre Geschlechtsidentität entsprechend wahrnimmt. Ein Transmann hingegen ist eine Person, die bei ihrer Geburt aufgrund ihrer körperlichen Merkmale und Chromosomen als weiblich identifiziert wurde, sich selber jedoch als männlich identifiziert.

Nicht-binär oder genderqueer: Diese Identitäten bezeichnen Menschen, die sich weder als ausschließlich männlich noch als ausschließlich weiblich identifizieren. Nicht-binäre Menschen können sich als eine Mischung beider Geschlechter fühlen oder ein Geschlecht haben, das sich außerhalb der binären Vorstellung von Geschlecht befindet.

Geschlechtsfluid: Menschen mit dieser Identität empfinden ihre Geschlechtsidentität als veränderlich und können sich zu verschiedenen Zeiten oder in verschiedenen Situationen als unterschiedliche Geschlechter identifizieren.

Wie bereits schon zur Sprache kam, weisen Cisgender-Frauen im direkten Vergleich zu Cisgender-Männern ein erhöhtes Risiko auf, ein negatives Körperbild zu entwickeln. So zeigen Cisgender-Frauen höhere körperliche Unzufriedenheit als Cisgender-Männer, eine geringere körperliche Wertschätzung und messen ihrem Aussehen mehr Bedeutung bei.[30] Das weibliche

Geschlecht (cisgender) gilt daher in diesem Kontext als Risikofaktor.

Wichtig anzumerken ist, dass sich die Qualität des negativen Körperbildes bei weiblichem und männlichem Geschlecht maßgeblich unterscheidet. Mädchen und Frauen zeigen konstant höhere Werte in puncto Schlankheitsstreben verglichen mit Jungen und Männern; Jungen und Männer hingegen weisen höhere Werte in puncto Muskulositätsstreben auf.[31] Die gängigen Forschungsinstrumente zur Erfassung eines negativen Körperbildes nach weiblichen Kriterien machen es wahrscheinlich, dass die Zahlen körperunzufriedener Männer tendenziell eher unterschätzt werden. Trotzdem weisen die robusten Befunde hinsichtlich einer höheren körperlichen Unzufriedenheit bei Cisgender-Frauen im Vergleich mit Cisgender-Männern darauf hin, dass dieser Unterschied auch in Anbetracht der unterschätzten Werte bei Männern existent ist.

Transgender- und nicht-binäre Erwachsene sind verglichen mit Cisgender-Personen überproportional häufig von Essstörungen und Körperbildstörungen betroffen,[32] stellen also eine besondere Risikogruppe für die Entwicklung eines negativen Körperbildes dar. Eine mögliche Erklärung könnte darin liegen, dass sie häufiger Geschlechtsdysphorie erfahren, also anhaltenden Leidensdruck, wie Menschen ihn empfinden, wenn ihre Geschlechtsidentität nicht mit ihrem biologischen Geschlecht übereinstimmt. Für viele Transgender- und nicht-binäre Personen ist Geschlechtsdysphorie ein bedeutender Teil ihrer Lebenserfahrung und steht in direktem Zusammenhang mit gestörtem Essverhalten sowie Körperbildproblemen.[33] Transfrauen zeigen höhere Werte in den Punkten gezügeltes Essverhalten, Essenssorgen, Gewichtssorgen, Figursorgen, Schlankheitsstreben, Körperunzufriedenheit und Body Checking im Vergleich zu Cisgender-Frauen.[34] Transmänner weisen höhere Werte in den Bereichen Gewichtssorgen, Figursorgen, Körperunzufriedenheit und Body Checking im Vergleich zu Cisgender-Männern auf.

Neben der Geschlechtsidentität stellt die **sexuelle Orientierung** einen weiteren potenziellen Risikofaktor dar, ein negatives Körperbild zu entwickeln. Ich greife hier einmal die häufigsten Ausprägungen auf:

1. **Heterosexualität**: Hierbei fühlen sich Menschen emotional und sexuell zu Personen des anderen Geschlechts hingezogen. Eine heterosexuelle Person ist romantisch und sexuell an Personen des gegengeschlechtlichen Geschlechts interessiert.
2. **Homosexualität**: Menschen, die homosexuell sind, fühlen sich emotional und sexuell zu Personen des gleichen Geschlechts hingezogen. Eine homosexuelle Person ist romantisch und sexuell an Personen des eigenen Geschlechts interessiert. Wir unterscheiden zwischen lesbischen Frauen und schwulen Männern. Ich verwende hier bewusst die Bezeichnungen »lesbische Frauen« bzw. »schwule Männer« anstatt »homosexuelle Frauen/Männer«, da dies Begriffe sind, die oft von Mitgliedern der LGBTQ+-Community verwendet werden.
3. **Bisexualität**: Bisexuelle Menschen fühlen sich emotional und sexuell zu Personen jeglichen Geschlechts hingezogen. Sie können romantische und sexuelle Anziehung zu Personen sowohl des eigenen Geschlechts als auch des Gegengeschlechts empfinden.
4. **Pansexualität**: Pansexuelle Menschen fühlen sich zu Personen unabhängig von deren Geschlecht oder Geschlechtsidentität hingezogen. Für sie ist das Geschlecht nicht der ausschlaggebende Faktor der sexuellen Anziehung.
5. **Asexualität**: Asexuelle Menschen empfinden wenig bis gar kein sexuelles Verlangen oder sexuelle Anziehung zu anderen Personen. Das Fehlen sexueller Anziehung schließt jedoch nicht aus, dass sie romantische Beziehungen eingehen können.

Die Beziehung zwischen sexueller Orientierung und dem eigenen Körper ist ein bedeutendes Forschungsfeld, das aufzeigt, dass Personen unterschiedlicher sexueller Orientierung mehr oder weniger gefährdet sind, ein negatives Körperbild zu entwickeln. Heterosexuelle Frauen berichten von höherer Körperunzufriedenheit im Vergleich zu lesbischen Frauen.[35] Lesbische und bisexuelle Frauen weisen signifikant höhere Körperakzeptanz auf als heterosexuelle.[36] Möglicherweise verspüren lesbische und bisexuelle Frauen weniger Druck, heteronormativen Erscheinungsidealen zu entsprechen, und lesbische Subkulturen fördern eine größere Akzeptanz vielfältiger Erscheinungsideale.

Anders sieht es bei heterosexuellen versus schwulen Männern aus. Schwule Männer berichten von signifikant höherer Körperunzufriedenheit im Vergleich zu heterosexuellen Männern. Eine Erklärung dafür könnte sein, dass einige schwule Gemeinschaften großen Wert auf Schlankheit, geringen Körperfettanteil und Jugendlichkeit legen. Im Vergleich dazu legt die Kultur heterosexueller Männer eher mehr Wert auf Muskelmasse.[37] Auch bei bisexuellen Männern ist die Körperakzeptanz signifikant niedriger im Vergleich zu heterosexuellen Männern, was ebenso auf die Subkultur zurückzuführen sein könnte, in der das körperliche Erscheinungsbild eine überproportional große Rolle spielt.[38]

Insgesamt existiert signifikant weniger Forschung im Zusammenhang mit bisexuellen, pansexuellen und asexuellen Personen und Körperbildstörungen. Wie gesagt, eine Lücke, die die Wissenschaft dringend füllen müsste.

Kommen wir zuletzt zum Faktor **Alter** und beleuchten seine Rolle bei der Ausprägung eines negativen Körperbildes etwas genauer. Essstörungen oder gestörte Essverhaltensweisen erreichen während der psychosozialen Entwicklungsphase der Adoleszenz ihren Höhepunkt. Angesichts der zeitlichen Nähe zwischen dem Auftreten von Essstörungen und der Entwicklung der eigenen sexuellen Orientierung während dieser kritischen Entwicklungsphase ist es nicht überraschend, dass ein negatives Körperbild besonders sexuelle Minderheiten überproportional häufig betreffen kann. Ein weiterer Erkrankungsgipfel von Essstörungen und Körperbildstörungen befindet sich bei Frauen nach der Menopause.[39] Aufgrund hormoneller Veränderungen, die häufig mit Gewichtszunahmen einhergehen, in Verbindung mit dem gesellschaftlichen Druck, jung auszusehen, sind Frauen in dieser Altersgruppe besonders gefährdet.

Ich halte es ganz grundsätzlich für hochspannend und wichtig, sich die Wechselwirkung von Faktoren wie Geschlechtsidentität, sexuelle Orientierung oder Alter im Zusammenhang mit der Entwicklung eines negativen Körperbildes bewusst zu machen, um mit Blick auf die eigene Lebenssituation zu einer fundierteren Selbsteinschätzung zu gelangen.

1.2 »Da kommt der Panzer«: Bodyshaming

Wir leben in einer Gesellschaft, die Körper permanent bewertet und nach gut und schlecht kategorisiert. Werden Bewertungen in Bezug auf den Körper anderer Menschen laut und ungefragt ausgesprochen, spricht man von *Bodyshaming*. Ein inzwischen weit verbreitetes bis allgegenwärtiges Phänomen, das viele Menschen schon einmal selbst erlebt haben und das auch die Wissenschaft untersucht.

Guter Ratschlag oder Beleidigung? Spielarten des Bodyshaming

Eine Studie zum Thema definiert Bodyshaming als eine Form der sozialen Aggression, bei der eine Person ungefragt meist negativ gefärbte Meinungen oder Kommentare über den Körper einer anderen Person zum Ausdruck bringt. Wichtig dabei ist zu wissen, dass die Kommentare nicht zwingend mit der Intention geäußert werden müssen, die jeweilige Person zu verletzen. Entscheidend ist die Wirkung auf das betroffene Gegenüber als negativ, angreifend oder eben beschämend. Bodyshaming kann sich also in gut gemeinten Ratschlägen (»Du solltest abnehmen, um Bluthochdruck zu vermeiden.«)bis hin zu bösartigen Beleidigungen (»Du bist fett und hässlich.«) zeigen.[40] Letztlich lässt sich festhalten, dass jeder körperbezogene Kommentar potenziell unter diese Definition fallen kann, da er möglicherweise schädlich und verletzend wirkt – selbst wenn er eigentlich gut gemeint war.

Man könnte meinen, dass Bodyshaming nur dicke Menschen betrifft – weit gefehlt: Repräsentative Daten zeigen, dass Bodyshaming jede Person in unserer Gesellschaft treffen kann, unabhängig von ihrer Figur oder ihrem Gewicht.[41] Dicke Menschen allerdings erleben Bodyshaming noch häufiger und grenzüberschreitender als dünne Menschen. Mädchen, Frauen und weiblich gelesene Personen sind außerdem häufiger betroffen als Jungen, Männer und männlich gelesene Personen. Weitere Faktoren, die das Erleben von Bodyshaming statistisch gesehen erhöhen, sind Hautfarbe (BIPoC*[42] -Frauen sind häufiger betroffen als weiße Frauen), sexuelle Orientierung und Geschlechtsidentität (Personen der LGBTQIA+-Community sind häufiger betroffen als heterosexuelle Personen).[43] Das weibliche Geschlecht, der mehrgewichtige Körper, die Hautfarbe, die sexuelle Orientierung und die Geschlechtsidentität stellen also Risikofaktoren dafür dar, dass der eigene Körper ungefragt von anderen bewertet und kommentiert wird.

Wie bereits erwähnt, ist Bodyshaming in unserer Gesellschaft bis dato allgegenwärtig und kann auch schlanke Menschen ereilen. Man unterscheidet deswegen zwischen *Fat Shaming* und *Skinny Shaming*.

Fat Shaming meint Kommentare bezogen auf einen vermeintlich zu hohen Körperfettanteil und betrifft somit in erster Linie

Menschen mit Mehrgewicht (»Du hast schon wieder zugenommen – willst du das wirklich alles essen?«/ »Da kommt der Panzer!« /»Mit deiner Figur wirst du keinen Job finden.«). In diesem Buch wird die Bezeichnung Mehrgewicht anstatt Übergewicht verwendet. Mehrgewicht ist eine neutrale Beschreibung des Gewichts (= Menschen haben mehr Gewicht als andere) und damit nicht wertend. Übergewicht hingegen beinhaltet eine negative Wertung (über = zu viel) und kann stigmatisierend wahrgenommen werden.

Skinny Shaming hingegen beschreibt das Kommentieren eines vermeintlich zu dünnen Körpers (»Du siehst aus wie ein Kleiderhaken.«/»Du bist so dünn, dass es krank aussieht.« /»Pass auf, dass du nicht in den Gullideckel fällst!«).[44]

Fat und Skinny Shaming bezieht sich also auf das Gewicht der Person. Beides ist diskriminierend, verletzend und grenzüberschreitend. Im Gegensatz zu Skinny Shaming passiert Fat Shaming jedoch nicht nur auf individueller, sondern auch auf struktureller Ebene. Sprich, Fat Shaming ist in viele gesellschaftliche Strukturen eingebettet und kann sich in Diskriminierung am Arbeitsplatz, unfairen Darstellungen in den Medien und sogar in der Gestaltung öffentlicher Räume ausdrücken (dazu später mehr). Skinny Shaming dagegen passiert eher auf persönlicher Ebene, indem Einzelpersonen aufgrund ihres als zu schlank wahrgenommenen Körpers kritisiert oder verspottet werden. Dieser Unterschied unterstreicht, wie Körpernormen und -akzeptanz nicht nur individuelle Überzeugungen widerspiegeln, sondern auch tief in die sozialen Strukturen unserer Gesellschaft eingewoben sind.

Weitere aussehensbezogene Kommentare abwertender Natur können wiederum optische Merkmale wie Haut, Haare, einzelne Körperteile (die Nase, die Ohren, etc.) oder die Körpergröße betreffen. In diesen Fällen spricht die Forschung von *Appearance Shaming* oder *Appearance Teasing*.[45] All diese Formen des Body Shaming passieren in unserer Gesellschaft tagtäglich, und wie wir sehen, ist niemand davor »sicher«.

Wann aber sind wir besonders gefährdet, Bodyshaming zu erfahren? Und wer sind hier die Hauptakteure? Statistisch gesehen ist es am wahrscheinlichsten, dass Bodyshaming innerhalb der eigenen Familie[46] und Peergroup[47] – d.h. unter bei Freundinnen, Freunden und Gleichaltrigen – auftritt. Aus Untersuchungen zu Bodyshaming innerhalb des Familiensystems geht hervor, dass Jugendliche mit größerer Wahrscheinlichkeit Bodyshaming durch Familienmitglieder berichteten, wenn Mütter und Väter ein höheres Maß an Sorge über das Gewicht ihres Kindes aufwiesen, ihr Kind häufiger zu einer Diät ermutigten und das Gewicht ihres Kindes falsch einschätzten. Oder wenn die Mütter angaben, häufiger eine Diät zu machen, während bei den Vätern dieser Zusammenhang nicht benannt wurde.[48]

Diese Erkenntnisse deuten darauf hin, dass Eltern auch mit vermeintlich guten Absichten ihre Kinder bodyshamen, ohne es zu wissen.

Was Bodyshaming mit uns macht

In einer Längsschnittstudie[49] wurden zu dieser Frage insgesamt 1902 Jugendliche (davon 57 % weiblich) im Alter zwischen 11 und 18 Jahren untersucht. Die Teilnehmenden wurden über insgesamt 15 Jahre zu drei unterschiedlichen Messzeitpunkten befragt, sodass die in den drei Erhebungswellen generierten Daten miteinander verglichen werden konnten. Zu jedem der drei Messzeitpunkte gaben die Teilnehmenden an, ob sie Bodyshaming im Familienkontext oder im Freundeskreis erlebten (Antwortformat: ja / nein) und wenn ja, wie stark sie dadurch belastet waren (Antwortformat (1) Ich wurde noch nie von anderen Kindern wegen meines Gewichts beschämt, (2) überhaupt nicht belastet, (3) ein bisschen belastet, (4) etwas belastet oder (5) sehr belastet).

Die Studie kommt zu dem besorgniserregenden Ergebnis, dass bei etwa 64,5 % der Betroffenen anschließend ungesunde Gewichtskontrollstrategien auftraten, wie die Einnahme von Diätpillen oder Abführmitteln oder das Auslassen von Mahlzeiten. Diese aufgezählten Verhaltensmuster können schlimmstenfalls in eine Essstörung münden, wenn noch weitere ungünstige Umstände hinzukommen (zum Beispiel ein niedriges Selbstwertgefühl, hoher Perfektionismus, hohes Kontrollbedürfnis, Traumata, genetische Faktoren, Emotionsregulationsdefizite und weitere).[50]

In weiteren Forschungsarbeiten kam heraus, dass erfahrenes Bodyshaming nicht nur gestörtes Essverhalten bis hin zu auftretenden Essstörungen begünstigen kann, sondern auch mit der Entwicklung depressiver Symptome bei Jungen und bei Mädchen in Verbindung gebracht wird.[51] Zu depressiven Symptomen zählen zum Beispiel niedergeschlagene Stimmung, der Verlust von Freude und Energie oder Ein- und Durchschlafstörungen. (Sie sind von einer vollumfänglichen Depression zu unterscheiden, wenn auch deswegen nicht weniger belastend.) Die Untersuchung stellte heraus, dass das Körpergewicht der häufigste Grund dafür war, warum Jugendliche gehänselt wurden. Es überrascht nicht, dass etwa 40 % der Einzelstudien zu dem Ergebnis kamen, dass Mädchen in diesem Zusammenhang häufiger »Opfer« waren als Jungen, da ihr Aussehen in unserer Gesellschaft stärker und kritischer unter die Lupe genommen wird.[52]

Erlebtes Bodyshaming vermittelt die Botschaft, die eigene Körpererscheinung weiche von den gesellschaftlich akzeptierten Normen ab, erzeugt ein Gefühl von Nicht-richtig-sein. und stellt so letztlich die eigene Person infrage. Ein derart erschüttertes Selbstbild kann während der Adoleszenz besonders schädlich sein, da Jugendliche sich gerade in dieser Phase besonders nach sozialer Akzeptanz sehnen. In Bezug auf den eigenen Körper löst dieser Wunsch einen immensen Druck aus, sich den sozialen Normen von Attraktivität – also einem schlanken bzw. muskulösen Körper – anzupassen. Vor diesem Hintergrund ist es nicht verwunderlich, dass Kinder mit Mehrgewicht verglichen mit normalgewichtigen Kindern bereits höhere Raten an depressiven Symptomen aufweisen,[53] da eben vor allem diejenigen Kinder, die den Attraktivitätsnormen nicht entsprechen, häufiger von Bodyshaming betroffen sind.[54]

Der Zusammenhang zwischen Bodyshaming und depressiven Symptomen konnte auch bei Erwachsenen festgestellt werden, wobei er bei Frauen stärker ausgeprägt war als bei Männern. Bei Männern entwickelten sich depressive Symptome erst nach wiederkehrenden Body-Shaming-Erfahrungen, während Frauen diese Symptomatik bereits nach einmalig erlebtem Bodyshaming zeigten.[55] Hatten sie in ihrer Kindheit also einmal eine derartige Erfahrung gemacht, war diese stark genug, ihr späteres emotionales Wohlbefinden im Erwachsenenalter zu beeinflussen.

Was sagen Betroffene?

Körperbewertung und -kommentierung findet für viele Menschen tagtäglich statt. In vielen Fällen scheint den Kommentierenden nicht klar zu sein, was sie mit ihrem Verhalten bei ihrem Gegenüber auslösen können. Vielleicht liegt der Grund darin, dass sie sich und ihren eigenen Körper ebenso abwerten. Oft sind die Kommentare »nur ein Spaß«, »nicht so gemeint« oder sogar »gut gemeint«. Ungefragte Kommentare in Bezug auf den Körper anderer können jedoch, wie wir bereits gesehen haben, extrem verletzend wirken.

AUS DER PRAXIS

»Wozu hat Bodyshaming bei dir geführt?«

Ich habe an dieser Stelle anonymisierte Aussagen aus meiner therapeutischen Praxis zusammengestellt, nicht zuletzt auch, um das emotionale Ausmaß sichtbar zu machen, das Betroffene erleben, die dieser Form von Diskriminierung ausgesetzt sind.

»Scham. Es hat mein Körperempfinden negativ beeinflusst.«
»Große Selbstzweifel und Veränderungen im Essverhalten.«
»Weniger sexuelle Lust.«
»Krampfhafte Anpassung an Schönheitsideale.«
»Es hat mich sehr verletzt und mein Selbstwertgefühl beeinträchtigt.«
»Mich von meiner Kindheit an essgestört gemacht.«
»Essattacken ausgelöst. Ärger über Grenzüberschreitungen.«
»Hat mir meine Jugend ruiniert.«
»Ich dachte, dass meine Selbstwahrnehmung fehlerhaft sei.«
»Unsicherheit, Minderwertigkeit, Verstecken, Scham.«
»Hat im Alter von fünf Jahren angefangen, als mein Cousin sagte, ich sei zu dick.«
»Hat so weit geführt, dass mich Blicke bereits verunsichern.«
»Hat zu dem Gedanken geführt: Nur wenn ich dünn bin, kann ich glücklich sein.«
»Habe mein Selbstwertgefühl verloren.«
»Körper als Objekt, anstatt als Hülle oder Heimat.«
»Gefühl erzeugt, dass ich die Abscheulichkeit in Person bin.«

Führen wir uns also noch einmal warnend vor Augen, dass die Erfahrung von Bodyshaming signifikante negative Auswirkungen auf die mentale Gesundheit haben kann: von der Entwicklung eines negativen Körperbildes und eines niedrigen Selbstwertgefühls bis hin zu einem hohen Stresserleben und der Ausbildung depressiver Symptome.

Gewichtsdiskriminierung äußert sich in unserer Gesellschaft jedoch nicht nur in Form von Bodyshaming. Wann und ab welchem Alter aber beginnen wir damit, die Körper unserer Mitmenschen zu beurteilen? Wann beginnen wir, Menschen mit höherem Gewicht negativer zu beurteilen als schlanke Menschen?

1.3 Gewichtsdiskriminierung: Schnell passiert mit kritischen Folgen

Auch wenn du nicht unbedingt selbst betroffen sein solltest, halte ich es generell für wichtig, sich mit Diskriminierungsformen überhaupt zu beschäftigen. Das Bemühen, Diskriminierung zu verstehen und zu bekämpfen, fördert Empathie und Solidarität denen gegenüber, die darunter leiden. Eine Gesellschaft, die sich für Vielfalt und Inklusion einsetzt, ist offener, toleranter und kulturell reicher. Wir können demnach persönlich und als Gemeinschaft nur davon profitieren, uns mit diesem Thema auseinanderzusetzen und Negativdynamiken aktiv entgegenzuwirken.

Gewichtsdiskriminierung oder auch *Gewichtsstigmatisierung* ganz konkret meint alle negativen Einstellungen und Vorurteile mehrgewichtigen Menschen gegenüber. Per Definition ist Gewichtsdiskriminierung die soziale Ablehnung und Abwertung, die denen zuteilwird, die nicht den vorherrschenden Normen eines schlanken Körperideals entsprechen.[56] Man spricht in diesem Zusammenhang in der Literatur häufig vom sogenannten *Anti-Fat-Bias*. Bias kommt aus dem Englischen und bedeutet Verzerrung.

Der *explizite Anti-Fat-Bias* geschieht bewusst und offenkundig durch klar geäußerte Vorurteile gegenüber mehrgewichtigen Menschen. Er ist durch Selbstberichte oder Befragungen identifizierbar und manifestiert sich in Diskriminierung, Mobbing oder beleidigendem Verhalten gegenüber mehrgewichtigen Menschen.

Der *implizite Anti-Fat-Bias* läuft unbewusst ab und ist daher schwerer zu erkennen. In diese Kategorie gehören unbewusste oder automatische Vorurteile gegenüber mehrgewichtigen Menschen, die schwieriger identifizierbar und selten durch Selbstberichte zu erfassen sind. Sie zeigen sich in einer subtileren Form, wie dem unbewussten Abstandhalten von Mehrgewichtigen oder der unbewussten Bevorzugung schlanker Personen. In einer Studie zum Thema konnte beispielsweise gezeigt werden, dass Menschen sich unbewusst weiter von Menschen mit Mehrgewicht wegsetzen, je höher ihr impliziter Anti-Fat-Bias ausgeprägt war.[57]

Die aus dem impliziten und expliziten Anti-Fat-Bias resultierende Gewichtsdiskriminierung hat jedenfalls zur Folge, dass dicke Menschen in vielen gesellschaftlichen Bereichen struktureller Benachteiligung ausgesetzt sind: im Berufsleben, Bildungswesen, Gesundheitswesen, in Freundschaften, Partnerschaften und im Zusammenhang mit der Zuschreibung von Persönlichkeitseigenschaften.

Body Reflections

Identifiziere deinen Anti-Fat-Bias!

Was denkst du, wie stark dein Anti-Fat-Bias ausgeprägt ist? Schwach, mittel, hoch? Um eine genauere Einschätzung zu erlangen, gebe ich dir hier einige Reflexionsfragen (angelehnt an Bacon, 2010) an die Hand. Beantworte jede Frage mit »nie«, »gelegentlich«, »regelmäßig« oder »oft«.

Frage	nie	gelegentlich	regelmäßig	oft
1. Wie häufig sprichst du negativ über dein eigenes Gewicht?				
2. Wie häufig wählst du Kleidung basierend auf deiner Wahrnehmung, ob sie dich dick aussehen lässt oder nicht?				
3. Wie häufig gehst du davon aus, dass jemand Gewicht verlieren möchte?				
4. Wie häufig gehst du davon aus, dass jemand Gewicht verlieren sollte?				

Frage	nie	gele- gent- lich	regel- mäßig	oft
5. Wie häufig gibst du negative Kommentare über das Gewicht einer anderen Person ab?				
6. Wie häufig ermutigst du jemanden, Gewicht zu verlieren?				
7. Wie häufig bewunderst du jemanden, weil er oder sie Gewicht verloren hat?				
8. Wie häufig bewunderst du die Fähigkeit von jemandem, seine oder ihre Ernährung zu kontrollieren?				
9. Wie häufig bewunderst du jemanden dafür, Kalorien durch Bewegung zu verbrennen?				
10. Wie häufig gehst du davon aus, dass es jemandem gut geht, weil er oder sie Gewicht verloren hat?				
11. Wie häufig bewunderst du die Schlankheit von jemandem?				
12. Wie häufig gehst du davon aus, dass es schlecht ist, dick zu sein?				
13. Wie häufig missbilligst du jemanden aufgrund seines Gewichts?				
14. Wie häufig gibst du einer mehrgewichtigen Person Ratschläge das Abnehmen betreffend?				
15. Wie häufig lächelst oder lachst du über Witze über dicke oder fette Menschen?				
16. Wie häufig machst du einem mehrgewichtigen Menschen ein Kompliment für sein Aussehen?				
17. Wie häufig machst du einem mehrgewichtigen Menschen ein Kompliment für seine Persönlichkeit?				
18. Wie häufig trittst du aktiv gegen abwertende Kommentare über Menschen mit Mehrgewicht auf?				

Anmerkung: Fragen 1 bis 15 repräsentieren schädliche kulturelle Botschaften, während Fragen 16 bis 18 Einstellungen unabhängig vom äußeren Erscheinungsbild (= Mehrgewicht) widerspiegeln. Die Abfrage ist als Selbstreflexion zu verstehen, bei der es nicht um »hohe« oder »niedrige« Scores geht. Sie dient dazu, Self-Awareness zu schaffen und unbewusste Denkmuster ins Bewusstsein zu holen und zu hinterfragen.

Wann setzt der Anti-Fat-Bias nun eigentlich ein? Haben ihn nur Erwachsene oder zeigt er sich bereits im Kindesalter? Werfen wir einmal einen Blick in die Forschung:

In einer in diesem Kontext häufig zitierten Studie, die Ende der 1950er-Jahre lief, wurden zehn- und elfjährigen Kindern sechs Bilder von Kindern gezeigt, die sie nach ihrer subjektiv empfundenen Sympathie bewerten sollten. Sie wurden gebeten, sie der Reihe nach zu ordnen, gemäß dem Kriterium, welches Kind sie »am liebsten mochten«. Die sechs Bilder stellten ein Kind mit »normalem« Gewicht, ein »dickes« Kind, ein Kind im Rollstuhl, eines mit Krücken und Beinschiene, eines mit einer fehlenden Hand und ein weiteres mit einer Gesichtsveränderung dar. Es wurden insgesamt sechs verschiedene Stichproben mit unterschiedlichen sozioökonomischen und ethnischen Hintergründen untersucht. Über alle Stichproben hinweg wurde das dicke Kind als letztes, also als am wenigsten sympathisch eingestuft.[58]

Bereits Kinder im Alter von zehn Jahren bewerten mehrgewichtige Kinder somit als weniger sympathisch als normalgewichtige oder als Kinder mit Beeinträchtigungen. Dies verdeutlicht zum einen, wie früh wir offenbar lernen, Personen mit Mehrgewicht negative Charaktereigenschaften zuzuschreiben. Zum anderen zeigen die Ergebnisse eindrucksvoll, wie negativ Annahmen über Personen mit Mehrgewicht zu sein scheinen, verglichen mit Annahmen über Personen, die von anderen Diskriminierungen betroffen sind. Gewichtsdiskriminierung und dazugehörige Einstellungen sind darüber hinaus keine Frage des Bildungsgrades, des finanziellen oder des kulturellen Hintergrundes. Im Gegenteil, wir sehen, dass sie in allen sozioökonomischen und ethnischen Hintergründen gleichermaßen vertreten sind. Und: Kinder beginnen sogar schon weit vor einem Alter von zehn Jahren, gewichtsdiskriminierend zu denken und zu fühlen.

Eine Studie mit Drei- bis Fünfjährigen wies nach, dass Kinder bereits in diesem Alter eine negative Einstellung gegenüber Fett und eine Präferenz für schlanke Körper zeigten.[59] In der genannten Untersuchung wurden insgesamt 118 Kindern acht Geschichten vorgelesen, deren Charaktere eine der folgenden Eigenschaften aufwiesen: ungezogen oder brav, glücklich oder traurig, gemein oder nett, aktiv oder faul. Wie wir sehen, waren die Adjektive immer entweder positiv oder negativ konnotiert. Die Kinder sollten anschließend eine Figur auswählen, der sie die Inhalte der Geschichte am ehesten zuordnen würden. Die Figuren, die zur Auswahl standen, variierten zwischen sehr dünn und sehr dick. Die Kinder sollten also entscheiden, welche Eigenschaft der Figur sie mit welchem Körperbau in Verbindung bringen würden. Dabei zeigte sich folgendes Muster: Die Kinder wählten dickere Figuren, um negative Eigenschaften im Vergleich zu positiven Eigenschaften darzustellen. Diese Tendenz verstärkte sich mit zunehmendem Alter. Ergebnisse, die sich sowohl bei Mädchen als auch bei Jungen äußerten.

Diese Erkenntnisse ergänzen die bereits im vorherigen Abschnitt dargestellten Befunde zum Schlankheitsideal im frühen Kindheitsalter. Zur Erinnerung: Es konnte nachgewiesen werden, dass bereits dreijährige Mädchen das gesellschaftliche Schlankheitsideal verinnerlicht hatten.

Leider sind in unserer Gesellschaft die Bereiche vielfältig, in denen Menschen mit Mehrgewicht Diskriminierung erleben. Umso wichtiger, sie ins Bewusstsein zu heben.

Bildungswesen – Leider kein Schutzraum

Unter dem Begriff Bildungswesen fasst die Forschung Schulen, Universitäten, Lehrpläne, Lehrer*innen, Schüler*innen und alle Bildungseinrichtungen zusammen, die dazu beitragen, Wissen und Bildung in einer Gesellschaft zu fördern und zu vermitteln. Im Schulkontext ist Gewichtsdiskriminierung besonders präsent: Dicken Kindern wird nachgesagt, sie seien unsportlich, faul und unmotiviert. Aufgrund dessen sind dicke Kinder signifikant häufiger Opfer von Mobbing als dünne Kinder.[60] Dicke Kinder erhalten von Lehrerinnen und Lehrern für die gleiche Schulleistung schlechtere Noten und werden als hilfsbedürftiger eingeschätzt als dünne Kinder.

In einer beispielhaften Studie zu diesem Thema sollte experimentell überprüft werden, ob Lehrer*innen der Mittel- und Oberstufe Schüler*innen, die mehrgewichtig sind, anders bewerten als schlanke. Sie erhielten die Aufgabe, die Qualität einer fiktiven Schulaufgabe zu benoten und ihre subjektive Wahrnehmung zur Schülerkompetenz abzugeben. Die Aufgabe wurde der Lehrerschaft gemeinsam mit Fotos dargeboten, auf denen die Schüler*innen entweder als mehrgewichtig oder schlank dargestellt wurden. Die Ergebnisse zeigten auf, dass die Essays von Schülerinnen und Schülern, die mehrgewichtig waren, bei identischer Qualität ihrer Leistung schlechtere Noten im Vergleich zu denen ihrer normalgewichtigen Altersgenossen erhielten. Darüber hinaus schätzten die Lehrer*innen ein, dass mehrgewichtige Schüler*innen insgesamt größere Anstrengungen unternehmen müssen, mehr Hilfe zur Verbesserung benötigen und im Schnitt schlechtere schulische Noten erzielen. Dabei ging die Lehrerschaft davon aus, dass sowohl die Benotung ihrer Kolleginnen und Kollegen, aber auch in besonderem Maße ihre eigene Benotung unvoreingenommen und objektiv ist. Eine Studie, die eindrücklich die fettfeindlichen Einstellungen im schulischen Kontext unterstreicht und wichtige Erkenntnisse über Haltungen der Voreingenommenheit dort liefert.[61]

Auch weitere Untersuchungen im schulischen Kontext untermauern diese Ergebnisse und belegen, dass mehrgewichtige Jugendliche verglichen mit normalgewichtigen Jugendlichen als sozial weniger kompetent, weniger logisch denkend, körperlich weniger fit und weniger kooperativ eingeschätzt werden.[62]

Ein weiterer für Gewichtsdiskriminierung geradezu prädestinierter Bereich ist der Sportunterricht. Ein Großteil (73 %) der Sportlehrer*innen sind der Meinung, dass Vertreter*innen ihrer Fachrichtung nicht mehrgewichtig sein sollten, da sie eine Vorbildfunktion hätten. Auch werden Schüler*innen mit Mehrgewicht anders beurteilt als ihre schlanken Klassenkameradinnen und -kameraden.[63]

Mehrgewichtige Kinder und Jugendliche werden signifikant häufiger Opfer von Mobbing in Form von psychischer Gewalt.[64] Je höher das Gewicht des Kindes oder des Jugendlichen, desto häufiger kommt es zu erlebtem Bodyshaming. 30–40 % der Kinder berichten von Fat Shaming im Allgemeinen, wobei 25–60 % des erfahrenen Fat Shaming von den eigenen Familienmitgliedern herrührt. Mädchen sind signifikant häufiger betroffen als Jungen[65] und darüber hinaus vulnerabler, d.h. anfälliger für sich daraus ergebende psychische Folgen wie die Entwicklung depressiver Symptome bereits im Kindes- und Jugendalter[66] oder später im Erwachsenenalter.[67]

Arbeitsmarkt – Keine Chancengleichheit

Zahlreiche experimentelle Untersuchungen zeigen, dass mehrgewichtige Angestellte im Vergleich zu schlankeren Mitarbeitenden mit identischen Qualifikationen diskriminierende Einstellungspraktiken erleben, keine Beförderungen erhalten, unrechtmäßig entlassen und von Kolleginnen, Kollegen und Vorgesetzten aufgrund ihres Gewichts stigmatisiert werden.[68] Diese Ungleichbehandlung basiert wahrscheinlich auf negativen impliziten und expliziten gewichtsbasierten Vorurteilen (vgl. Anti-Fat-Bias). Typische gewichtsbezogene Vorurteile legen nahe, mehrgewichtige Mitarbeitende seien weniger gewissenhaft, kooperativ, emotional stabil und extrovertiert als normalgewichtige Kolleginnen und Kollegen.[69]

Neben einer schlechteren Beurteilung ihrer Kompetenzen erhalten sie auch niedrigere Löhne für die gleiche Arbeit. Diesbezügliche Forschungsergebnisse zeigen auf, dass mehrgewichtige Frauen 6 % weniger verdienen als Frauen mit normalem Gewicht und mehrgewichtige Männer 3 % weniger verdienen als schlankere Männer.[70] Sowohl Männer als auch Frauen mit Mehrgewicht erfahren in den ersten beiden Jahrzehnten ihrer beruflichen Laufbahn einen gewichtsbedingten Lohnnachteil. In einer weiteren Studie kam heraus, dass für Frauen jede Zunahme des Body-Mass-Index (BMI) um eine Einheit – also jede Gewichtszunahme – mit einem Rückgang des Stundenlohns um 1,83 % verbunden ist.[71] Diese Befunde decken sich zudem mit Betroffenenberichten. Eine repräsentative Stichprobe von 2838 Befragten zeigt, dass mehrgewichtige Personen im Vergleich zu normalgewichtigen Personen 12-mal häufiger von Diskriminierung am Arbeitsplatz betroffen waren. Stark mehrgewichtige Personen sogar ganze 100-mal häufiger.[72]

Gesundheitswesen – Werden alle gleich behandelt?

Zum Gesundheitswesen zählen Ärztinnen und Ärzte, Gesundheits- und Krankenpfleger*innen, Medizinstudierende und anderes Gesundheitspersonal. Sein primäres Ziel ist es, die Gesundheit der Menschen zu erhalten oder zu verbessern. Gewichtsdiskriminierung und jede andere Form der Diskriminierung ist schädlich und nicht gesundheitsförderlich – dem würden wahrscheinlich alle zustimmen. Gerade in diesem Bereich sollte es daher zu keinerlei Form von Diskriminierung kommen. Deckt sich das jedoch auch mit der Realität? Leider nein.

Insbesondere im Gesundheitswesen findet Gewichtsdiskriminierung in vielen unterschiedlichen Formen und Facetten statt. Die meisten Menschen, die dort tätig sind, haben vielleicht nicht die willentliche Intention, Menschen mit Mehrgewicht zu diskriminieren. Dennoch geschieht dies meist durch implizit wertende Annahmen, die Überbewertung des Gewichtsfaktors als Ursache für eine Erkrankung und die vorurteilsgeprägte Zuschreibung vermeintlich »typischer« Charaktereigenschaften. Eine klassische Einschätzung in diesem Zusammenhang lautet: »Dicke Menschen sind weniger umsetzungswillig« – im Fachjargon spricht man hier von sogenannter mangelnder *Compliance*. Durch diese Zuschreibung kommt es zu einer kürzeren patientenzentrierten Kommunikation und fachlichen Sondierung, da davon ausgegangen wird, die Anweisungen würden weniger engagiert umgesetzt.[73]

Mediziner*innen verbringen im Durchschnitt 28 % weniger Zeit im Kontakt mit Patientinnen und Patienten mit Mehrgewicht im Vergleich zu solchen mit Normalgewicht.[74] Weitere Untersuchungen belegen, dass das Gewicht als Auslöser und Ursache auftretender bzw. anhaltender Krankheitssymptome überbewertet wird. Mediziner*innen vermuten fälschlicherweise, das Gewicht sei der Grund, warum bestimmte Symptome entstanden sind, obwohl eigentlich andere Auslöser zugrunde liegen. Dies kann dazu führen, dass wichtige Untersuchungen im Vorfeld nicht gemacht werden und daraus möglicherweise Fehldiagnosen resultieren,[75] was wiederum zu Fehlbehandlungen und einer Chronifizierung der Symptome führen kann, da die wirklichen Ursachen der Erkrankung gar nicht oder erst viel zu spät erkannt werden.

Auch in Sachen Prävention erleben Patientinnen und Patienten mit Mehrgewicht Nachteile, wozu eine Studie aussagekräftige Ergebnisse liefern konnte.[76] Ihr Ziel war es zu überprüfen, ob mehrgewichtige Menschen die gleiche präventive Versorgung erhalten wie normalgewichtige Personen. Dabei kam heraus, dass mehrgewichtigen Patientinnen und Patienten die wenigsten präventiven Untersuchungen zuteilwurden, wobei ein deutlicher Unterschied nach Gewicht festzustellen war. Sie hatten signifikant geringere Chancen auf Krebsvorsorgeuntersuchungen, einschließlich Mammografien gynäkologische und Rektaluntersuchungen. Mehrgewichtige Patient*innen erhielten überdies weniger Aufklärung zur Tabakentwöhnung sowie zur Verletzungsprävention. Welche Angebote jedoch verstärkt an sie gerichtet wurden, waren Ernährungs-, Bewegungs- und Gewichtsreduktionsaufklärung. Diese Ergebnisse illustrieren deutlich, welch fatale Lücken in der präventiven Gesundheitsversorgung bestehen.

Untersuchungen zeigen außerdem, dass Menschen mit Mehrgewicht aufgrund ihrer stigmatisierenden Erfahrungen insgesamt seltener Kontakt zum Gesundheitswesen aufnehmen als normalgewichtige Menschen. Seltenere Arztbesuche führen zu fehlender Früherkennung von Krankheiten, zu einer Verschlimmerung bestehender Symptome und gehen dadurch mit einer hohen Chronifizierungsgefahr einher.[77]

Zwischenmenschlicher Kontakt – Hängt soziale Nähe von den Kilos ab?

Zwischenmenschliche Beziehungen stellen eine zentrale Bedeutung für unser psychisches Wohlbefinden und unsere Lebensqualität dar und erfüllen eine Vielzahl von wichtigen Funktionen in unserem Leben. Von sozialer Unterstützung, dem Gefühl von Zugehörigkeit über die Möglichkeit des Austauschs und der Kommunikation unserer Sorgen und Unsicherheiten sind sie ein essenzieller Bestandteil unseres alltäglichen Lebens. Spielt unser Gewicht nun aber eine Rolle dabei, wie leicht oder schwer wir Freundschaften eingehen, einen Partner oder eine Partnerin finden oder wie sehr wir von unserer Familie wertgeschätzt werden?

Forschungsergebnisse deuten darauf hin, dass mehrgewichtige Frauen im Vergleich zu schlanken Frauen häufiger Schwierigkeiten haben, einen Partner für Liebesbeziehungen zu finden. In einer Studie mit 449 weiblichen und männlichen College-Studierenden wurden die Teilnehmenden gebeten, unterschiedliche Fotos sechs potenzieller Sexualpartner*innen zu bewerten. Sie zeigten eine mehrgewichtige Partneroption, eine mit Normalgewicht und ohne Beeinträchtigungen und Partner*innen mit verschiedenen Beeinträchtigungen oder Erkrankungen (zum Beispiel fehlende Gliedmaßen, diagnostizierte psychische Störung, Belastung durch sexuell übertragbare Infektionen). Sowohl von Frauen als auch von Männern wurde der bzw. die Partner*in mit Mehrgewicht durchgehend als am wenigsten sexuell attraktiv bewertet.[78]

Insgesamt werden mehrgewichtige Frauen im Vergleich zu normalgewichtigen Gleichaltrigen im zwischenmenschlichen Kontakt als weniger sexuell attraktiv, weniger geschickt und weniger reaktionsschnell eingeschätzt.[79] Studien haben ergeben, dass Frauen, die sich in Kontaktanzeigen selbst als mehrgewichtig beschreiben, von Männern und Frauen als negativer klassifiziert werden und von Männern weniger Antworten erhalten als diejenigen Frauen, die persönlichen Drogenmissbrauch in der Vergangenheit angeben.[80]

Die stigmatisierenden Erfahrungen scheinen sich hierbei zwischen Männern und Frauen signifikant zu unterscheiden. Einschlägige Studien sind in ihrem Ergebnis dahingehend konsistent, dass ein höheres Körpergewicht für junge Männer verglichen mit jungen Frauen weniger nachteilig für ihre Dating- und sexuellen Beziehungen ist. Eine Studie mit Schülerinnen und Schülern ergab, dass 50 % der als mehrgewichtig klassifizierten Mädchen noch nie gedatet haben, verglichen mit nur 29 % der mehrgewichtigen Jungen.[81]

Was aufgrund ihrer ausgeprägteren Diskriminierungserlebnisse nicht verwundert, ist, dass Frauen auf Dating-Plattformen vergleichsweise häufiger falsche Angaben zu ihrem Gewicht machen als Männer.[82]

Die Erkenntnis, dass Frauen im Bereich romantischer Beziehungen mehr Diskriminierung erleben, bestätigt sich auch in Studien zu Eheschließungen, die aufzeigen, dass mehrgewichtige Frauen sowohl beim Zusammenleben[83] als auch in puncto Heirat[84] niedrigere Raten aufweisen als schlankere Frauen. Wenn sie denn heiraten, haben sie eher Partner mit niedrigerem Bildungsniveau[85], geringerem Einkommen[86], geringerer Körpergröße[87] und geringerer physischer Attraktivität[88] verglichen mit schlankeren Frauen. Bei Männern hingegen waren die beschriebenen Effekte entweder weniger stark oder überhaupt nicht beobachtbar. Die Forschungsergebnisse beziehen sich ausschließlich auf heterosexuelle Beziehungen, da wissenschaftliche Untersuchungen zu homosexuellen Beziehungen bis dato, wie bereits angesprochen, unterrepräsentiert sind.

Auch im familiären Kontext findet Stigmatisierung statt. So werden mehrgewichtige Jugendliche beispielsweise häufiger Opfer von gewichtsbezogener Diskriminierung durch ihre Eltern und Geschwister. In einer Studie mit 4746 Jugendlichen gaben 29 % der Mädchen und 16 % der Jungen an, von einem Familienmitglied wegen ihres Gewichts gehänselt worden zu sein.[89] Die Erfahrungen von Gewichtsstigmatisierung durch Familienmitglieder setzen sich bis ins Erwachsenenalter fort. Eine Studie mit 2449 mehrgewichtigen Frauen ergab, dass 72 % der Teilnehmerinnen von ihren Familienmitgliedern Gewichtsstigmatisierung in Form von gewichtsbezogenen Hänseleien, diskriminierenden Spitznamen und unangemessenen Kommentaren erlebten. Die Mehrheit der Teilnehmerinnen nannte neben der eigenen Familie auch Freundinnen und Freunde (60 %) und Ehepartner*innen (47 %) als Ausübende.[90] Wie man sich vorstellen kann, beeinflusst diese stigmatisierende Art der zwischenmenschlichen Interaktion die Beziehungen massiv. Untersuchungen zeigten demzufolge, dass mehrgewichtige Frauen verglichen mit schlanken Frauen einerseits unzufriedener mit Familien- und Partnerbeziehungen sind[91] und andererseits weniger enge Freundschaften besitzen.[92]

Medien lieben die schlanke Norm

In der heutigen Medienlandschaft werden wir tagtäglich mit Bildern und Darstellungen von Körpern konfrontiert, die übermäßig oft ein bestimmtes Ideal repräsentieren – sei es nun schlank oder muskulös. Jenseits davon findet kaum eine andere Körpertypik statt. Eine der ersten Studien zum Thema wurde im Jahr 1980 in Bezug auf das Abendfernsehen durchgeführt. Die Ergebnisse zeigten, dass 88 % der dort repräsentierten Personen einen schlanken oder normalgewichtigen Körperbau hatten, während lediglich 12 % als mehrgewichtig galten. Innerhalb dieser 12 % der Personen mit Mehrgewicht befanden sich doppelt so viele Männer wie Frauen.[93]

Die bereits im Jahre 1980 vorhandene mediale Unterrepräsentation von mehrgewichtigen Körpern setzt sich bis heute weiter fort und steht damit in eklatantem Widerspruch zum durchschnittlichen Körpergewicht der Bevölkerung.[94] In diesem Zusammenhang ergab eine Studie aus den USA, die sowohl die Verteilung als auch die damit verbundenen Merkmale verschiedener Körpertypen im Abendfernsehen untersuchte, dass nur 14 % der weiblichen und 24 % der männlichen Charaktere der Kategorie »mehrgewichtig« zuzuordnen waren. Diese Zahl entspricht weniger als der Hälfte der entsprechenden Anteile in der allgemeinen Bevölkerung.[95] Die inhaltliche Analyse ergab, dass mehrgewichtige Frauen dabei seltener als attraktiv dargestellt wurden, weniger Interaktionen mit romantischen Partnern hatten und weniger körperliche Zuneigung zeigten. Mehrgewichtige Männer hingegen hatten seltener Interaktionen mit romantischen Partnerinnen und Freunden und wurden häufiger beim Essen gezeigt als schlank-muskulöse Männer.

Auch in Unterhaltungsmedien setzt sich diese Tendenz fort. Sowohl in der Unterhaltung für Kinder als auch für Erwachsene werden mehrgewichtige Personen häufiger für Nebenfiguren besetzt, als Zielscheiben von Spott und Humor und seltener als Personen mit romantischen Beziehungen dargestellt, während schlanke Charaktere Hauptrollen übernehmen und Träger*innen positiver Eigenschaften sind.[96] In einer beispielhaften Studie wurden über 4000 Cartoon-Charaktere in Kindermedien untersucht. Die Analyse ergab, dass mehrgewichtige Charaktere dort eher als sozial unerwünscht (zum Beispiel als aggressiv, unfreundlich, böse, unbeliebt) dargestellt wurden. Normalgewichtigen oder untergewichtigen Cartoon-Charakteren wurden hingegen eher sozial erwünschte Eigenschaften beigemessen (zum Beispiel gesellig, beliebt, erfolgreich, glücklich).[97]

Neben der stigmatisierenden Darstellung in Film und Fernsehen werden mehrgewichtige Personen auch in Berichterstattungen negativ stereotypisiert. So zeigt sich in Beiträgen US-amerikanischer Medien, dass Mehrgewicht oft als ein Problem der persönlichen Verantwortung und fehlenden Willenskraft dargestellt wird und Überessen und mangelnde körperliche Bewegung als alleinige Erklärungen geliefert werden.[98] Damit werden genetische, Umwelt- oder sozioökonomische Faktoren, die unser Gewicht maßgeblich beeinflussen, komplett außer Acht gelassen.

Die Medien sind ein mächtiges Werkzeug, das unser Bild von der Realität formt und beeinflusst. Das, was wir täglich in Filmen, Online-Nachrichten und über soziale Kanäle konsumieren, prägt unsere Wahrnehmung und unser Weltbild. Wenn Medien mehrgewichtige Menschen stereotyp negativ darstellen, tragen sie dazu bei, Vorurteile zu festigen und gesellschaftliche Stigmatisierung zu verstärken.[99]

Zeit umzudenken – Was Gewichtsdiskriminierung nach sich zieht

Über die kritischen Auswirkungen auf mentaler Ebene hatten wir bereits des Öfteren gesprochen: Klinische und nicht-klinische Stichproben belegen die Entwicklung eines geringen Selbstwertgefühls, Körperunzufriedenheit, soziale Isolation sowie ein erhöhtes Risiko für Depressionen und Angststörungen.[100]

Gewichtsdiskriminierung kann aber auch ungesunde Verhaltensweisen verstärken. Betroffene Erwachsene neigen häufiger zu emotionalem Essen sowie zu Essanfällen und weisen vermehrt Symptome von Essstörungen auf.[101] Befunde einer experimentellen Studie stellen heraus, dass mehrgewichtige Frauen, die gewichtsstigmatisierenden Reizen ausgesetzt waren, mehr als dreimal so viele Kalorien zu sich nahmen wie mehrgewichtige Frauen, die neutralen Reizen begegneten.[102] Die Befunde dieser Studie zeigen klar auf, wie schädlich stigmatisierende Erfahrungen wirken können. Sie widerlegen ebenso die gesellschaftlich weit verbreitete Annahme, Personen durch Gewichtsstigmatisierung dazu zu bringen, weniger und gesünder zu essen. Im Gegenteil: Statt einer positiven, motivierenden Wirkung auf das Essverhalten begünstigen gewichtsstigmatisierende Erfahrungen ein ungesünderes Essverhalten.

Die Forschung zeigt auch, dass Erwachsene, die Erfahrungen mit Gewichtsstigmatisierung erleben, eher dazu neigen, körperliche Aktivität zu vermeiden und weniger Motivation für Bewegung zu entwickeln.[103] Möglicherweise das Resultat aus negativen Erfahrungen in der Vergangenheit mit der Absicht, potenziell peinliche oder ausgrenzende Situationen im Sportkontext künftig zu vermeiden. Auch das eine klare Gegenposition zur oft geäußerten Annahme, Gewichtsstigmatisierung könne dazu beitragen, mehrgewichtige Personen zu einem gesünderen Bewegungsverhalten zu motivieren.

Ganz im Gegenteil: Gewichtsstigmatisierung scheint einen erheblichen Schaden für das psychische Wohlbefinden und Gesundheitsverhalten von Betroffenen darzustellen. Angesichts dieser negativen Auswirkungen ist es von großer Bedeutung, aktiv gegen diese Dynamik vorzugehen, was im ersten Schritt bedeutet, darüber aufzuklären und so die Akzeptanz unterschiedlicher Körperformen zu fördern.

1.4 Essstörungen versus gestörtes Essverhalten: Was ist was?

In der westlichen Welt treten Essstörungen deutlich häufiger auf als in asiatischen und afroamerikanischen Kulturkreisen sowie in Schwellen- und Entwicklungsländern.[104] In der mittleren und oberen sozioökonomischen Schicht sowie bei einigen Risikogruppen, wie zum Beispiel Sportlerinnen, Sportlern und Models, ist die Quote noch einmal höher. Der Verdacht liegt also nahe, dass körperliche Unzufriedenheit und daraus resultierendes auffälliges Essverhalten unter anderem durch die gesellschaftliche Haltung westlicher Industrieländer motiviert sein könnte. Das bereits thematisierte weit verbreitete ultraschlanke Schönheitsideal junger Frauen scheint hier von entscheidender Bedeutung zu sein.

Schauen wir uns zunächst den Unterschied zwischen essgestörten Verhaltensweisen und Essstörungen an. Essgestörte Verhaltensweisen, wie zum Beispiel Diätmaßnahmen, sind gesellschaftlich weit verbreitet und stellen Risikofaktoren für die Entwicklung einer Essstörung dar. Gleichgesetzt werden dürfen diese beiden Bereiche jedoch nicht. Die nachstehende Tabelle stellt die Unterscheidungskriterien noch einmal klar heraus:

Essgestörtes Verhalten versus klinisch relevante Essstörung

	Essgestörtes Verhalten	Essstörung
Definition	Gelegentliche Abweichungen von normalen Essgewohnheiten, wie gelegentliches Meiden bestimmter Lebensmittelgruppen oder gelegentliches Überessen	Intensives, ritualisiertes Essverhalten, stark eingeschränkte Auswahl an Lebensmitteln, Kontrolle und Rituale, um Nahrungsaufnahme zu steuern
Schweregrad	Kann von mild bis schwer variieren	Schwerwiegend, mit schwerwiegenden psychischen und körperlichen Auswirkungen

	Essgestörtes Verhalten	**Essstörung**
Diagnose	Keine formelle Diagnose	Erfordert professionelle medizinische und/oder psychotherapeutische Behandlung
Körperbild	Kann mit einem negativen Körperbild in Verbindung stehen	Geht oft mit negativem Körperbild und verzerrter Körperwahrnehmung einher, extremer Fokus auf den Themen Körper, Figur und Gewicht
Vermeidung von bestimmten Lebensmitteln	Gelegentlich	Stark eingeschränkte Auswahl an Lebensmitteln
Gedankliche Beschäftigung mit den Themen Essen, Figur, Gewicht	Gelegentliche Gedanken über Kalorienzählen oder Bewegung	Obsessive Gedanken über Kalorien, zwanghaftes Kalorienzählen, exzessive körperliche Aktivität
Essanfälle	Gelegentliche Episoden von übermäßigem Essen (zum Beispiel bei Stress)	Regelmäßige oder häufige Essanfälle mit dem Gefühl von Kontrollverlust über die Menge und die Art des Essens
Gewichtskontrolle	Gelegentliche Versuche, das Gewicht zu halten oder abzunehmen	Kontinuierliche, rigide Gewichtskontrollversuche, starke Gewichtsschwankungen

Emotionales Essverhalten – Gefühle einfach »wegessen«

Ein besonders prominentes Beispiel gestörten Essverhaltens, auf das ich an dieser Stelle explizit eingehen möchte, stellt das sogenannte *Emotional Eating* oder *Emotionales Essverhalten* dar. Was ist damit genau gemeint? Viele Menschen essen in Reaktion auf Stress und emotionale Belastung, zum Beispiel bei Angst oder Ärger, mehr, sie »überessen«.[105] Zunächst einmal ist emotionales Essen keine Essstörung, tritt aber häufig im Rahmen von Essstörungen auf.

In der Gesamtbevölkerung ist das Phänomen weitverbreitet. Man nimmt an, dass etwa 60% der Menschen mit Mehrgewicht auch emotionale Esser*innen sind.[106] Häufig werden dabei hochkalorische, fetthaltige Speisen konsumiert, wie zum Beispiel Fastfood, das eine kurzfristig entlastende Wirkung haben kann. Zucker- und fetthaltige Speisen stimulieren unser Belohnungssystem im Gehirn, was zur Freisetzung von sogenannten endogenen Opioiden (wie zum Beispiel Endorphinen, den körpereigenen »Glückshormonen«) führt. Diese Opioide haben eine schmerzlindernde und beruhigende Wirkung, die den emotionalen Stress unmittelbar »dämpft«, wenngleich diese Wirkung auch nicht von langer Dauer ist.[107]

Studien bestätigen diese Wechselwirkung: In Stresssituationen greifen Menschen oft vermehrt zu fett- und zuckerreichen Lebensmitteln. Dies kann auch mit der schnellen Verfügbarkeit und bequemen Zugänglichkeit dieser Produkte zusammenhängen. Fast Food bietet eine unkomplizierte Lösung, die rasch verfügbar ist und als »Trostmahlzeit« wirkt. Insofern nicht verwunderlich, dass regelmäßiges emotionales Essen häufig mit einer stetigen Gewichtszunahme verbunden ist.[108]

Essen dient in diesen Fällen als Emotionsregulator, hat also eine erweiterte Funktionalität: Es ist nicht nur Nahrungsaufnahme, sondern kommt als Bewältigungsmechanismus zum Einsatz, um Angst, Hilflosigkeit, Wut oder Traurigkeit zu »bewältigen«. Genauso kann auch Langeweile ein auslösender Faktor sein.

Das Essen beschert den Betroffenen kurzfristige angenehme Gefühle von Trost, Geborgenheit oder Ablenkung, hilft Stress auszugleichen und Spannungen abzubauen oder wirkt als Belohnung. Wir erleben emotionale Entlastung und lernen, dass unangenehme emotionale Zustände durch Essen regulierbar sind. Es ist allerdings meist so, dass der Zustand emotionaler Entlastung nicht von langer Dauer ist. Zudem haben wir es nicht mit einer nachhaltigen Strategie zu tun: Wir übersehen das Bedürfnis hinter der Emotion und bekommen das Gefühl, sie nicht aushalten zu können, sie loswerden zu müssen. Wir verwehren uns, Emotionen durch andere Strategien als das Essen lenken zu lernen. Wir verwehren uns die Erfahrung, Emotionen auch – ohne etwas »dagegen« zu tun – aushalten zu können. Emotionen zu fühlen, ohne darauf zu reagieren. Sind Emotionen nicht eigentlich dazu da, gefühlt zu werden?

AUS DER PRAXIS

Sophie: Essen tröstet – aber nicht lange

Sophie, 34, kam wegen »Gewichtsproblemen« und einem belastenden Verhältnis zum Essen zu mir in die Praxis. Sie erzählte mir von ihrer langjährigen Herausforderung, mit stressigen Lebenssituationen umzugehen. Ihr Essverhalten schien eng mit diesem Punkt verquickt und stark von emotionalen Auslösern beeinflusst zu sein. Darüber hinaus zeigte sich, dass sie über die erste Tageshälfte stetig versuchte, ihr Essverhalten zu »kontrollieren«: Sie nahm kein Frühstück zu sich und aß zu Mittag meist nur Rohkost. Dies führte wiederum dazu, dass sie in der zweiten Tageshälfte oftmals Heißhunger empfand und es am Abend kompensatorisch zu Überessen kam, teilweise auch in Verbindung mit wahrgenommenem Kontrollverlust während dieser Mahlzeit.

In unserer therapeutischen Arbeit stellte sich rasch heraus, dass Essen für Sophie weit mehr war als nur Nahrungsaufnahme. Es war ein bewährter Mechanismus, um mit unangenehmen Gefühlen umzugehen. Zudem konnten wir Gedanken identifizieren, im Sinne von »Ich muss mir mein Essen verdienen.«, welche die Essensrestriktion in der ersten Tageshälfte erklärten. Wir erkannten, wie der Konsum von bestimmten Lebensmitteln eine Art »Trost« und Entlastung darstellte, was kurzfristige Erleichterung und Ablenkung von den als schmerzhaft erlebten Emotionen verschaffte. Gleichzeitig war Sophie sich bewusst, dass diese Wirkung nur vorübergehend war und die eigentliche Ursache nicht langfristig löste. Wir arbeiteten also gemeinsam daran, alternative Bewältigungsmechanismen zu entwickeln.

Eine Schlüsselstrategie bestand darin, dass Sophie lernte, ihre Emotionen bewusst zu erleben, ohne sofort darauf zu reagieren. Darüber hinaus ging es darum, regelmäßiges Essverhalten in ihren Alltag zu integrieren, um längere Hungerphasen zu unterbinden. Ein zentraler neuer Gedanke für Sophie war nun, dass Essen zu jeder Tageszeit »erlaubt« ist.

Dazu kam der Aufbau von Strategien, wie sie ihre Bedürfnisse auf gesunde Weise erfüllen konnte, sei es durch unterstützende Sozialverbindungen, Selbstfürsorge-Routinen, der Tatsache, Grenzen zu setzen oder indem sie alternative Stressbewältigungsmethoden erlernte.

Im Laufe der Therapie gelang es Sophie immer mehr, bewusster mit ihren Emotionen umzugehen. Sie konnte sich von der Überzeugung lösen, Essen sei die einzige Möglichkeit, mit Belastungsphasen umzugehen, und kam so zu einem neuen Wohlbefinden und einem gesunden Essverhalten.

Fragt sich nur, woher wir gelernt haben, unangenehme Körper- und Emotionszustände durch Essen auszugleichen? Oder ist das vielleicht sogar ein angeborener Mechanismus? Wenn wir uns einmal in unsere Kindheit zurückversetzen, wird deutlich, dass hier oftmals die Wurzeln der Assoziation zwischen unangenehmer Emotion einerseits und Nahrungsaufnahme andererseits zu finden sind. Babys werden, wenn sie schreien – sprich, wenn sie unangenehme Emotionen empfinden – meist gefüttert. Das beruhigt das Baby in der Regel: Es ist entlastet, fühlt sich im (körperlichen) Kontakt mit Mutter oder Vater, die ihm Nahrung geben, geborgen. Das Learning, auf unangenehme Emotionen mit Essen zu reagieren, erfolgt demnach bereits sehr früh. Sind wir dann im Erwachsenenalter gestresst oder erleben unangenehme Emotionen, dient Essen häufig als Ersatzerfüllung von Bedürfnissen wie zum Beispiel nach Geborgenheit oder Sicherheit.

Emotionaler versus körperlichen Hunger

Wann aber stellt die Reaktion »Essen« ein tatsächlich zielführendes Verhalten dar und wann ist es lediglich eine »Flucht«? An der Stelle greift die Unterscheidung zwischen *emotionalem* und *körperlichem Hunger*. Wenn wir benennen können, ob der Hunger, den wir empfinden, auf physiologische Bedürfnisse oder emotionale Bedürfnisse zurückzuführen ist, können wir entscheiden, ob Essen eine angemessene Handlung ist, dem Hunger zu begegnen.

Körperlicher Hunger wird durch den physiologischen Bedarf des Körpers nach Nährstoffen und Energie ausgelöst. Diese Form des Hungers ist durch ein biologisches Signal bedingt, das aufgrund des abnehmenden Blutzuckerspiegels entsteht. Emotionaler Hunger dagegen wird durch Emotionen, Stress oder Langeweile ausgelöst. Er kommt plötzlich, während körperlicher Hunger sich sukzessive steigert und mit körperlichen Empfindungen wie einem Leeregefühl im Magen oder Magenknurren einhergeht. Emotionaler Hunger ist außerdem mit Cravings, also Gelüsten auf bestimmte Lebensmittel, verbunden, die reich an Zucker, Fetten und Kohlenhydraten sind. Körperlicher Hunger hingegen kann durch diverse Lebensmittel gestillt werden. Beim emotionalen Hunger tritt, anders als beim körperlichen Hunger, oft kein Sättigungsgefühl ein, sodass bis zu einem unangenehmen Völlegefühl gegessen wird. Zuletzt ist er oftmals mit Schuld- und Schamgefühlen verbunden, die beim körperlichen Hunger keine Rolle spielen.

Die Unterscheidung zwischen körperlichem und emotionalem Hunger ist nicht immer eindeutig und alles andere als einfach.

So kann es zum Beispiel bei gesellschaftlichen Zusammenkünften, Partys oder anderen Ereignissen dazu kommen, dass wir essen, selbst wenn unser Körper keinen physiologischen Hunger verspürt. Außerdem kann Essen auch oft eine Routine oder Gewohnheit sein, die wir an den Tag legen, obwohl wir eigentlich gar keinen körperlichen Hunger verspüren (zum Beispiel immer zur selben Zeit frühstücken, obwohl noch kein Hunger da ist). Was ich an der Stelle betonen möchte: Emotionales Essen in Maßen stellt für die allermeisten Menschen kein Problem dar und sollte daher nicht pauschal pathologisiert werden. Wer kennt es nicht, dass wir uns nach einem stressigen Tag abends etwas »gönnen« wollen? Essen kann und darf eine Strategie sein, um uns etwas Gutes zu tun. Dieser Zusammenhang ist nicht weiter schlimm, solange wir dadurch keinen Leidensdruck verspüren. Sollte sich aber ein solcher einstellen, ist es ratsam, professionelle Unterstützung in Anspruch zu nehmen und die Symptome von ausgebildetem Fachpersonal abklären zu lassen, um einer behandlungsbedürftigen Essstörung vorzubeugen.

Essstörungen – Auf der Suche nach den Wurzeln

Die Entstehung einer manifesten Essstörung ist als multifaktorielles Modell zu verstehen, bei dem sowohl individuelle Faktoren als auch umweltbezogene Faktoren und deren Interaktion relevant sind. Eine Essstörung entwickelt sich nicht durch das Vorhandensein von Körperunzufriedenheit oder die Durchführung von Diäten allein. Der Prozess ist um ein Vielfaches komplexer und höchst individuell.

Zu den *individuellen Faktoren* zählen biologische Koordinaten wie Mehrgewicht im Kindesalter oder genetische Disposition: So haben Verwandte ersten Grades eine etwa vierfach erhöhte Wahrscheinlichkeit, ebenso an einer Essstörung zu erkranken.[109] Ein weiterer relevanter individueller Faktor ist die Persönlichkeitseigenschaft Perfektionismus, die verschiedene Lebensbereiche betreffen kann. Unterschieden werden dabei drei Komponenten:[110]

1. Selbstbezogener Perfektionismus: Festlegung hoher Standards an sich selbst
2. Fremdbezogener Perfektionismus: Festlegung hoher Standards an andere
3. Sozial vorgeschriebener Perfektionismus: Wahrnehmung hoher Standards von anderen an sich selbst

Studien liefern Hinweise darauf, dass Betroffene von Essstörungen insbesondere hohe Ausprägungen in Dimension 1, dem selbstbezogenen Perfektionismus, und Dimension 3, dem sozial vorgeschriebenen Perfektionismus aufweisen.[111]

Unter den *umweltbezogenen Faktoren* stellt Familie einen bedeutenden Einflussfaktor dar. Die familiären Prägungen sind dabei vielfältig: Sei es, dass Eltern hohe Erwartungen an das Kind haben, häufig kritische Kommentare über Figur, Gewicht, Essverhalten oder Bewegung verlauten lassen oder eigene Probleme wie zum Beispiel Alkohol- oder Substanzmissbrauch »vorleben«. Eltern liefern mit ihrem eigenen Essverhalten und ihrer eigenen Beziehung zum Körper für Kinder ganz grundsätzlich vorbildhafte Modelle, die diese oftmals (unbewusst) übernehmen. Eine Studie zeigte beispielsweise, dass mütterlich restriktives Essverhalten und Schlankheitsstreben das Überessen der Kinder im Alter von fünf Jahren bedingte.[112] Andere Studien bestätigten Zusammenhänge zwischen körperbezogenen Negativ-Kommentaren seitens der Eltern und ausgeprägter Körperunzufriedenheit, Schlankheitsstreben und essgestörten Verhaltensweisen auf kindlicher Seite.[113] Eltern können also einerseits durch das Vorleben problematischer Essverhaltensweisen und Einstellungen zu ihrem Körper und andererseits durch negative körper- und essensbezogene Kommentare einen ungünstigen Einfluss auf ihr Kind nehmen. Letzteres scheint sich noch gravierender auf das Essverhalten und das Körperbild des Kindes auszuwirken als Ersteres.[114]

Zuletzt wirkt das soziokulturelle Umfeld auf die Entwicklung von Essstörungen. Wie bereits beschrieben, herrscht in den westlichen Industrieländern ein enormer Schlankheitsdruck. Innerhalb des sogenannten *Tripartite-Influence-Modells* geht die Forschung davon aus, dass das über Medien, Eltern und Peers (=Gleichaltrige) vermittelte Schlankheitsideal zunächst die Entwicklung von Körperunzufriedenheit zur Folge hat. Daraus resultierende Diäten und negative Gefühle (wie zum Beispiel Schuld, Scham, Wut) fördern wiederum gestörtes Essverhalten und tragen zur Entwicklung von Essstörungen bei.[115]

Eine Studie, die diesen Zusammenhang plastisch veranschaulicht, wurde auf den Fiji-Inseln durchgeführt. Hierbei sollte untersucht werden, welchen Effekt die Einführung des Fernsehens auf das Körperbild und das Essverhalten der Zuschauerinnen hat. Die Ergebnisse drei Jahre später zeigten auf, dass sich bei Mädchen und jungen Frauen das Auftreten gestörten Essverhaltens als Folge der Konfrontation mit dem medialen Schlankheitsideal deutlich erhöht hatte.[116] Körperbild und Essverhalten werden also vom medial transportierten Schlankheitsideal negativ beeinflusst. Weitere an der Entstehung von Essstörungen, aber auch anderen psychischen Störungen beteiligte Faktoren, die hier in der Tiefe allerdings nicht dargestellt werden können, sind emotionale, körperliche oder sexualisierte Missbrauchserfahrungen sowie kritische Lebensereignisse (Todesfälle, Traumata, Mobbingerfahrungen, etc.).

Essstörung ist nicht gleich Essstörung – Welche Formen gibt es?

Grob gesagt unterscheiden wir folgende Typen: die *Anorexia nervosa* (Magersucht), die *Bulimia nervosa* (Ess-Brechsucht) und die *Binge-Eating-Störung*. Eine weitere Störung, die häufig im Kontext von Essstörungen genannt wird, ist die *Orthorexia ner-*

vosa, die allerdings offiziell noch als sogenannte Forschungsdiagnose gilt.

Charakteristisch für die *Anorexia nervosa* ist: Die Menge an aufgenommener Nahrung wird aus Angst vor einer Gewichtszunahme selbst eingeschränkt. Das hat zur Folge, dass Betroffene in kurzer Zeit viel Gewicht verlieren und dadurch untergewichtig werden (Ausnahme: atypische Anorexia nervosa, bei der kein Untergewicht vorhanden sein muss). Die Nahrungsaufnahme ist also nicht durch Signale wie Hunger oder Sättigung gesteuert, sondern unterliegt rigiden Standards, bei denen Nahrungsmittel nach »erlaubt« und »verboten« eingeteilt werden. Oftmals geht das Untergewicht mit körperlichen Folgen einher, wie beispielsweise dem Ausbleiben der Regelblutung oder Störungen im Wärmehaushalt des Körpers. Betroffene berichten darüber hinaus eine starke gedankliche Beschäftigung mit dem Thema Essen: Sie denken fast rund um die Uhr darüber nach, was wann und in welcher Menge gegessen wurde und werden darf. Häufig tritt eigentümliches Essverhalten auf, wie zum Beispiel extremes Zerkleinern der Nahrung auf dem Teller, extrem langes Kauen oder das Zerkrümeln von Nahrungsmitteln. Einige Betroffene zeigen auch sogenanntes *Chew and Spit* – ein pathologisches Essverhalten –, bei dem Essen gekaut wird, das subjektiv als »verboten« wahrgenommen wird und oftmals eine hohe Kaloriendichte aufweist. Es wird dann nicht geschluckt, sondern stattdessen wieder ausgespuckt.[117] Kalorien, die bei der Verdauung aufgenommen werden würden, werden dadurch eingespart.

Trotz des vorhandenen Untergewichts haben Betroffene von Anorexia nervosa meist ein verzerrtes Bild ihres eigenen Körpers und sehen sich ihr eigenes Untergewicht nicht an. Im Gegenteil: Häufig fühlen sie sich sogar zu dick und haben das Bedürfnis, weiter abzunehmen. Diese verzerrte Wahrnehmung des eigenen Körpers, die sich in einer Überschätzung der eigenen Körperdimensionen äußert, wird auch *Körperschemastörung* genannt.

Im Übrigen ist die Anorexia nervosa die seltenste aller Essstörungen, obgleich sie in der Allgemeinbevölkerung die bekannteste ist. Dies könnte möglicherweise daran liegen, dass sie aufgrund der potenziell tödlichen Folgen, bedingt durch das Untergewicht, die höchste Sterblichkeitsrate unter allen psychischen Essstörungen aufweist. Etwa 5 % der Betroffenen sterben innerhalb des Zeitraums von vier Jahren nach Diagnosestellung[118] an den körperlichen Folgen der Erkrankung.

Betroffene von *Bulimia nervosa* sind meist normalgewichtig, dennoch erleben sie ähnlich wie Betroffene von Anorexia nervosa eine starke gedankliche Fixierung auf das Thema Essen, Körper, Figur und Gewicht. Ihr Essverhalten ist von sich abwechselnden Hunger- und Essanfallperioden gekennzeichnet. Im Zuge eines Essanfalls kommt es zum Verzehr meist fett- und kohlenhydratreicher Speisen, die Betroffene sich ansonsten eher verbieten würden. Dabei entsteht gefühlter Kontrollverlust darüber, was und wie viel gegessen wird. Oft auch ein Gefühl, die Essanfälle nicht stoppen zu können, bis ein starkes Völle- oder Übelkeitsgefühl eintritt. Im Anschluss an den Essanfall erleben Betroffene starke Schuld-, Scham- und Ekelgefühle in Bezug auf den eigenen Körper und oft auch auf die eigene Person. Dazu herrscht eine starke Angst vor Gewichtszunahme vor, die zu kompensatorischem Verhalten führt, wie selbst herbeigeführtem Erbrechen, Einnahme von Abführmitteln und exzessivem Sport.

Bei der *Binge-Eating-Störung* kommt es ähnlich wie bei der Bulimia nervosa zu regelmäßigen Essanfällen, die jedoch keine kompensatorischen Verhaltensweisen zur Folge haben. Betroffene sind aufgrund der regelmäßigen Essanfälle und nicht vorhandenen Gegenregulation (wie selbstinduziertes Erbrechen) daher häufig mehrgewichtig.

Die *Orthorexia nervosa* als »neuste« unter den Essstörungen zeichnet sich dadurch aus, dass Betroffene eine pathologische Fixierung auf den ausschließlichen Verzehr von Nahrungsmitteln aufweisen, die nach subjektiven Kriterien als »gesund« gelten. Sie messen der Wirksamkeit und den Effekten (gesunder) Nahrungsmittel einen übersteigerten Wert bei, was eine permanente gedankliche Beschäftigung mit Ernährung zur Folge hat. Oft gelten strenge Ernährungsregeln, wobei die Nicht-Einhaltung selbiger Ängste auslöst, krank zu werden oder dem Körper zu schaden. Im Gegensatz zu den anderen Essstörungen ist der »Treiber« der Orthorexia nervosa nicht die Angst vor Gewichtszunahme, sondern die Angst vor Krankheit bzw. körperlichen Schäden.

Ein weiteres eher unbekannteres Phänomen ist das sogenannte *Night-Eating-Syndrom*. Wie der Name schon sagt, zeigen Betroffene eine signifikant gesteigerte Nahrungsaufnahme abends bzw. nachts, wobei das nächtliche Essen bei Bewusstsein geschieht und erinnert werden kann. Des Weiteren kommt es dadurch zu einem verminderten Bedürfnis, morgens Nahrung zu sich zu nehmen, zu Ein- oder Durchschlafstörungen und zu der Überzeugung, nachts essen zu müssen, um überhaupt schlafen zu können. Nicht selten geht das Night-Eating-Syndrom mit depressiver Stimmung oder Stimmungsverschlechterung am Abend einher. Nach heutigem Wissenstand wird ein enger Zusammenhang zwischen dem Night-Eating-Syndrom und Mehrgewicht angenommen.[119]

»Teenie-Kram« und »Früher hat es das nicht gegeben« – Ein klares Wort zu Vorurteilen

Ich möchte diesen Part des Buches nutzen, um typische Vorurteile über Essstörungen zu benennen und aus der Welt zu schaffen. Dafür zeige ich dir zunächst eine Reihe weiterer essgestörter Verhaltensweisen und Gedanken auf, die sich in drei

Kategorien unterteilen lassen: Verhaltensweisen und Gedanken vor dem Essen, beim Essen und nach dem Essen. Warum? Mir liegt sehr daran, die Komplexität von Essstörungen zu verdeutlichen und die Annahme zu widerlegen, die Lösung sei, »einfach nur wieder normal zu essen«.

Essgestörte Verhaltensweisen und Gedanken vor dem Essen:

- Lügen, schon gegessen zu haben
- Kaugummi kauen, um Hunger zu vermeiden
- Essen genau abwiegen
- Speisekarte im Vorfeld studieren
- sich satt trinken
- Kalorien berechnen
- Lebensmittel horten
- absichtlich frieren
- ständig in Bewegung sein
- Mahlzeiten weglassen
- schon überlegen, wie man die Kalorien wieder loswerden kann
- Gedanken, sich das Essen verdienen zu müssen
- sich wiegen
- Körper kontrollieren (wie in Speckfalte kneifen, Knochen abtasten)

Essgestörte Verhaltensweisen und Gedanken beim Essen:

- extrem langsam oder sehr schnell essen
- Essanfall
- Gedanken, es nicht verdient zu haben zu essen
- Essen extrem klein schneiden
- Nachtisch weglassen
- nur kauen und wieder ausspucken
- von Puppengeschirr essen
- extra scharf würzen
- sich beim Essen mit anderen vergleichen

- nur alleine essen
- heimlich essen
- keine warmen Mahlzeiten essen
- immer etwas übrig lassen

Essgestörte Verhaltensweisen und Gedanken nach dem Essen:

- Erbrechen
- Abführmittel
- Sport zur Kompensation der Kalorien
- Entwässerungsmittel
- sich im Spiegel kontrollieren
- Bewegungsziele steigern
- exzessives Wiegen
- aversives Erleben von Völlegefühl
- massive Emotionen von Schuld, Ekel, Wut, Scham, Hilflosigkeit, Selbsthass, Trauer, Hoffnungslosigkeit
- Fixierung auf »aufgeblähten« Bauch
- sich vornehmen, »ab morgen wird alles anders«
- Schilddrüsenpräparate einnehmen
- heimlich Sport machen
- massive Ängste vor Gewichtszunahme

Diese Beispiele stehen exemplarisch für eine Vielfalt essgestörter Gedanken und Verhaltensweisen, die Listung erhebt also keinen Anspruch auf Vollständigkeit. Außerdem treffen nicht alle Gedanken und Verhaltensweisen auf jeden gleichermaßen zu, jeder Mensch ist individuell. Sie sollen jedoch zeigen, welch großes Ausmaß das Thema Essen für Betroffene einnimmt, wodurch ihre permanente gedankliche Beschäftigung damit nachvollziehbar wird.

Springen wir nun zu den typischen Vorurteilen über Essstörungen, die in der Gesellschaft derzeit kursieren. Sie begegnen mir sowohl in meinem eigenen Umfeld immer wieder als auch in Gesprächen mit Patientinnen und Patienten.

Vorurteil 1: Essstörungen erkennt man am Untergewicht

Aufgrund der einseitigen medialen Darstellung kursieren häufig Vorurteile, von Essstörungen Betroffene seien immer untergewichtig. Auch in meinem eigenen sozialen Umfeld begegne ich regelmäßig derartigen Annahmen. Grundsätzlich ist mir daher wichtig, an dieser Stelle zu betonen: Essstörungen können wir von außen nicht erkennen! Lebensbedrohliches Untergewicht einmal ausgenommen, das in der Regel »sichtbar« ist. Die allermeisten Betroffenen von Essstörungen aber sind normal- oder mehrgewichtig. Interessant in diesem Kontext: Nur 40–60 % der Menschen mit Essstörungen werden anhand der aktuellen diagnostischen Kriterien erfasst. Die übrigen 40–60 % werden als »atypische« Essstörungen klassifiziert[120] und bleiben unbehandelt.

Vorurteil 2: Essstörungen sind eine Teenie-Krankheit …

… und betreffen nur junge Mädchen oder Frauen. Das ist schlichtweg falsch. Essstörungen kommen in allen Altersgruppen und bei allen Geschlechtern vor. Richtig ist, dass Mädchen in der Adoleszenz (zwischen 15 und 19 Jahren) das höchste Risiko haben, eine Essstörung zu entwickeln. Das heißt aber im Umkehrschluss nicht, dass ausschließlich diese Personengruppe betroffen sein kann.[121]

Weiße junge Frauen sind in der Forschung überrepräsentiert. Dadurch könnte der Eindruck entstehen, Essstörungen seien nur bei ihnen ein Thema. Insbesondere Bulimia nervosa und Binge Eating kommen jedoch auch bei Älteren und bei Männern vor.[122] Zahlen zufolge sind etwa 25 % der Menschen, die sich aufgrund einer Essstörung in stationäre Behandlung begeben, älter als 45 Jahre.[123] Im ambulanten Bereich sind ganze 35 % der Patientinnen und Patienten mit Essstörungen älter als 45 Jahre.[124] Ich hatte es ja bereits mehrfach angesprochen, vor allem die Menopause gilt bei Frauen als vulnerable Phase, in der es zu einem Erst- oder Wiederauftreten von Essstörungssymptomen kommen kann.[125] Auch bei Männern mittleren Alters beobachten wir anhand von Studien eine steigende Körperunzufriedenheit, sei sie nun bedingt durch den Verlust an Muskelmasse, die Entwicklung einer weniger athletischen Figur oder durch altersbedingte Gewichtszunahmen.[126] Essstörungen sind also definitiv keine Teenie-Mädchen-Krankheit, sondern können in verschiedenen Alters- und Bevölkerungsgruppen auftreten.

Vorurteil 3: »Du hast keine Essstörung, du bist einfach nur faul und undiszipliniert.«

Dieses Vorurteil bekommen vor allem diejenigen Menschen zu hören, die an der Binge-Eating-Störung oder dem Night-Eating-Syndrom leiden, zwei Erkrankungen, die häufig mit Mehrgewicht einhergehen. Die Aussage spiegelt deutlich Aspekte von Fettfeindlichkeit und Weight-Stigma wider, wie sie in unserer Gesellschaft vorherrschen, ich hatte dazu im Kapitel zur Gewichtsdiskriminierung ausführlich berichtet. Klar ist: Eine Essstörung lässt sich nicht durch fehlende Disziplin erklären, sondern ist eine ernstzunehmende Erkrankung. Jeder Mensch, egal mit welchem Körper, hat Respekt verdient. Eine Essstörung ist keine bewusste Entscheidung. Menschen mit Mehrgewicht, die an einer Essstörung leiden, sind nicht undiszipliniert, faul oder müssen sich nicht »einfach mal zusammenreißen«. Eine Essstörung bedarf professioneller Hilfe und Unterstützung.

Vorurteil 4: »Eine Essstörung bekommen nur Menschen, die keine echten Probleme haben.« Oder: »Früher hätte es das nicht gegeben.«

Essstörungen hat es wahrscheinlich schon immer gegeben. Das gilt im Übrigen auch für alle anderen psychischen Erkrankungen. Im Unterschied zu »früher« hat sich einfach die Sichtbarkeit psychischer Erkrankungen verändert: Wir haben andere diagnostische Kriterien zur Hand, und es gibt Forschung zum Thema, die sich stetig weiterentwickelt. Ein paar Zahlen: Die

Häufigkeit, mit der Anorexia nervosa auftritt, ist seit den letzten drei Jahrzehnten stabil. Die der Bulimia nervosa im gleichen Zeitraum sogar rückläufig.[127] Natürlich gibt es Studien, die eine Fallzunahme von Essstörungen berichten. Dieses Ergebnis muss allerdings kritisch diskutiert werden, da Essstörungen, wie gesagt, heute einfach häufiger erkannt werden. Das heißt nicht, dass sie vorher nicht auch da waren. Also halten wir fest: Essstörungen sind kein »Luxusproblem«. Aufgrund der verbesserten psychotherapeutischen Versorgung und Aufklärung werden sie heute häufiger und überhaupt als solche identifiziert. Good to know: 54,8 % aller Menschen entwickeln statistisch gesehen im Laufe ihres Lebens eine psychische Erkrankung. Nicht, weil diese Menschen keine »echten« Probleme hätten, sondern weil psychische Erkrankungen – genau wie körperliche – ernstzunehmende Erkrankungen sind, die man sich nicht aussucht.[128]

Vorurteil 5: »Toll, du hast zugenommen! Deswegen bist du also wieder gesund!«

Mit derartigen Kommentaren sind Betroffene von Essstörungen häufig konfrontiert, die nach deutlichem Untergewicht an Gewicht zugenommen haben (zum Beispiel nach einem stationären Aufenthalt oder im Rahmen einer ambulanten Therapie). Diese Kommentare sind oftmals »gut gemeint«, lösen aber häufig bei den Betroffenen das komplette Gegenteil aus. Warum?

Du sagst: »Toll, du hast zugenommen!«

Gehört wird: »Ich bin fett geworden und muss schnellstens wieder abnehmen.«

Wieder an Gewicht zuzunehmen, bedeutet nicht, dass die Person wieder »gesund« ist. Gesundheit lässt sich nicht an diesem Faktor allein festmachen. Für die allermeisten ist das gerade die schwierigste Phase, überhaupt mit der Gewichtszunahme und dem einhergehenden negativen Körpergefühl klarzukommen. Es ist daher wichtig, sämtliche ungefragten Kommentare zu Figur, Gewicht oder Essverhalten unserer Mitmenschen zu unterlassen. Wir wissen nie, was selbst gut gemeinte Kommentare beim Gegenüber auslösen können.

Vorurteil 6: »Du hast zu viel Germany's Next Topmodel geschaut.«

Dieses Vorurteil spiegelt das häufig existierende Bild wider, eine Essstörung sei allein durch einen einzelnen Faktor erklärbar und auf den Konsum aussehensbezogener Medien zurückzuführen. Durch das Weglassen (»einfach kein Germany's Next Topmodel / Instagram / TikTok, … mehr konsumieren«) würde sich dann auch die Essstörung erledigen. Ja, die Konfrontation mit aussehensbezogenen Medien kann dazu beitragen, Körperunzufriedenheit zu entwickeln. Ja, durch soziale Aufwärtsvergleiche (»Die sehen alle besser aus als ich!«) kann eine Diskrepanz entstehen zwischen dem eigenen Körper und dem medial überrepräsentierten »perfekten« Körper. Aber: Nicht jeder Mensch mit Körperunzufriedenheit entwickelt automatisch eine Essstörung. Germany's Next Topmodel zu schauen, führt nicht zu einer Essstörung. Es kommen immer mehrere Faktoren zusammen, die in der Summe dann die Entstehung einer psychischen Erkrankung bedingen können.

Vorurteil 7: »Du kannst keine Essstörung haben – du isst doch?«

Dieses Vorurteil rührt daher, dass Außenstehende meinen, von außen, d. h. anhand des Essverhaltens der entsprechenden Person, beurteilen zu können, ob eine Essstörung vorliegt oder nicht. Hier spielt außerdem auch wieder Vorurteil 1, »Essstörungen erkennt man am Untergewicht«, mit hinein. Beides ist schlichtweg falsch.

1. Eine Essstörung kann man von außen nicht sehen.
2. Essstörungen sind komplexe psychische Erkrankungen, die sich nicht allein am Essverhalten festmachen lassen. Es ist außerdem ein Irrglaube, Magersüchtige würden nichts essen. Die Diagnostik, ob eine Essstörung vorliegt oder nicht, führt

ausgebildetes Fachpersonal durch. Lasst uns bitte Kommentare zum Essverhalten anderer Personen unterlassen. Wenn man Betroffene unterstützen möchte, dann am besten einfach direkt fragen, welche Form der Unterstützung als hilfreich erlebt wird.

Vorurteil 8: »Du müsstest doch einfach nur normal essen!«

»Einfach nur normal essen« – eine Essstörung ist viel mehr als »einfach nur essen«. Die Ursache liegt viel tiefer, und das Essen oder Nicht-Essen ist das von außen sichtbare Symptom, das sich auf der Verhaltensebene zeigt. Im Hintergrund einer Essstörung können tiefliegende Bedürfnisse liegen, wie zum Beispiel nach Autonomie, Selbstwert, Kontrolle, Emotionsregulation. Dies gilt es in der Therapie zu verstehen, was nicht durch »einfach normal essen«, sondern durch einen umfangreichen therapeutischen Prozess geschieht.

Fazit:

Eine Essstörung – und auch jede andere psychische Erkrankung – können wir Menschen nicht ansehen. Nimm es deswegen bitte ernst, wenn jemand dir sagt, sie oder er hat Schwierigkeiten mit dem Essen oder eine Essstörung, und frage, wie oder ob du unterstützen kannst. Und denk daran, Essstörungen können bei allen Körperformen, in allen Altersgruppen und bei allen Geschlechtern vorkommen.

Teil 2:
Körpergefühl in Schieflage: Wie konnte es dazu kommen?

Was hat dazu geführt, dass so viele von uns unzufrieden mit ihrem Körper sind? Dass Essstörungen und essgestörtes Verhalten sehr viel weiter verbreitet sind, als wir alle dachten? Wie kann es sein, dass Bodyshaming und Gewichtsdiskriminierung für so viele Menschen an der Tagesordnung sind, obwohl wir als Gesellschaft doch eigentlich immer bewusster und sensibler im Umgang miteinander werden?

Dieser Teil dieses Buches wirft Licht auf die Strukturen, die diese Zustände bedingen und aufrechterhalten. Wir analysieren Mechanismen und Hintergründe der Diätkultur, in der wir leben, und beleuchten ihre häufig verschwiegenen Nebenwirkungen. Wir untersuchen, wie unsere Vorstellungen von einem »idealen« Körper entstehen und wie sie beeinflusst werden. Doch nicht nur individuelle Faktoren spielen eine Rolle – auch das Familien- und Gesellschaftssystem, in dem wir aufwachsen und leben, prägt unser Körperbild immens. Wir analysieren die historische Entwicklung von Körperidealen und versuchen zu verstehen, wie sich Schönheitsideale im Laufe der Zeit gewandelt haben und unsere heutige Wahrnehmung von Attraktivität beeinflussen. Nicht zuletzt werfen wir einen Blick auf die mediale Darstellung von Körpern – sei es in Werbung, Filmen oder sozialen Medien – sowie auf die permanente Vergleichskultur, die in unserer Gesellschaft allgegenwärtig ist. Bereit für mehr Input? Bereit für einen ungefilterten Blick hinter die Kulissen? Dann lass uns starten.

2.1 Unfiltered: Diätkultur

Die Diätindustrie boomt wie nie zuvor, in den letzten Jahrzehnten sind kontinuierliche Steigerungsraten zu verzeichnen. Während in einer Erhebung in den Vereinigten Staaten zwischen 1950 und 1966 nur etwa 14 % der Frauen und 7 % der Männer angaben, dass sie versuchten, Gewicht zu verlieren,[1] stiegen die Zahlen zwischen 2003 und 2008 auf rund 57 % der Frauen und 40 % der Männer an.[2] Insgesamt wird geschätzt, dass basierend auf der jüngsten Erhebung aus Europa und den USA derzeit 25–65 % der Frauen und 10–40 % der Männer versuchen, durch eine Diät Gewicht zu verlieren.[3,4] Das Marketing scheint zu funktionieren.

Body Reflections

Wie diätorientiert bist du?

Als Einstieg in dieses Thema möchte ich dir ein paar Fragen zur Selbstreflexion stellen. Sie helfen dir, deine Diätmentalität näher zu ergründen:

1. Welche Diäten oder Ernährungstrends hast du in der Vergangenheit ausprobiert?
2. Wie haben Diäten in deiner Vergangenheit dein Essverhalten beeinflusst? Wie haben sie sich auf dein Körperbild ausgewirkt?
3. Hast du dich jemals schuldig oder schlecht gefühlt, wenn du bestimmte Lebensmittel gegessen hast?
4. Hast du gelernt, auf deine körperlichen Hunger- und Sättigungssignale zu achten? Gab es unterschiedliche Phasen in deinem Leben, in denen dies besser oder schlechter geklappt hat? Wenn ja, woran lag es?
5. Gibt es für dich »gutes« und »schlechtes« Essen? Wenn ja, wonach kategorisierst du die Lebensmittel? Woher könnten diese Vorstellungen stammen?

6. Hast du jemals versucht, dein Körpergewicht zu kontrollieren, um bestimmten Körperidealen zu entsprechen?
7. Bist du in der Lage, intuitiv zu essen und auf deine inneren Bedürfnisse zu hören? Wo sind Blockaden vorhanden, die dich daran hindern, intuitiv zu essen?

Diäten sind auf dem Vormarsch, sie schießen zuhauf aus dem Boden. Jedes Jahr taucht eine neue Trendmethode auf, die eine schnelle Gewichtsreduktion verspricht. Parallel dazu heißt es häufig in den Medien, dass unsere Gesellschaft immer dicker wird. Nach Untersuchungen des Robert Koch Instituts sind rund 67 % der Männer und 53 % der Frauen mehrgewichtig oder adipös, wobei Mehrgewicht in den letzten zwei Dekaden weiterhin zugenommen hat, besonders bei Männern und Jugendlichen.[5]

Wichtig zu ergänzen ist in diesem Zusammenhang, dass Diäten mitnichten ausschließlich von Menschen durchgeführt werden, die mehrgewichtig sind. Vielmehr sind sie in bestimmten Branchen gang und gäbe: im Leistungssport (Ballett, Skispringen, Radsport, Ausdauersport, Rudern, Gymnastik, u.a.), aber auch in der Medienlandschaft wie zum Beispiel im Modebusiness oder in der Schauspielerei ist häufig ein niedriges Gewicht gefordert. Einige Schauspieler*innen müssen gezielt abnehmen, um eine Rolle in einem bestimmten Film übernehmen zu können. Aber auch in der Allgemeinbevölkerung sind Diäten immer häufiger bei normalgewichtigen Menschen ein Thema. So berichtet eine groß angelegte Studie, dass Mitte der 1990er-Jahre etwa 37 % der Frauen und 11 % der Männer angaben, Gewicht verlieren zu wollen, obwohl sie normalgewichtig waren. Mitte der 2000er-Jahre stiegen diese Zahlen nochmal an, auf 46 % bei den Frauen und 19 % bei den Männern. Sogar 13,5 % der Frauen, die laut BMI im Untergewicht waren, berichteten, abnehmen zu wollen.[6] Ganze 66,7 % der Menschen mit Mehrgewicht geben an, aktiv an einer Gewichtsreduktion zu arbeiten.[7]

Wir können also festhalten: Immer mehr Menschen – mehrgewichtig, normalgewichtig, untergewichtig – greifen zu Diäten. Ergo: Immer mehr Menschen scheinen sich zu dick zu fühlen, obwohl sie dies teilweise gar nicht sind. Sie machen eine Diät, um Gewicht zu verlieren, schaffen es aber nur selten, das verlorene Gewicht auf Dauer zu halten.[8] Stattdessen nehmen sie im Laufe der Zeit das Gewicht wieder zu, wiegen unter Umständen sogar mehr und versuchen es erneut. Könnte es also sein, dass Diäten nicht die Lösung, sondern vielmehr ein Teil des Problems sind?

Diet culture is the glorification of losing weight at all costs.[9]

(Die Diätkultur ist die Verherrlichung des Abnehmens um jeden Preis.)

Diet culture is the belief that if we want to be more desirable, worthy, and good, then we should make our bodies smaller by dieting.[10]

(Die Diätkultur ist der Glaube, dass wir durch Diäten abnehmen sollten, wenn wir begehrenswerter, wertvoller und besser sein wollen.)

Was diese Zitate deutlich machen: Abzunehmen erhält eine ausschließlich positive Wertung und wird in der westlichen Welt als erstrebenswertes Ziel angesehen, während eine Gewichtszunahme unter allen Umständen zu vermeiden ist. Eine Folge: Wir erleben überproportional viel Werbung für Diäten, Ernährungs- und Sportprogramme.

Wahrscheinlich hat jeder und jede von uns eine Vorstellung davon, was mit dem Begriff Diät gemeint ist. Dennoch möchte ich an dieser Stelle eine Definition aus der Wissenschaft platzieren, weil ich die Erfahrung gemacht habe, dass sehr viele Verhaltensweisen, die in unserer Gesellschaft als normal angesehen werden, von uns vielleicht gar nicht unbedingt den klassischen Diätverhaltensweisen zugeordnet werden (obwohl sie es de facto sind). Eine Diät erfüllt dabei typischerweise die folgenden Merkmale:

1. Anpassung der Ernährungsweise, mit dem Ziel des Gewichtsverlusts
2. Kalorienrestriktion, sprich Reduktion der zu sich genommenen Kalorien, um typischerweise ein Kaloriendefizit herzustellen (weniger Kalorien einnehmen als der Körper am Tag verbrennt)
3. Einschränkung der Nahrungsmittelauswahl, zum Beispiel durch Verbote bestimmter Nahrungsmittelgruppen wie Kohlenhydrate, Fette, Zucker oder die Betonung der gesteigerten Zufuhr bestimmter Nahrungsmittelgruppen wie Proteine; Kategorisierung von Nahrung nach »erlaubt« und »unerlaubt«
4. Strukturierte Pläne für Mahlzeiten, Portionsgrößen und Essenszeiten
5. Zeitliche Begrenzung, in der die Diät durchgeführt und die Ernährung angepasst werden soll, um bestimmte Ziele der Gewichtsabnahme zu erreichen, zum Beispiel nach 18 Uhr nichts mehr essen

Gewicht und Aussehen spielen in der Diätkultur eine zentrale Rolle, sie entscheiden maßgeblich darüber, als wie wertvoll und wichtig ein Individuum wahrgenommen wird. Komplimente beziehen sich häufig auf Äußerlichkeiten und selten auf nicht-aussehensbezogene Merkmale wie Persönlichkeitseigenschaften. Uns wird häufig suggeriert, dass eine Gewichtsabnahme der Lösung vielfältiger und komplexer Probleme dienen kann. So liest man häufig Slogans wie »Schön, schlank und selbstbewusst« oder »Warum du Sport machen solltest, um im Job erfolgreich zu sein«.

Claim Nummer eins lässt vermuten, dass Selbstbewusstsein entstünde, wenn man schlank ist. Selbstbewusstsein jedoch ist ein Zustand, der von vielfältigen Faktoren komplex beeinflusst wird, wie Kindheit, Jugend, Gesellschaft, eigener Persönlichkeit und vielen mehr. So spielt beispielsweise der Erziehungsstil der Eltern[11] oder das Vorhandensein gesunder sozialer Beziehungen[12] eine entscheidende Rolle in diesem Kontext.

Claim Nummer zwei lässt vermuten, dass beruflicher Erfolg in direktem Kausalzusammenhang mit dem Sportverhalten einer Person stünde. Auch das eine stark vereinfachte Darstellung, da eine positive Jobperformance auf verschiedenen Säulen beruht, wie Zufriedenheit mit der Arbeit, Durchhaltevermögen, Erlernen von für den jeweiligen Beruf nützlichen Kompetenzen sowie individueller Zielerreichung.[13] Die willkürliche Kombination von Gewichtsreduktion mit »Lebenszielen«, wie Selbstbewusstsein oder beruflichem Erfolg, passiert in der Diätkultur bewusst. Noch häufiger übrigens die Suggestion einer ursächlichen Verbindung zwischen einem schlanken Körper und körperlicher Gesundheit (meist unter Vernachlässigung mentaler Gesundheitsaspekte).

Die Diätkultur zeigt uns klar unseren Mangel auf – zu wenig Selbstbewusstsein, zu wenig Erfolg im Beruf, zu unattraktiv, ungesund – und liefert gleich einen vermeintlich passgenauen Lösungsvorschlag: Gewicht reduzieren durch Diäten oder Sport, als könne man persönliche Weiterentwicklung durch ein bloßes Programm oder Produkt problemlos umsetzen.

Durch die Moralisierung von Gewicht als solchem, d. h. der willkürlichen Zuschreibung von positiven Eigenschaften zu einem schlanken Äußeren und der willkürlichen Zuschreibung negativer Eigenschaften zu einem mehrgewichtigen Äußeren, erscheint die strukturelle Benachteiligung von Menschen mit Mehrgewicht eine von vielen logischen Konsequenzen dieser »Philosophie« zu sein. Typische gegensätzliche Eigenschaftszuordnungen siehst du hier:

Schlanke Person	Person mit Mehrgewicht
diszipliniert	faul
selbstbewusst	unsicher
intelligent	dumm
sportlich	unsportlich

Schlanke Person	Person mit Mehrgewicht
gepflegt	unhygienisch
erfolgreich	gescheitert
attraktiv	unattraktiv
gesund	ungesund

Dass Menschen aufgrund dieses Zuschreibungsmusters vermeiden wollen, dick zu sein, erscheint logisch. Ist es aber in der Realität tatsächlich so, dass wir durch Diäten wirklich langfristig schlanker sind und uns vor Stigmatisierung schützen können? Wozu führen Diäten wirklich und wozu nicht? Wie sieht die Kehrseite der Medaille aus? Was beeinflussen Diäten positiv und worauf nehmen sie einen schädlichen Einfluss?

Diätkultur – Ein Instrument der Macht

Wie hängen Diäten mit patriarchalen Strukturen zusammen? Diese Frage mag auf den ersten Blick überraschend klingen. Tatsächlich verbirgt sich dahinter ein hochaktuelles, feministisches Thema. Bevor wir jedoch tiefer in diese Zusammenhänge eintauchen, werfen wir einen genaueren Blick auf das, was wir unter dem Begriff »Patriarchat« verstehen.

Das Patriarchat ist ein Begriff aus der Sozialwissenschaft, der eine gesellschaftliche Struktur beschreibt, in der die dominante Macht und Autorität traditionell in den Händen von Männern liegt. Diese Macht erstreckt sich nicht nur auf politische und wirtschaftliche Bereiche, sondern auch auf soziale Normen und kulturelle Vorstellungen. Im Patriarchat werden Geschlechterrollen und -erwartungen festgelegt, die Männer oft in Machtpositionen und Frauen oft in untergeordnete oder unterstützende Rollen drängen. Nun fragt man sich vielleicht, wie Diäten mit diesem komplexen System patriarchaler Strukturen zusammenhängen. Die patriarchalen gesellschaftlichen Strukturen haben, historisch gesehen, nicht nur die Regeln und Normen für Geschlechterrollen festgelegt, sondern auch die Vorstellungen von Schönheit und Attraktivität maßgeblich beeinflusst. Dabei wurden Schönheitsideale oft von Männern oder von männlich dominierten Medien und Industrien definiert. Ein schlanker weiblicher Körper, der als attraktiv angesehen wird, wurde zum Maßstab. Frauen wurde und wird bis heute auf vielfältige Art und Weise vermittelt, diesem Ideal entsprechen zu müssen. Der daraus resultierende Druck, ihren Körper über Diäten »in Form zu bringen« oder »in Form zu halten« hat zur Folge, dass oft ihre gesamte geistige Energie in die Themen Kalorienzählen, Essensauswahl und Körperbewertung fließt – ein permanenter Selbstoptimierungsdruck. Entsprechend bleibt deutlich weniger kognitive Kapazität für andere Interessen und Aktivitäten wie zum Beispiel die Verwirklichung von Lebenszielen übrig. Diese Fixierung begünstigt, dass Frauen weniger Gelegenheiten wahrnehmen, sich in Bereichen wie Bildung, berufliche Laufbahn, soziales Engagement oder politische Aktivitäten zu entfalten.

Blickt man von dieser Warte aus auf die ganze Sache, erscheinen Diäten als Instrument, das dazu beiträgt, Frauen auf ihr Aussehen zu reduzieren und sie indirekt von anderen, bedeutungsvolleren Aktivitäten abzuhalten. Somit werden sie zu einem Mittel der sozialen Kontrolle, mit dem Ziel, das bestehende Machtgefälle innerhalb der patriarchalen Strukturen aufrechtzuhalten.

Die Diät- und Schönheitsindustrie verstärkt diesen Sachverhalt außerdem. Diese Branchen sind oft in männlichen Händen und profitieren vom Streben nach Perfektion, das sie bei Frauen schüren. Insbesondere Frauen werden dazu ermutigt, Produkte und Dienstleistungen zu kaufen, um einem fremddefinierten Körperideal näher zu kommen und die Illusion eines permanenten jungen Aussehens aufrechtzuerhalten. Dies führt zur Verfestigung ihrer Überzeugung, dass sie nur dann akzeptiert oder wertvoll sind, wenn sie bestimmten Körpernormen und Schönheitsidealen entsprechen. Sie werden somit oft in Rollen gedrängt, ihre Körper zu kontrollieren, zu modifizieren und zu optimieren, um den Vorstellungen einer von Männern geprägten Vision zu entsprechen.

Diäten sind Gesundheitsbooster? Ein Versprechen auf dem Prüfstand

Diäten laufen gemeinhin unter dem Claim, die körperliche Gesundheit jedes Einzelnen durch Gewichtsreduktion verbessern zu können. Eine in der Realität stark verkürzte und unvollständige Sichtweise von »Gesundheit«. Denn diese ist multikomplex und setzt sich neben der körperlichen aus der geistigen (oder mentalen) und sozialen Gesundheit zusammen. Laut einer aktuellen Definition der WHO ist sie definiert als ein »Zustand vollständigen körperlichen, geistigen und sozialen Wohlbefindens und mehr als die Abwesenheit von Krankheit«.[14] Der Mental-Health-Aspekt wird im Diätmarketing meist völlig ausgeblendet. Der Fokus liegt ausschließlich auf der vermeintlich verbesserten körperlichen Gesundheit. Ich sage bewusst »vermeintlich«, denn nicht jede Gewichtsabnahme führt automatisch zu verbesserter körperlicher Gesundheit; genauso bedeutet nicht jede Gewichtszunahme automatisch die Verschlechterung der Gesundheit. Das wird uns aber in der herrschenden Diätkultur, insbesondere von Diätanbietern immer wieder suggeriert.

Auf unsere mentale Gesundheit nimmt diese »Philosophie« jedoch auch zahlreichen Studien zufolge einen extrem schädlichen Einfluss. Wird uns doch permanent suggeriert, so wie wir aktuell sind, seien wir nicht »gut genug«, »attraktiv genug« und vieles mehr. Unser Selbstwert wird unmittelbar und ausschließlich mit Äußerlichkeiten verknüpft.

Risikofaktor Diät

Es ist nicht überraschend, dass Diäten neben einem vorausgehenden Gefühl von Körperunzufriedenheit als zentraler Risikofaktor für die Entwicklung von Essstörungen gelten.[15] Ein Fakt, der in der Medienlandschaft und dem Marketing rund ums

Thema komplett vernachlässigt wird. Darüber hinaus wissen wir, dass Restriktionsdiäten das Auftreten von Heißhunger und Essanfällen signifikant erhöhen. Daten einer zwischen 1994 bis 2008 durchgeführten Untersuchung zum Gesundheitsverhalten von Jugendlichen zeigen auf, dass frühes Diätverhalten bei jugendlichen Mädchen mit späteren Essanfällen zusammenhängt, einschließlich der Verwendung von Abführmitteln, Erbrechen und der Einnahme von Diätpillen.[16]

Das wissenschaftlich belegte *Dual-Pathway-Modell*[17] erklärt den Zusammenhang folgendermaßen: Die Restriktion der Nahrung führt dazu, dass aufgrund der Einschränkung bestimmter Lebensmittel mit der Zeit der Drang entsteht, genau diese verbotenen Nahrungsmittel zu konsumieren – es kommt zu bulimischem Essverhalten mit Heißhunger und Essanfällen. Diese Essanfälle werden als persönliche Misserfolge interpretiert und gehen nicht selten mit Schuldgefühlen und weiteren unangenehmen Gefühlen einher. Wir beziehen das Scheitern also auf uns als Person und haben das Gefühl, versagt zu haben – nicht aber wird die Methode, also die Diät an sich, als Grund in Betracht gezogen. Misserfolge bei der Einhaltung diätischer Zurückhaltung führen somit zu einer Art Abwärtsspirale, bei der Personen ihren wahrgenommenen Misserfolg auf mangelnde Selbstregulierung und Willenskraft zurückführen und anschließend ihre Bemühungen zur Restriktion weiter verstärken. Aufgrund der verstärkten Restriktion steigt wiederum die Wahrscheinlichkeit, dass in Zukunft erneut gegenregulative Essverhaltensweisen, also Essanfälle oder Überessen, auftreten können.[18]

Wir sehen also, es entwickelt sich eine Art Teufelskreis aus Nahrungsrestriktion und gegenregulativen, kompensatorischen Heißhunger- und Essanfällen, der in der Wissenschaft vielfach belegt ist. Ihn aufzubrechen ist Teil der therapeutischen Maßnahme. Die Betroffenen lernen wieder, regelmäßige Mahlzeiten einzunehmen, anstatt längere Phasen der Nahrungsrestriktion in ihrem Tagesablauf zu durchlaufen.

Zudem wird die Kategorisierung von Nahrungsmitteln in »erlaubte« und »unerlaubte« Speisen aufgelöst, indem sämtliche Lebensmittel sukzessive in den Speiseplan integriert werden. Die durch die Diätkultur etablierte Bewertung von »guter« und »schlechter« Nahrung ist ein zentraler Bestandteil des beschriebenen Teufelskreises, da der Heißhunger in der Regel insbesondere auf die als »schlecht« oder »unerlaubt« kategorisierten Nahrungsmittel auftritt. Kein Lebensmittel ist per se »gut« oder »schlecht« – wie bei so vielen Dingen im Leben ist auch hier die Balance entscheidend.

Um zu verdeutlichen, wie früh wir innerhalb der Diätkultur lernen, so wie wir sind nicht »gut genug« zu sein und einen zu »dicken« Körper zu haben, schauen wir uns ein paar Zahlen zum Ernährungs- und Diätverhalten bei Kindern und Jugendlichen in Deutschland an.

Die wohl bekannteste Studie dazu ist das sogenannte EsKiMo I- und II- Modul, das im Rahmen der »Studie zur Gesundheit von Kindern und Jugendlichen in Deutschland« (KiGGS) durchgeführt wurde. Über den Erhebungszeitraum von Juli 2015 bis September 2017 erfasste es die Ernährungssituation von insgesamt 2644 teilnehmenden Kindern und Jugendlichen im Alter zwischen 6 und 17 Jahren. Sie beantworteten unter anderem die Frage: Hast du in den letzten drei Jahren eine oder mehrere Diäten zur Reduzierung deines Gewichtes gemacht, und wenn ja, wie viele?, mit »Ja«, mit »Nein« oder mit »Ich halte ständig Diät«.

Auf die Frage gaben 17 % aller Kinder und Jugendlichen an, in den drei zurückliegenden Jahren mindestens eine Diät zur Gewichtsreduktion durchgeführt zu haben, wobei Mädchen mit 21,7 % signifikant häufiger zu dieser Maßnahme griffen als Jungen mit 11,8 %.[19] Darüber hinaus stieg der Anteil der Jugendlichen, die Diäten ausübten, mit dem Alter signifikant an. Die EsKiMo II-Studie zeigte auf, dass 15- bis 17-Jährige im Vergleich zu 12- bis 14-Jährigen doppelt so häufig in diesem

Sinne »aktiv« wurden. Bemerkenswert ist zudem, dass sich die Diäterfahrungen je nach Gewicht der Person unterschieden: Kinder und Jugendliche mit Mehrgewicht berichteten signifikant häufiger von Diäterfahrungen als Kinder mit Normalgewicht. »Dicke« Kinder führen also häufiger Diäten durch, gleichzeitig werden unsere Kinder und Jugendlichen jedoch immer dicker – auch hier scheint ein Zusammenhang auf der Hand zu liegen.

Auch internationale Studien bestätigen diese Entwicklung. Sowohl national als auch international sammelt etwa jedes fünfte Mädchen in frühen Jahren Erfahrungen mit Diäten und gestörten Essverhaltensweisen. Der Druck auf das Aussehen innerhalb der Diätkultur – sei es durch zwischenmenschliche oder mediale Einflüsse – und ein vermeintlich zu bevorzugendes Körperideal zeigt sich also sehr früh. Als logische Konsequenz versuchen Kinder und Jugendliche über unterschiedliche Methoden daher sehr zeitig, ihren Körper zu verändern.

Weight Cycling – Kilos runter, Kilos rauf

Eine weitere unerwünschte Nebenwirkung von Diäten stellt das sogenannte *Weight Cycling* dar, im Volksmund Jo-Jo-Effekt. Auch wenn vermutlich jeder und jede von uns diesen Begriff kennt, wissen die allerwenigsten um die körperlichen und mentalen Auswirkungen dieses sich wiederholenden Musters von Gewichtsverlust und erneuter Gewichtszunahme.

Schweres Weight Cycling bezieht sich auf eine Form von Gewichtsveränderung, bei der eine Person mindestens dreimal einen Gewichtsverlust von ≥5 kg erlebt hat, gefolgt von einer anschließenden Gewichtswiederzunahme. Eine Studie aus Finnland berichtet, dass 10 % der Frauen und 7 % der Männer im Land bereits schweres Weight Cycling erlebt haben.

Leichtes Weight Cycling bezieht sich auf eine weniger intensive Form der Gewichtsveränderung, sprich um einen einoder zweimaligen Gewichtsverlust von ≥5 kg mit späterer Wiederzunahme. Laut derselben finnischen Studie gaben 19 % der

Frauen und 11 % der Männer leichtes Weight Cycling an.[20] Zahlen, die verdeutlichen, wie weit verbreitet dieses Muster in der Allgemeinbevölkerung ist.

Höchst alarmierend ist das damit verbundene erhöhte Risiko für Essstörungen, da Weight Cycling den bereits im vorherigen Kapitel beschriebenen Teufelskreis aus Essensrestriktion, Überessen und Schuldgefühlen auslösen kann. Ebenso wie weitere psychische Symptomatiken mit Krankheitswert wie Angststörungen und Depressionen. Der ständige Wechsel zwischen Gewichtsverlust und Gewichtszunahme bedeutet erheblichen körperlichen Stress und ausgeprägte mentale Belastung. Darüber hinaus besteht ein erhöhtes Risiko für körperliche Gesundheitsprobleme, darunter Typ-2-Diabetes und Bluthochdruck.[21]

Gefährlicherweise wird Weight Cycling in unserer Gesellschaft oft verharmlost. In der vorherrschenden Diätkultur werden Menschen dazu ermutigt, ständig nach dem nächsten Wundermittel zu suchen, um abzunehmen, ohne die langfristigen Konsequenzen zu berücksichtigen. Es ist definitiv an der Zeit, Weight Cycling als das ernsthafte gesundheitliche Problem anzuerkennen, das es ist.

Trends der Diätkultur – Von Clean Eating bis Saft-Detox

In unserem Alltag und vor allem auf Social Media lassen sich an verschiedenen Stellen versteckte Diäten oder Trends finden, die möglicherweise nicht sofort als solche erkannt werden. Ein bekanntes Beispiel ist das sogenannte *Clean Eating*: Hier geht es um den Verzehr von unverarbeiteten, natürlichen Lebensmitteln und den Verzicht auf verarbeitete Produkte. Die Kehrseiten des Ganzen werden dabei öffentlich nicht kommuniziert. Durch die rigide Kontrolle der Lebensmittelauswahl kann beispielsweise die Freude am Essen gänzlich verloren gehen, oder man verlernt, auf die Signale des Körpers im Sinne einer intuitiven Ernährung zu hören. Die strikten Ernährungsregeln führen manchmal dazu, dass Menschen sich gänzlich verbieten, bestimmte als »ungesund« bzw. »unnatürlich« geltende Lebensmittel zu verzehren, wodurch extremer Druck entsteht, sich permanent gesund ernähren zu müssen. Im Extremfall kann es zur Entwicklung einer Essstörung, wie zum Beispiel der Orthorexia nervosa kommen. Wie wir sehen, können scheinbar »gesunde« Essgewohnheiten sich auch ins Gegenteil verkehren.

Eine ebenso verbreitete, jedoch weitgehend unbewusste Diät-Praktik ist das Kalorienzählen oder das *Tracken unserer Mahlzeiten* (z.B. per App). Wieder andere Menschen achten sehr genau auf Portionsgrößen, ohne ihr Verhalten als Diät anzusehen. Das ist auch nicht verwunderlich, weil wir an so vielen Stellen mit Zahlen rund um unsere Ernährung konfrontiert werden, dass es uns gar nicht mehr auffällt, wie sehr wir diese dadurch einschränken. Kalorien- und Bewegungstracking ist zum Lifestyle geworden, Smartphones erfassen automatisch Schritte und Nährwerte, als sei es das Normalste der Welt. Das zwanghafte Versteifen auf Zahlen in diesem Kontext aber kann zu einem gestörten Verhältnis zum Essen führen. Wir verlieren Leichtigkeit und Genussfähigkeit, die Mahlzeiten eigentlich mit sich bringen sollten.

Sicher hast du auch schon von der Trenddiät *Saftkuren* oder *Saftfasten* gehört: Durch Influencer*innen gehypt und mit dem Buzzword »Detox« beworben, verzehren Menschen für einen bestimmten Zeitraum hauptsächlich frisch gepresste Säfte aus Obst und Gemüse und meiden feste Nahrung. Die Idee dahinter ist, den Körper zu »entgiften«, indem man ihn mit einer Vielzahl von Vitaminen, Mineralstoffen und Antioxidantien versorgt, während gleichzeitig die Kalorien- und Fettaufnahme reduziert wird. Trotz der auf den ersten Blick verlockenden Versprechen bergen Saftkuren jedoch erhebliche Gesundheitsrisiken. Eine der Hauptgefahren besteht darin, dass diese Diäten zu einem Mangel an essenziellen Nährstoffen führen können, da sie nicht genügend Proteine, Ballaststoffe und gesunde Fette enthalten. Ein weiteres Problem ist der Kalorienmangel: Er kann den Körper in einen Hungermodus versetzen, was Müdigkeit, Schwäche und ein starkes Verlangen nach festen Lebensmitteln nach sich zieht. Heißhungerattacken können die Folge sein, um ein niedriges Energielevel und Unwohlsein auszugleichen.

All diese Nebenwirkungen werden in der Diätkultur gekonnt unter den Tisch gekehrt. Auch ist es mitnichten der Fall, dass wir – wie häufig behauptet wird – unseren Körper durch Detox oder Saftkuren »entgiften« müssten. Der menschliche Körper verfügt über diverse Organe, die dies tagtäglich für uns leisten – auch ohne unsere aktive Mithilfe. Die Leber spielt hier eine zentrale Rolle, ebenso wie die Nieren, die unser Blut filtern und überschüssige Stoffe entfernen, die dann über den Urin ausgeleitet werden. Die Lunge ist entscheidend für die Ausscheidung von Gasen und flüchtigen Verbindungen, die durch die Atmung aufgenommen werden, einschließlich einiger toxischer Substanzen. Die Haut ist das größte Organ des Körpers und kann einige Schadstoffe durch Schweiß ausscheiden. Das Lymphsystem transportiert Flüssigkeiten, Abfallprodukte und Zellen des Immunsystems. Es hilft, Toxine und Abfallstoffe aus dem Körper zu entfernen. Wie wir sehen, ist unser Körper bestens aufgestellt, was Detox betrifft.

Ein weiterer Ernährungstrend zeigt sich in der Sport- und Fitnessszene mit ihrer Fixierung auf strenge Trainings- und Ernährungspläne, um bestimmte körperliche Ziele zu erreichen. Dies geht meist auch mit Ernährungseinschränkungen einher, häufig mit der gesteigerten Zufuhr von Proteinen, um Muskeln aufzubauen bzw. zu erhalten. Der Körper als Projekt und die ständige Überwachung von Fortschritten können die Gesundheit auf lange Sicht beeinträchtigen, was im Diskurs rund um das Thema körperliche Fitness in der Form allerdings selten oder nie zur Sprache kommt.

Im Extremfall entwickelt sich eine sogenannte *muskeldysmorphe Störung* – eine psychische Erkrankung, die häufig mit exzessivem Sportverhalten und gestörten Essverhaltensweisen einhergeht, sprich intensiven Krafttrainingsplänen und spezialisierten Diäten zur Maximierung der Muskelmasse. Sie ist durch eine übermäßige Fixierung auf den wahrgenommenen Makel gekennzeichnet, nicht muskulös genug zu sein, verbunden mit einer allgegenwärtigen Angst vor Muskelverlust. Die Betroffenen sind meist objektiv sehr muskulös, nehmen sich aber dennoch als schmächtig wahr. Mögliche Begleiterscheinungen und Folgen: soziale Isolation, übermäßiger Sport, gestörtes Essverhalten und psychischer Stress, zwanghaftes Body Checking im Spiegel, soziale Vergleiche und Unwohlsein bei der Präsentation des eigenen Körpers.[22]

In einer Gruppe 21 männlicher Patienten mit Muskeldysmorphie gaben 90% an, im Laufe ihres Lebens Substanzen genutzt zu haben, um ihr Aussehen und ihre Leistungsfähigkeit zu steigern. Dazu gehören anabole Steroide, Wachstumshormone sowie Abführmittel und Entwässerungsmittel.[23] Ein Phänomen, das in unmittelbarem Zusammenhang mit den Botschaften der Diätkultur und dem obsessiven Streben nach Körperoptimierung steht.

Kommen wir zuletzt zum sogenannten *intermittierenden Fasten*, einer Ernährungspraxis, bei der periodische Phasen des Fastens und des Essens abwechseln. Es gibt verschiedene Varianten, darunter das 16/8-Fasten, bei dem 16 Stunden gefastet und innerhalb eines 8-stündigen Zeitraums gegessen wird, oder das 5:2-Fasten, bei dem an zwei Tagen pro Woche eine sehr kalorienarme Diät gehalten wird. Beworben werden diese Methoden unter anderem damit, dass sie zu Gewichtsabnahme führen oder eine entzündungshemmende Wirkung haben sollen. Es ist wichtig zu beachten, dass die meisten dieser Claims auf Forschungsergebnissen basieren, die noch nicht abschließend geklärt sind. Die Auswirkungen von intermittierendem Fasten können von Person zu Person variieren, und es sind weitere Studien erforderlich, um Aussagen zu langfristigen Auswirkungen fachlich korrekt bewerten zu können. Die Gesundheitsrisiken, die durch längere Hungerperioden entstehen, werden in diesem Zusammenhang gar nicht oder weitaus seltener thematisiert. So kann die Beschränkung von Essenszeiten und -mengen Heißhunger fördern und das Risiko von Essanfällen erhöhen. Darüber hinaus kann es zu Muskelabbau kommen, da der Körper auf das Muskelgewebe als Energiequelle zurückgreift – insbesondere, wenn über einen längeren Zeitraum gefastet wird. Zusätzlich ist intermittierendes Fasten oft auslösend für Nährstoffmangel, Verdauungsprobleme, Schlafstörungen oder erhöhten Stress in dieser Phase.

Trenddiäten kommen und gehen und gewinnen oftmals rasch an Popularität, nicht zuletzt durch den Marketingeffekt von Social-Media-»Instanzen«. Sie werden als gesunde Lifestyle-Änderungen verkauft, sind in Wirklichkeit jedoch restriktive Ernährungsweisen und daher mit Vorsicht zu genießen. Lebensmittelverbote und das kategorische Ausschließen bestimmter Nährstoffgruppen (zum Beispiel Zucker, Fette, verarbeitete Lebensmittel) schränken uns enorm ein und fördern eine gedankliche Fixierung auf die Themen Essen, Figur, Gewicht und Körper. Wir beginnen uns über Zahlen auf der Waage oder über Kalorienzahlen zu definieren, die über unseren Wert als Mensch nichts aussagen sollten.

Real Talk: Dick = ungesund! Echt jetzt?

Eine weitverbreitete Frage, die tief in die Gesundheitsdebatte eindringt: Ein hohes Körpergewicht wird uns innerhalb der Diätkultur oftmals als Gesundheitsrisiko Nr. 1 verkauft und Diäten als Generallösungen vermarktet. Diese gewichtszentrierte These erfordert jedoch, dass wir uns die Wissenschaft dahinter anschauen. In diesem Abschnitt möchte ich die vielschichtigen Zusammenhänge zwischen Gewicht, Gesundheit und Lebensstil auf den Punkt bringen und nuanciertere Perspektiven aufzeigen. Gewicht und Gesundheit sind viel komplexer, als sie auf den ersten Blick erscheinen, es ist also höchste Zeit, diese Debatte auf eine realistischere und differenziertere

Ebene zu heben. Wie ist deine Einstellung zum Thema? Wie wurdest du geprägt und wie bewusst ist dir das?

Body Reflections

»Dick = ungesund?« –
Wie steht es mit den Bildern in deinem Kopf?

1. Welche Annahmen hast du über die Gesundheit von Menschen mit Mehrgewicht? Glaubst du automatisch, dass sie gesundheitliche Probleme haben oder ein ungesundes Leben führen?
2. Welche Quellen haben deine Überzeugungen über Gewicht und Gesundheit geprägt? Wurde dir vermittelt, dass ein bestimmtes Körpergewicht automatisch auf einen gesunden oder ungesunden Lebensstil hinweist?
3. Hast du dich selbst unter Druck gesetzt, Gewicht zu verlieren, um deine Gesundheit zu verbessern, basierend auf gesellschaftlichen Erwartungen oder Ratschlägen aus deinem Umfeld?
4. Wie beeinflusst die Darstellung von dicken Menschen in den Medien und in der Werbung deine Wahrnehmung von Gewicht? Werden Klischees und Stereotype über dünne und dicke Körper in den Medien verstärkt?
5. Hast du jemals überlegt, wie soziale Determinanten wie Zugang zu Gesundheitsversorgung, sozioökonomischer Status und Umweltfaktoren die Gesundheit von Menschen beeinflussen, unabhängig von ihrem Körpergewicht?

Wie komplex das Zusammenspiel von Gewicht und Gesundheit ist, wollen wir uns nun genau anschauen: Die häufigste Todesursache weltweit stellen kardiovaskuläre Erkrankungen oder auch Herz-Kreislauf-Erkrankungen dar, wobei diese für über $1/3$ der Todesfälle weltweit verantwortlich sind.[24] Aus zahlreichen Studien geht hervor, dass Personen mit einem hohen Körpergewicht dabei ein signifikant höheres Risiko aufweisen, von Herz-Kreislauf-Erkrankungen oder Typ-2-Diabetes betroffen zu sein als schlanke Personen.[25] In Anbetracht dieser Zahlen ist es von entscheidender Bedeutung, die Faktoren zu identifizieren, die diese Krankheiten begünstigen.

Eine prominente Rolle spielt dabei das sogenannte *sedentäre Verhalten*, welches als bedeutender Risikofaktor für die kardiovaskuläre Fitness gilt.[26] Zahlreiche Studien zeigen, dass eben nicht nur das Körpergewicht, sondern auch die Art und Weise, wie wir unseren Alltag gestalten, einen erheblichen Einfluss auf die Entstehung von Herz-Kreislauf-Erkrankungen und Typ-2-Diabetes hat.[27] Sedentäres oder sitzendes Verhalten umfasst beispielsweise stundenlanges Sitzen am Schreibtisch, ausgedehntes Fernsehen oder die Nutzung von Computer oder Smartphone, ohne sich körperlich zu betätigen, sprich länger andauernde Phasen körperlicher Inaktivität, die keine bis wenig Anstrengung erfordern und dadurch den Herzschlag und den Energieverbrauch nicht signifikant erhöhen. Es wird geschätzt, dass weltweit etwa 1,9 Millionen Todesfälle pro Jahr auf körperliche Inaktivität zurückzuführen sind,[28] die außerdem, und das ist nicht überraschend, einen Risikofaktor für die Entwicklung von Mehrgewicht bei Kindern und Jugendlichen darstellt.

Studien wiesen nach, dass allein die Verringerung des sitzenden Verhaltens eine signifikante Wirkung auf das Gewicht der Teilnehmenden hatte, wobei eine Kombination mit weiteren Faktoren wie Förderung der körperlichen Aktivität und Verbesserung der Essensgewohnheiten diesen Effekt nicht steigern konnte.[29] Anders gesagt: Die Studien, in denen die Kinder ausschließlich Maßnahmen zur Reduktion des sitzenden Verhaltens ausführten, waren ebenso wirkungsvoll wie diejenigen, die weitere Maßnahmen kombinierten. Die Ergebnisse dieser Analyse werfen ein interessantes Licht auf unsere Herangehensweise an das Thema Gewicht und Gesundheit bei Kindern. Sie deuten darauf hin, dass der alleinige Fokus auf die

Reduzierung des Gewichts möglicherweise nicht der effektivste Ansatz ist. Stattdessen scheint vor allem die Förderung von körperlicher Aktivität eine bedeutende positive Wirkung zu haben.

Metabolisch gesundes Mehrgewicht – Was steckt dahinter?

Wenden wir uns einem spannenden Phänomen zu, der *Metabolically Healthy Obesity* (MHO) – oder dem *metabolisch gesunden Mehrgewicht*. Diese »Klassifizierung« trifft auf Personen zu, die mehrgewichtig sind, aber keinen Bluthochdruck, keine Dyslipidämie (Fettstoffwechselstörung) oder Typ-2-Diabetes aufweisen.[30] Die Frage, warum einige mehrgewichtige Menschen scheinbar vor den negativen gesundheitlichen Folgen trotz eines erhöhten Gewichts geschützt sind, während andere ein erhöhtes Sterblichkeitsrisiko aufweisen, wollen wir uns genauer anschauen.

Genau diesen Zusammenhang untersuchte eine groß angelegte Längsschnittstudie, bei der insgesamt 11 761 Frauen und Männer über einen durchschnittlichen Erhebungszeitraum von 170 Monaten, also ungefähr 14 Jahre lang, begleitet wurden.[31] Ziel dieser Studie war es, den Zusammenhang zwischen gesundheitsförderlichen Verhaltensweisen und der Sterblichkeitsrate bei US-amerikanischen Erwachsenen im Alter von 21 Jahren und älter unter Berücksichtigung ihres Gewichtsfaktors zu ermitteln. Im Vorfeld wurden vier (wissenschaftlich in ihrer Wirkung belegte) gesundheitsfördernde Maßnahmen definiert und das Vorhandensein dieser Maßnahmen im Alltag der Teilnehmenden untersucht. Erstens: der Verzehr von mindestens fünf Portionen Obst oder Gemüse pro Tag. Zweitens: regelmäßige Bewegung von mehr als 12-mal im Monat (Gehen, Joggen oder Laufen, Fahrradfahren oder Training auf einem Heimtrainer, Schwimmen, aerobes Training, Aerobic-Tanzen, normales Tanzen, Gymnastik, Gartenarbeit, Gewichtheben oder ähnliche Aktivitäten). Drittens: mäßiger Alkoholkonsum (Frauen maximal ein Glas pro Tag; Männer maximal zwei Gläser pro Tag). Viertens: Nichtrauchen.

Die Ergebnisse der Studie zeigten: Bei Umsetzung von null oder einer der gesundheitsfördernden Maßnahmen zeigte sich ein deutlich höheres Sterblichkeitsrisiko bei Personen mit Mehrgewicht verglichen mit der Normalgewichts-Gruppe. Nach Hinzukommen von einer bis hin zur Umsetzung aller vier gesundheitsfördernden Maßnahmen verringerte jede zusätzliche gesunde Verhaltensweise die Gesamtmortalität um 29 % bis 85 %. Bei Umsetzung aller vier Maßnahmen war kein Unterschied in der Gesamtmortalität zwischen den Gewichtsgruppen »Normalgewicht«, »Mehrgewicht« und »Adipositas« nachweisbar.

Diese Befunde sind von großer Bedeutung sowohl für Betroffene von Mehrgewicht als auch für Personen mit Normalgewicht sowie für Gesundheitsdienstleistende.

Erstens lässt sich ableiten, dass es für Personen jeden Gewichts gesundheitsförderlich ist, einen gesunden Lebensstil zu pflegen. Ergebnisse, die die weitverbreitete Annahme korrigieren, Bewegung, gesunde, ausgewogene Ernährung, moderater Alkoholkonsum sowie das Nichtrauchen wären weniger wichtig für Personen mit Normalgewicht. Demnach sollten alle Menschen – egal ob mehrgewichtig oder schlank – zur Umsetzung eines gesundheitsfördernden Lifestyles beraten werden. Eine Studie ergab jedoch, dass Primärversorger*innen (zum Beispiel der Hausarzt oder die Hausärztin) wenig Zeit für die Aufklärung zu den Themen Ernährung (2,7 % der Gesamtzeit), Bewegung (2,0 % der Zeit) oder Nichtrauchen (1,3 % der Zeit) aufwenden.[32] Eine eindeutige Lücke in der aktuellen Prävention und Gesundheitsversorgung.

Gleichzeitig verdeutlichen die Ergebnisse, dass wir uns in der Behandlung von Menschen mit Mehrgewicht vom reinen Gewichtsfokus lösen sollten, hin zu einer umfassenderen Herangehensweise, die auf die Förderung eines gesunden Gesamtlebensstils abzielt, der nachgewiesenermaßen einen bedeutenderen Einfluss auf die Sterblichkeit hat als das Gewicht an sich.

Ein aktuelles Forschungsprojekt untermauert diese Befunde: Die Kernergebnisse liefern klare Gründe für die Empfehlung einer gewichtsneutralen Strategie in der Behandlung von Personen mit Mehrgewicht.[33] Die wichtigsten Erkenntnisse zeigen auf, dass die mit einem hohen Gewicht verbundene erhöhte Sterblichkeitsrate weitgehend durch mäßige bis hohe kardiorespiratorische Fitness oder körperliche Aktivität gemildert oder beseitigt werden kann. Kardiovaskuläre Fitness ist ein Maß für die Effizienz des Körpers bei der Bereitstellung von Sauerstoff an die Muskulatur während längerer körperlicher Aktivität. Sie hängt wiederum von der Gesundheit und Funktion des Herzens, der Lunge und des Kreislaufsystems ab. Körperliche Aktivität dagegen bezieht sich auf jede körperliche Bewegung, die Energieaufwand erfordert, von alltäglichen Aufgaben wie Gehen und Hausarbeit bis hin zu strukturierten Übungen wie Joggen, Schwimmen und Gewichtheben. Das bedeutet konkret, dass Personen mit Mehrgewicht, die regelmäßig körperlich aktiv waren, eine Verbesserung ihrer kardiovaskulären Fitness erzielen konnten, sodass ihr erhöhtes Sterblichkeitsrisiko aufgrund des Gewichts dadurch entscheidend zurückging.

Unerwünschte Nebenwirkungen von Gewichtsabnahmeprogrammen wie Weight Cycling hingegen – die eher die Regel als die Ausnahme sind – sind dagegen mit zahlreichen negativen Gesundheitsfolgen verbunden. Dazu zählt unter anderem auch ein erhöhtes Sterblichkeitsrisiko. Anstelle von Reduktionsdiäten und kurzfristigen Gewichtsverlust-Zielen sollten Therapeutinnen, Therapeuten und Fachkräfte also klar den Fokus auf die Förderung eines gesunden Lebensstils legen.

Angesichts dieser Erkenntnisse stellt sich die Frage: »dick = ungesund?« in einem differenzierteren Licht dar. Die Gleichung sollte nach den oben dargestellten Befunden eher heißen: »körperliche Inaktivität + Rauchen + wenig Obst/Gemüse + viel Alkohol = ungesund«.

Herz-Kreislauf-Erkrankungen und Typ-2-Diabetes sind zweifellos ernst zu nehmende Gesundheitsprobleme, die mit einem hohen Gewicht in Verbindung gebracht werden. Doch es wäre simplifizierend anzunehmen, dass ausschließlich das Gewicht über die Gesundheit eines Menschen entscheidet und allein für Erkrankungen des Herz-Kreislauf-Systems verantwortlich ist. Die Reduktion von sitzendem Verhalten und die Förderung von Bewegung, einer ausgewogenen Ernährung, der mäßige Alkoholkonsum und das Nichtrauchen sind dagegen Schlüsselfaktoren, die das Sterblichkeitsrisiko erheblich senken können. Allein die Existenz des Begriffs *Metabolically Healthy Obesity* (MHO) verdeutlicht, dass nicht alle mehrgewichtigen Personen zwangsläufig von Stoffwechselstörungen betroffen sind. In Anbetracht dieser Erkenntnisse sollten wir unsere Herangehensweise an das Thema »Gewicht und Gesundheit« definitiv überdenken. Statt uns ausschließlich auf die Zahl auf der Waage zu konzentrieren, ist es Zeit für gewichtsneutrale und ganzheitliche Ansätze.

2.2 Unfiltered: Familiensystem

Schauen wir uns die Wurzeln genauer an, auf denen unser Körperbild fußt, spielt neben der Diätkultur und dessen gewichtszentrierten Wertvorstellungen zweifellos auch das Familiensystem eine entscheidende Rolle. Überzeugungen und Einstellungen zum eigenen Körper werden von einer Generation zur nächsten weitergegeben, wie Studien belegen. Das Bewusstsein dieser Dynamik hilft, die langfristigen Auswirkungen dieser Übertragung auf die psychische Gesundheit und das Körperbild zu verstehen und Kreisläufe zu durchbrechen. Wie beeinflusst elterliches Verhalten die Einstellung ihrer Kinder gegenüber Nahrung und ihrem eigenen Körper? Welche Folgen kann dies für die Entwicklung eines negativen Körperbildes haben? Mir ist an dieser Stelle wichtig zu betonen, dass es nicht darum geht, Eltern als die alleinigen »Verursacher« der

Körperbildprobleme ihrer Kinder darzustellen. Vielmehr liegt mir daran, die Wahrnehmung dafür zu schärfen, welche Auswirkungen auch ein unbewusstes oder als »harmlos« wahrgenommenes körper- und gewichtsbezogenes Agieren von Eltern auf ihre Kinder haben kann.

Nach der Theorie des sozialen Lernens zeigen Kinder Verhaltensweisen, die durch Beobachtung und Nachahmung der Umwelt erlernt werden. Die Eltern sind für das Erlernen von Verhaltensweisen für Kinder hier von zentraler Bedeutung, da sie als primäre Bezugspersonen in den ersten Lebensjahren agieren und somit maßgeblichen Einfluss auf die Entwicklung von Einstellungen und Verhaltensweisen nehmen. Sie spielen eine entscheidende Rolle im Prozess, wie Kinder sich und ihren Körper erleben. Ich hatte es im ersten Teil meines Buches bereits angesprochen: Die von Eltern an ihre Kinder vermittelten körperbezogenen Botschaften zur Wichtigkeit von Schlankheit bzw. Muskulosität können nachhaltige Konsequenzen in der Entwicklung des kindlichen Körperbildes haben. Schauen wir uns das nun einmal genauer an.

In der Forschung gibt es eine wichtige Unterscheidung zwischen den sogenannten *berichteten* und *wahrgenommenen* Messungen von negativen körperbezogenen Botschaften:

Berichtete Messungen: Diese beziehen sich auf die Informationen, die von den Eltern selbst bereitgestellt werden, wenn sie gefragt werden, wie sie mit ihren Kindern über deren Körper und Essverhalten bzw. ihren eigenen Körper und ihr eigenes Essverhalten sprechen oder gesprochen haben. Hierbei handelt es sich um die Selbstberichte der Eltern.

Wahrgenommene Messungen: Diese beziehen sich darauf, wie Kinder die elterlichen Botschaften wahrnehmen und interpretieren. Hier werden ihre Perspektiven berücksichtigt, sprich wie sie die Kommunikation ihrer Eltern über ihren Körper und ihr Essverhalten verstehen und empfinden.

Der Unterschied zwischen diesen beiden Messansätzen ist wichtig, da sich hier durchaus Abweichungen ergeben können.

So könnte es sein, dass Eltern die Dinge, die sie ihren Kindern sagen und vorleben, als unproblematisch wahrnehmen, während ihre Kinder dies anders einschätzen. Wie sie elterliche Aussagen interpretieren, kann also von den Selbstberichten der Eltern abweichen. Dieses Differieren ist von hoher Relevanz, da es wichtige Einblicke in die subtile und subjektive Dynamik der Kommunikation zwischen Eltern und Kindern liefern kann. Mehrere Studien haben beispielsweise herausgefunden, dass wohlwollende Ratschläge der Eltern zum Thema Gewicht von ihren Töchtern als Druck oder Anforderung interpretiert wurden, dünn sein zu müssen, und die Basis für spätere Körperunzufriedenheit bzw. sogar möglicherweise auftretende Essstörungen lieferten.[34]

Eine weitere wichtige Unterscheidung in diesem Zusammenhang betrifft den Einfluss der Eltern auf das Körperbild der Kinder, der entweder direkt oder indirekt erfolgen kann. Man spricht in diesem Zusammenhang von der sogenannten *direkten* bzw. *indirekten familiären Transmission*. Die direkte Transmission umfasst, wie der Name schon sagt, an das Kind gerichtete Kommentare in Bezug auf dessen Figur, Gewicht oder Essverhalten. Wenn die Eltern dem Kind beispielsweise regelmäßig sagen, dass es zu dick sei oder weniger essen solle, um abzunehmen, wäre dies ein entsprechendes Beispiel, ebenso wie Ermutigungen zum Diäthalten oder Sporttreiben: »Du solltest wirklich eine Diät machen, um Gewicht zu verlieren.« oder »Du musst mehr Sport treiben, um schlanker zu werden.«. Kommentare dieser Kategorie bzw. unmittelbare Verbalkritik im Sinne von Bodyshaming befördern die direkte Übertragung negativer körperbezogener Einstellungen der Mutter oder des Vaters auf die des Kindes.[35]

Die indirekte Transmission des Körperbildes meint das Vorleben negativer körperbezogener Einstellungen seitens der Eltern, zum Beispiel durch strenges Diäthalten von Mutter oder Vater oder negative Kommentare, die sie in Bezug auf den eigenen Körper verlauten lassen – die Eltern fungieren als Modell: »Ich bin viel zu dick und muss unbedingt abnehmen.« oder

»Ich bin viel zu schmächtig – ich muss viel mehr Sport machen.«. Diese vorgelebten Verhaltensweisen hängen indirekt mit der Übertragung negativer körperbezogener Einstellungen der Mutter oder des Vaters auf die des Kindes zusammen. Kinder betrachten Eltern als Vorbilder, von denen sie lernen, wie man sich in Bezug auf Essen, Körperbild und Diäten verhält. Wenn Eltern ständig über ihre eigenen Gewichtsprobleme sprechen oder ihre Kinder sie dabei beobachten, wie sie Diäten machen, wirken diese Verhaltensweisen als akzeptabel, normal und erstrebenswert. Kinder sind dann eher versucht, ähnliche körperbezogene Verhaltensweisen zu übernehmen. In diesem Sinne kann das sogenannte Modelllernen sowohl positive als auch negative Einflüsse auf die Entwicklung von Einstellungen und Verhaltensweisen im Zusammenhang mit Körperbild und Ernährung des Kindes haben.

Der Mutter-Tochter-Spiegelversuch

Zur Veranschaulichung möchte ich an dieser Stelle eine eindrückliche Studie darstellen, die untersucht hat, inwieweit positive oder negative Aussagen der Mutter über ihren Körper die Art und Weise beeinflussen, wie ihre Tochter über den eigenen Körper spricht.[36] Dafür wurden insgesamt 151 Mutter-Tochter-Paare rekrutiert, die Töchter waren im Alter zwischen fünf und sieben Jahren. Im ersten Teil der Untersuchung sollten die Mütter und Töchter jeweils alleine, ohne Anwesenheit der anderen Person, in einer Spiegelübung über ihren Körper sprechen. Im zweiten Untersuchungsteil fand eine gemeinsame Spiegelübung statt, bei der die Tochter zunächst dabei zusah und zuhörte, wie die Mutter über ihren eigenen Körper sprach. Anschließend erhielt die Tochter die Aufgabe, über ihren eigenen Körper zu sprechen. Die zentrale Fragestellung dieser Studie lautete, ob die Tochter ihre positiven oder negativen Aussagen über ihren Körper verändert, nachdem sie die Aussagen ihrer Mutter gehört hat.

61 % der Töchter änderten ihre Bewertung eines vorher negativ eingestuften Körperteils in Richtung einer positiven Be-

wertung, nachdem sie in der gemeinsamen Spiegelübung die positive Aussage der Mutter hörten. 39 % der Töchter hingegen änderten ein ursprünglich positiv bewertetes Körperteil hin zu einer negativen Bewertung, nachdem sie die negative Aussage ihrer Mutter gehört hatten. Diese Ergebnisse implizieren, dass Mütter, die positiv über ihren eigenen Körper sprechen, die Art und Weise beeinflussen, wie ihre Töchter das in Bezug auf ihre eigene Person tun. Töchter ändern generell ihre positiven und negativen Aussagen zum eigenen Körper signifikant, nachdem sie die Reaktionen ihrer Mütter gehört haben. Der Einfluss kann also in beide Richtungen gehen. In Anbetracht dieser Befunde erscheint es sinnvoll, Müttern Informationen darüber zur Verfügung zu stellen, wie ihr Denken und Sprechen über den eigenen Körper die Sichtweise ihrer Töchter nachhaltig beeinflussen kann.

Der erlernte Blick – Wie wir auf unseren Körper schauen

Darüber hinaus gibt es wissenschaftliche Hinweise, dass sogar körperbezogene Blickbewegungen von einer Generation zur nächsten weitergegeben werden können: Blicke, die Eltern auf ihren eigenen Körper und den Körper ihrer Kinder richten, können einen nachgewiesenen Einfluss darauf nehmen, wie Kinder ihren eigenen Körper betrachten.

Unsere automatischen Blickbewegungen sind, wie wir uns vorstellen können, weniger bewusst als Verhaltensweisen oder körperbezogene Kommentare, sie können aber mithilfe einer Technik namens *Eye-Tracking* gemessen und anschließend ausgewertet werden. Mit den gesammelten Daten lassen sich verschiedene Parameter analysieren, darunter die sogenannten Fixationen und Sakkaden. Fixationen sind Phasen, in denen das Auge ruhig bleibt und auf einen bestimmten Punkt gerichtet ist. Sakkaden hingegen sind schnelle, sprunghafte Augenbewegungen zwischen unterschiedlichen Fixationspunkten. Dies ermöglicht die Analyse von Aufmerksamkeitsmustern und zeigt, welche Teile des eigenen oder eines fremden Körpers bevorzugt oder länger betrachtet werden.

Eine Studie wies nach, dass Frauen mit hoher Körperunzufriedenheit und Essstörungssymptomen signifikant länger auf die von ihnen als unattraktiv eingeschätzten Bereiche des eigenen Körpers schauen. Körperzufriedene Frauen hingegen zeigen das umkehrte Aufmerksamkeitsmuster: Sie schauen signifikant länger auf subjektiv attraktiv bewertete Bereiche des eigenen Körpers.[37] Nun stellt sich an dieser Stelle die Frage, wo diese Aufmerksamkeitsverzerrungen entstanden sind und ob die Eltern einen Einfluss auf die Entwicklung ungünstiger Blickbewegungsmuster der Kinder nehmen.

In einer weiteren Studie wurde das Blickverhalten von Müttern und ihren Töchtern in Bezug auf den eigenen Körper analysiert[38] und dabei untersucht, ob sie ähnliche Aufmerksamkeitsmuster zeigen, wenn sie ihren eigenen oder einen fremden Körper anschauen. Die Ergebnisse zeigten erstens: Die weiblichen Jugendlichen schauten signifikant länger auf die Bereiche ihres Körpers, die sie als »Problemzonen« ansahen, im Vergleich zu den Körperbereichen, die sie an sich mochten. Diese Ergebnisse deuten darauf hin, dass ihre Aufmerksamkeit stark von ihren eigenen negativen Körperwahrnehmungen beeinflusst wurde. Interessanterweise wurde auch eine Verbindung zwischen dem Blickverhalten der Tochter und dem ihrer Mutter festgestellt. Wenn die Mutter eine eher kritische Selbstwahrnehmung in Bezug auf ihren eigenen Körper hatte und sich selbst weniger wohlwollend ansah, neigte auch ihre Tochter dazu, sich selbst weniger wohlwollend zu betrachten. Darüber hinaus konnte man feststellen, dass auch der Blick der Mutter auf den Körper ihrer Tochter Auswirkungen hatte. Wenn die Mutter den Körper ihrer Tochter weniger wohlwollend betrachtete, tendierte auch die Tochter dazu, sich selbst weniger wohlwollend wahrzunehmen. Die Ergebnisse verdeutlichen, wie subtil und komplex der mütterliche Wahrnehmungsfokus auf die Körpereinschätzung ihrer Töchter sein kann.

AUS DER PRAXIS

»Nur wenn ich schlank bin, bin ich wertvoll.«

Lisa kommt im Alter von 21 Jahren in meine Praxis und gibt an, seit ihrem 17. Lebensjahr an einer Bulimia nervosa zu leiden. Sie erbreche sich täglich etwa zwei bis dreimal im Anschluss an die regulären Mahlzeiten, um ihr Gewicht und die Angst vor einer möglichen Gewichtszunahme zu regulieren. Im Gespräch wird die starke Verknüpfung von Aussehen, Figur und Gewicht mit dem Selbstwert deutlich. Die Mutter der Patientin sei sehr stark auf den eigenen Körper, aber auch auf Figur und Gewicht ihrer beiden Kinder fixiert und kommentiere sowohl ihren eigenen Körper als auch den Körper der Kinder regelmäßig in abwertender Form. Sie habe außerdem von ihrer Mutter »gelernt«, wie sie ihr Gewicht kontrollieren kann, z. B. durch das Weglassen von Mahlzeiten oder die Einnahme von Entwässerungs- oder Diätpillen. Lisa gibt an, ihren Körper »gar nicht akzeptieren« zu können und intensive Schamgefühle zu haben. Sie sei immer die »Dickste« der Familie gewesen.

Wegen verbaler Erniedrigungen seitens der Mutter in Bezug auf ihr Gewicht entwickelte Lisa Glaubenssätze wie »Ich bin nicht richtig.« und internalisierte ein ultraschlankes Körperideal, das aus ihrer Sicht für sie unerreichbar blieb. Gleichzeitig prägten Grundannahmen wie »Nur wenn ich schlank bin, bin ich wertvoll« ihr Selbstwertgefühl nachhaltig.

Im Verlauf der Therapie arbeiteten wir daran, Körperakzeptanz aufzubauen und die eigenen Werte und Ziele unabhängig von Aussehen, Figur und Gewicht zu definieren und zu stärken. Nach Abbau der selbstschädigenden Verhaltensweisen (selbst herbeigeführtes Erbrechen nach den Mahlzeiten) konnte Lisa in der Langzeittherapie Schritt für Schritt erlernen, auf ihre körperlichen Signale zu hören, um wieder ein regelmäßiges, gesundes und ausgewogenes Essverhalten in ihren Alltag zu integrieren.

Wie steht es nun mit dem Einfluss der Väter? Die Forschung zeigte, dass Töchter eher aufgrund der mütterlichen als der väterlichen Verhaltensweisen ein negatives Körperbild oder Symptome einer Essstörung entwickeln. Warum? Mütter weisen, verglichen mit Vätern, häufiger Symptome eines negativen Körperbildes auf und fungieren für ihre Töchter dabei als »biologisches Modell«. Außerdem ist die Verinnerlichung des Schlankheitsideals bei Frauen signifikant stärker ausgeprägt als bei Männern. Dennoch haben auch Väter einen Einfluss auf das Körperbild ihrer Kinder. Es stellte sich beispielsweise heraus, dass ihre Kommentare zu Figur oder Gewicht der Töchter mit deren Körperunzufriedenheit und Schlankheitsstreben in der Adoleszenz und im Erwachsenenalter verbunden waren. Eine weitere Studie ergab, dass junge Frauen, die keine regelmäßige Kommunikation mit ihren Vätern pflegten, eher essgestörte Einstellungen und Verhaltensweisen entwickelten als jene, die regelmäßig mit ihren Vätern kommunizierten. Zudem zeigten junge Frauen, die ihre Väter als offen kommunizierend und mitfühlend in der Konfliktbewältigung erlebten, seltener essgestörte Einstellungen und Verhaltensweisen.[39] Wie wir sehen, können also sowohl Mütter als auch Väter durch eigenes Verhalten dazu beitragen, das Körperbild des Kindes positiv oder negativ zu beeinflussen. Eine Sensibilisierung in diese Richtung ist definitiv notwendig, um die Weitergabe negativer körperbezogener Muster über Generationen hinweg zu erkennen und zu durchbrechen.

2.3 Unfiltered: Gesellschaftliche Aspekte

Ich hatte es weiter oben schon einmal angesprochen: Menschen mit Mehrgewicht sind häufig mit dem Vorurteil konfrontiert, sie hätten nicht genug Willenskraft, um ihr Gewicht zu reduzieren. Mit anderen Worten: Sie seien »selbst schuld« an ihrer Situation. Unser Gewicht wird jedoch – surprise – neben verhaltensbezogenen Faktoren wie Bewegung und dem, was wir essen, von zahlreichen weiteren Einflüssen mitbestimmt. Diese liegen oftmals nicht in unserer Hand, sodass wir unser Gewicht weniger »selbst in der Hand« haben, als wir vielleicht annehmen. In zahlreichen Studien zeigt sich, dass Menschen mit entsprechender genetischer Veranlagung signifikant häufiger von Mehrgewicht betroffen sind als schlanke Personen.[40]

Hinzu kommt der sogenannte sozioökonomische Status, der als Messgröße den finanziellen und beruflichen Status sowie den Bildungsgrad einer Person oder einer Gruppe in einer Gesellschaft beschreibt. Er kann den Lebensstil einer Person massiv beeinflussen, einschließlich ihres Zugangs zu Nahrung und ihres Musters körperlicher Aktivität, was sich folglich auf das Gewicht auswirken kann. In entwickelten Ländern besteht eine klare negative Verbindung zwischen sozioökonomischem Status und Mehrgewicht. Das bedeutet, dass ein niedriger sozioökonomischer Status, d.h. ein schlechter Zugang zu Bildung und Gesundheitsversorgung sowie ein niedriges Einkommen, mit der Entwicklung von Mehrgewicht in Verbindung steht.[41] Im Gegensatz dazu wurde in Entwicklungsländern ein gegenteiliger Zusammenhang beobachtet: Hier geht ein niedriger sozioökonomischer Status – wahrscheinlich aufgrund von Nahrungsknappheit – eher mit einem niedrigen Gewicht einher.[42] Die Gründe für den Zusammenhang zwischen einem niedrigen sozioökonomischen Status und der Ausprägung von Mehrgewicht und Adipositas in der westlichen Welt sind vielschichtig. Menschen mit niedrigem sozioökonomischen Status haben aufgrund fehlender finanzieller Ressourcen möglicherweise begrenzten Zugang zu frischen und hochwertigen Lebensmitteln. Dies kann dazu führen, dass sie eher preiswerte kalorienreiche, aber nährstoffarme Lebensmittel konsumieren, was das Risiko von Mehrgewicht nachgewiesenermaßen erhöht. Des Weiteren haben Menschen mit niedrigem sozioökonomischen Status oft begrenzten Zugang zur Gesundheitsversorgung, einschließlich präventiver Gesundheitsdienstleistungen. Ein niedriges Bildungsniveau schränkt den Zugang zu Informationen über gesundheitsförderliche Verhaltensweisen ein. Dazu kommen finanzielle Sorgen und empfundene soziale Ungleichheit, was wiederum zu einem erhöhten Stresslevel führt. Stress aber kann das Essverhalten massiv beeinflussen und zu einem erhöhten Verzehr von kalorienreichen Lebensmitteln führen (z. B. durch emotionales Essen).

Einen weiteren relevanten Einflussfaktor auf unser Gewicht stellt der Schlaf dar. Die Forschung hat diesen Zusammenhang systematisch untersucht.[43] Aus den insgesamt 42 miteinander vernetzten Studien ergab sich, dass kurzer Schlaf mit einem höheren Risiko für die Entwicklung von Mehrgewicht bei Säuglingen, im frühen Kindesalter, im mittleren Kindesalter und in der Adoleszenz verquickt war. Ebenso wie der sozioökonomische Status stellt Schlaf damit eine Variable dar, die wir aktiv nicht von heute auf morgen beeinflussen können.

Du bist, was dich umgibt

Ein spannendes Thema in diesem Zusammenhang sind die sogenannten Umgebungsfaktoren, in der Wissenschaft *Obesogenic Environments*: Unsere Umgebung hat nachgewiesenermaßen Einfluss auf unsere körperliche, geistige und soziale Gesundheit. Diese Auswirkungen können sich in physiologischem und emotionalem bis hin zu sozialem, spirituellem und intellektuellem Wohlbefinden – oder ihrem Gegenteil – zeigen. Wir unterscheiden zwischen Mikroumgebungen (wie der Schule, dem Arbeitsplatz, dem Zuhause oder der Nachbarschaft) und Makroumgebungen (wie dem Bildungs- und Gesundheitssystem, der Politik, Einstellungen und Überzeugungen innerhalb der Gesellschaft).[44] Wie wir als Individuen unsere Umgebung nutzen, hängt auch von unserer Wahrnehmung der Umgebung ab, zum Beispiel wie sicher wir uns fühlen.

Ein wichtiger Umgebungsfaktor ist sicherlich die Lebensmittelindustrie. Sie investiert jedes Jahr Milliarden, um ihre

Produkte zu bewerben, bombardiert uns über verschiedene Medien kontinuierlich mit Marketingbotschaften, mit dem Ziel, unser Kaufverhalten zu beeinflussen – und das mit Erfolg. Es gibt reichlich Belege dafür, dass dies nicht nur die Vorlieben und das Kaufverhalten der Verbraucher*innen beeinflusst, sondern auch den Konsum beworbener Lebensmittel erhöht.[45] Das Obesogenic Environment im Hinblick auf Lebensmittelverfügbarkeit hat sich in den letzten Jahrzehnten derart entwickelt, dass der Zugang zu preisgünstigen und hochverarbeiteten Lebensmitteln immer einfacher geworden ist. Die schnelle Verfügbarkeit kalorienreicher Lebensmittel regt Personen in der Folge dazu an, diese auch zu konsumieren.[46] Nun ist es bis dato so, dass fast ausschließlich Lebensmittelmarketing hochverarbeiteter, nährstoffarmer Lebensmittel- und Getränkeprodukte stattfindet, die reich an Fetten (d. h. Trans- und gesättigten Fetten), Zucker und Natrium sind.[47]

Eine weitere Studie untersuchte die Auswirkungen auf das Essverhalten von Jugendlichen:[48] Die Ergebnisse sind nicht überraschend. Das kontinuierliche Ausgesetztsein einer Lebensmittelwerbung gegenüber, die stark verarbeitete, nährstoffarme und zuckerhaltige Lebensmittel und Getränke promotet, fördert einen erhöhten Konsum dieser Produkte, insbesondere bei Jugendlichen.[49] Die Verbreitung von Lebensmittelwerbung trägt außerdem zur Verschärfung von Gesundheitsungleichheiten bei, da vulnerable Bevölkerungsgruppen, wie zum Beispiel Personen mit niedrigem sozioökonomischen Status, weniger Zugang zu alternativen Ernährungsoptionen haben. Diese Faktenlage unterstreicht die Notwendigkeit, vielfältigere und nährstoffreichere Lebensmitteloptionen in der Werbung zu fördern.

Spannend ist auch dieser Punkt: Auch die bauliche Umgebung, Gebäude, Parks und Grünflächen, Einzelhandelsumgebungen, Arbeitsumgebungen, Infrastruktur und Umweltqualität wie Luft- und Wasserqualität kann Einfluss auf die

Gewichtsentwicklung nehmen. Insbesondere der fehlende Zugang zu Grünflächen steht Untersuchungen zufolge, mit einem höheren Gewicht in Verbindung.[50] Eine kürzlich durchgeführte Meta-Analyse deutet außerdem darauf hin, dass der Wechsel von persönlichen Verkehrsmitteln (=Auto) zu öffentlichen Verkehrsmitteln mit einer Reduzierung des Gewichts verbunden war.[51] Darüber hinaus ergab eine andere Meta-Analyse, dass Stadtviertel, die als fußgängerfreundlicher gelten (zum Beispiel mittels entsprechender Freizeitangebote) mit einer erhöhten körperlichen Aktivität, einem gesteigerten sozialen Zusammenhalt, geringerem Risiko für Mehrgewicht, selteneren Berichten über Depressionen und seltener gemeldetem Alkoholmissbrauch verbunden waren.[52] Die Gestaltung der gebauten Umgebung scheint zweifellos einen bedeutsamen Einfluss auf das Bewegungsverhalten, die mentale Gesundheit und die Entwicklung von Mehrgewicht in der Bevölkerung zu haben.

Kommen wir zuletzt zum Punkt Essensumgebung, die sich in den letzten Jahrzehnten drastisch verändert hat. In vielen Ländern gab es eine extreme Zunahme von Fast-Food-Restaurants, deren Gerichte preiswert und leicht zugänglich sind. Der Markt für verarbeitete Lebensmittel mit hoher Kalorien-, Fett- sowie Zuckerdichte hat sich zudem erheblich erweitert. Hinzu kommt, dass die Portionsgrößen in Restaurants und bei verpackten Lebensmitteln in den letzten Jahrzehnten erheblich gestiegen sind. Ein nicht zu vernachlässigender weiterer Faktor ist, dass wir immer weniger Zeit zum Kochen haben bzw. uns diese immer seltener nehmen. Essensbestellungen und Lieferdienste sprießen aus dem Boden, sodass wir heute selbst Produkte aus dem Supermarkt unkompliziert nach Hause bestellen können. Aufgrund von beruflichen Verpflichtungen und einem geschäftigen Lebensstil greifen wir häufiger auf schnelle Optionen zurück. Zuletzt ist die Verfügbarkeit von Snacks und Snackautomaten in den letzten Jahren extrem angestiegen, was zu häufigen kleinen Mahlzeiten zwischendurch beiträgt. Die

Rolle der Essensumgebung wurde in diversen Studien untersucht, um einen potenziellen Zusammenhang mit dem Anstieg an Mehrgewicht in der Bevölkerung zu analysieren. Einige Studien bestätigten diesen Konnex, andere nicht. Ihr unmittelbarer Einfluss auf das Gewicht ist daher nicht abschließend geklärt. Mir ist es dennoch wichtig, das Thema transparent darzustellen, weil die Essensumgebung einen potenziell relevanten Einflussfaktor auf unsere Essensentscheidungen darstellt.

Klar wird in jedem Fall, dass die Reduzierung von Gewicht auf eine einfache Gleichung von Essen und Bewegung eine stark vereinfachte und unzutreffende Sichtweise ist. Tatsächlich wird das Gewicht eines Menschen aus einer komplexen Interaktion von Faktoren determiniert, von denen viele außerhalb unserer direkten Kontrolle liegen. Wir sollten also unser Bewusstsein dafür schärfen, dass die Realität weit nuancierter ist, als wir gemeinhin annehmen. Schnelle Klassifizierungen mehrgewichtiger Menschen, Stichwort »selbst schuld«, können damit getrost der Vergangenheit angehören.

Der perfekte Körper früher und heute

Das Körperideal ist eine kollektive Vorstellung davon, wie ein »idealer« Körper auszusehen hat. Diese Vorstellungen können von Faktoren wie Mode, Medien, Traditionen, Religion, historischem Hintergrund und sozialen Normen beeinflusst werden. Ein solches Ideal ist also nicht fest oder unveränderlich, sondern hat sich im Laufe der Geschichte ständig verändert und variiert auch von Kultur zu Kultur. Es kann Merkmale wie Körpergröße, -form, -gewicht, Hautfarbe, Muskeltonus, Haare und viele andere Aspekte umfassen. Noch viel spannender als diese Definition sind sicherlich die Bilder, die wir selbst dazu im Kopf haben. Lust auf eine kurze Selbstreflexion?

Body Reflections

Ein perfekter Körper heißt für mich …

1. Welches Körperideal wurde mir in meiner Kindheit am häufigsten durch die Medien präsentiert?
2. Wie haben Zeitschriften, Filme und Fernsehshows meine Wahrnehmung von einem »ideal« aussehenden Körper geprägt?
3. Welche spezifischen Charaktere oder Persönlichkeiten verkörpern für mich den »idealen« Körper? Welche Eigenschaften haben sie?
4. Welche Trends in Bezug auf Körperideale habe ich in meinem Leben beobachtet und wie haben sie sich auf mich ausgewirkt?
5. Gibt es bestimmte Körperteile oder -merkmale, die ich an mir selbst verändern möchte, um einem »Ideal« näher zu kommen? Woher stammt dieser Wunsch?
6. Welche sportlichen, diätetischen oder kosmetischen Maßnahmen habe ich in Erwägung gezogen oder ergriffen, um einem bestimmten Körperideal näher zu kommen?
7. Wie wurden Körperideale in den verschiedenen Lebensphasen, die ich durchlaufen habe (Jugend, Erwachsenenalter), präsentiert und wie hat sich das auf mich ausgewirkt?

Schauen wir uns das Körperideal der westlich geprägten Welt einmal genauer an: Wie hat es sich über die letzten Jahrzehnte entwickelt und gewandelt? Wo werden wir mit Idealbildern konfrontiert und was macht diese Konfrontation mit uns?

Seit den 1950er-Jahren sank das durchschnittliche Gewicht von Frauen mit einem vor allem über die Medien als »ideal« dargestelltem Körpergewicht im Vergleich zur allgemeinen weiblichen Bevölkerung massiv. Während das durchschnittliche Gewicht der Frauen in der Normalbevölkerung über die letzten Jahrzehnte kontinuierlich anstieg, entwickelte sich eine wachsende Kluft zum medial dargestellten sogenannten *Thin*-Ideal.[53] Dieser Trend setzte sich bei weiblichen Models fort, wobei ihr

Körpergewicht insbesondere in den 1980er- und 1990er-Jahren weiter sukzessiv abnahm.[54] Der beschriebene Schlankheitstrend dehnte sich sogar auf Darstellungen von Frauen in Videospielen aus.[55] Ein tieferer Blick in die traditionellen Medien, insbesondere in Modezeitschriften, kann uns Aufschluss darüber geben, wie und warum diese Ideale entstanden sind und sich so stark verfestigt haben. Eine Untersuchung der Jahre 1959 bis 1999 liefert dabei besonders aufschlussreiche Ergebnisse:[56] Erstens wurden die in den Zeitschriften präsentierten Models in den 1980er- und 1990er-Jahren zunehmend dünner. Zweitens veränderte sich auch die Anzahl der Ganzkörperdarstellungen auf den Titelseiten der Zeitschriften in den untersuchten 40 Jahren signifikant. Waren sie in den ersten Jahren noch seltener, wiesen in den späten 1980er-Jahren alle vier untersuchten Zeitschriften einen hohen Anteil von Ganzkörperbildern auf ihren Titelseiten auf. Die Darstellung schlanker Modelkörper »von Kopf bis Fuß« hat also zunehmend an Bedeutung gewonnen. Dieser Wandel in der visuellen Darstellung bewirkte, dass der »Idealkörper« als Ganzes immer größere gesellschaftliche Relevanz erlangte.

In jüngerer Zeit hat sich ein schlank-muskulöses Körperideal – das sogenannte *Thin-Muscular*-Ideal – für Frauen herausgebildet,[57] sprich das reine Dünnsein wurde durch ein Bild ersetzt, das sowohl Schlankheit als auch Tonus und Muskeldefinition vereint. Dieser Wandel deckt sich mit meinem klinischen Eindruck, den ich durch meine Arbeit als Psychotherapeutin gewinne. Auch hier stelle ich in der Arbeit mit Patientinnen mit Ess- und Körperbildstörungen fest, dass weniger die reine Schlankheit, sondern vielmehr schlank-muskulöse Körperideale angestrebt werden. Die Messlatte für das, was als erstrebenswert angesehen wird, wird damit noch höher. Es reicht nicht mehr aus, einfach »nur« dünn zu sein. Frauen sind nun mit dem zusätzlichen Druck konfrontiert, auch fit und durchtrainiert sein zu müssen. Dies bedeutet zusätzlichen Zeitaufwand und oft auch finanzielle Investitionen in Fitnessprogramme oder Nahrungsergänzungsmittel, die uns einen schnellen Muskelaufbau versprechen. Wie wir sehen: Der körperbezogene Druck auf Frauen in der Gesellschaft wird zunehmend komplexer und zeitaufwendiger. Eine zunehmende körperliche Unzufriedenheit erscheint als eine logische Konsequenz.

Eine weitere aktuelle Entwicklung medial repräsentierter Körperideale stellt die zunehmende Popularität des sogenannten *Slim-Thick*-Ideals dar: große Brüste, schmale Taille, flacher Bauch und gleichzeitig volle Hüften, runder Po und kräftige Oberschenkel. Im Grunde eine Sanduhrfigur mit betonten Rundungen an den »richtigen« Stellen. Dieses Körperideal ist zuletzt insbesondere in den sozialen Medien populär geworden und wird oft auch durch schönheitsoperative Eingriffe unterstützt. Ein prominentes Figurvorbild ist Kim Kardashian, die oft für ihre kurvige Figur und insbesondere für ihren Po gehypt wird. Studien zufolge führt die regelmäßige Konfrontation mit Slim-Thick-Modellen bei den Konsumentinnen zu stärkerer Körper- und Gewichtsunzufriedenheit als bei den »üblichen« Schlankheitsidealen.[58] Slim-Thick fordert einerseits einen flachen Bauch und andererseits prägnant ausgeprägte Kurven. Für viele Frauen stellt diese spezielle Kombination eine schier unerreichbare Körperform dar, die möglicherweise nur durch einen chirurgischen Eingriff überhaupt möglich gemacht werden kann.

Statistisch gesehen hat sich die Anzahl der Frauen jedenfalls signifikant erhöht, die in den letzten Jahren chirurgische Eingriffe zur Vergrößerung des Gesäßes durchgeführt haben. Dieser Eingriff wird auch *Brazilian Butt Lift* genannt, ein neuer Trend unter den Schönheitsoperationen, bei dem Eigenfett aus verschiedenen Körperbereichen der Patientin (wie Bauch, Hüften oder Oberschenkel) entnommen und anschließend in den Gesäßbereich injiziert wird, um diesen zu vergrößern. Was auf der Hand liegt: Der Trend des Slim-Thick beleuchtet die oftmals unerreichbaren und widersprüchlichen Vorstellungen von Schönheit, die in der heutigen Gesellschaft vorherrschen. Einerseits wird von Frauen erwartet, dass sie eine schlanke Figur aufweisen, während andererseits betonte Kurven an bestimmten Körperstellen als erstrebenswert gelten. Das natürliche Erreichen dieser doppelten Anforderung gestaltet sich für viele als nahezu unmöglich, was einige dazu veranlasst, chirurgische Eingriffe in Erwägung zu ziehen, die in jedem Fall immer ein Gesundheitsrisiko mit sich bringen.

Das männliche Körperideal dagegen ist klar durch Muskulosität definiert, konkreter noch durch die sogenannte *mesomorphe* Form: eine breite Oberkörpermuskulatur, insbesondere eine gut entwickelte Brust- und Armmuskulatur, mit breiten Schultern, die sich zu einer schmalen Taille verjüngen (V-Form). Dazu ein niedriger Körperfettanteil, um sicherzustellen, dass die muskulöse Statur auch konturiert sichtbar ist. Ähnlich wie bei Frauen ist auch das männliche Körperideal in ständigem Wandel begriffen. So zeigt sich in einer Studie über einen Zeitraum von 30 Jahren, dass Männerbilder in populären Magazinen zwischen 1967 und 1997 tendenziell schlanker, d.h. mit geringerem Körperfettanteil und muskulöser wurden.[59] Dabei nahm die Darstellung der v-förmigen Figur über die Zeit signifikant zu. Innerhalb dieses 30-jährigen Zeitraums stieg der Prozentsatz der als sehr muskulös kategorisierten Bilder, während die Anzahl der als nicht muskulös eingestuften Bilder sank. Rangierten in den Jahren 1967–1979 42 % der männlichen »Bilddarsteller« noch in der Kategorie »nicht muskulös«, waren es in den 1990er-Jahren 84 %, die als »etwas muskulös« oder »sehr muskulös« eingestuft wurden. Der Rückgang der »nicht muskulösen« Darstellungen zugunsten eines muskulöseren Ideals könnte eine Reaktion auf eine wachsende Fitness- und Gesundheitskultur sein, die in den 1980er- und 1990er-Jahren in den USA zunehmend aufkam. Gleichzeitig spiegelt er womöglich die wachsende Beliebtheit von Bodybuilding und Fitnesstraining als populäre Freizeitaktivitäten wider.

Das Streben nach einem mesomorphen Körperideal kann bei Nicht-Erreichen zu erheblicher Körperunzufriedenheit bei Männern führen. Untersuchungen verdeutlichen, dass über 90 % der College-Männer in den USA den Wunsch nach mehr Muskelmasse äußerten, ebenso wie hohe Prozentsätze von Männern sowohl in der Ukraine (69 %) als auch in Ghana (49 %).[60] Mit dem Fortschreiten der Geschlechtergleichstellung und der Veränderung traditioneller Geschlechterrollen in vielen Gesellschaften kann sich der subjektiv empfundene Druck bei Männern erhöhen, Männlichkeit auf physische Weise zu definieren und zu betonen. Wenn andere Aspekte der männlichen Identität, wie zum Beispiel der Status als Haupternährer der Familie, nicht mehr so sicher oder klar definiert sind, könnte ein starker, muskulöser Körper eine auf den ersten Blick sichtbare und unbestreitbare Form der Männlichkeit darstellen. Dieses Phänomen wird im wissenschaftlichen Diskurs auch *Threatened Masculinity Hypothese* genannt und die steigende Fixierung auf ein muskulöses Körperideal als eine Form der Kompensation eingestuft.[61] Was in jedem Fall festzustellen ist: Sowohl bei Frauen als auch bei Männern hat in den vergangenen Jahrzehnten eine zunehmende Fixierung und damit einhergehende Überrepräsentation eines vermeintlichen Körperideals stattgefunden.

Spielzeug setzt frühe Körpernormen

Wie in diesem Buch schon mehrfach gezeigt, starten Prägungen früh. So wirken auch Körperideale bereits im Kindesalter auf uns und beeinflussen die Entwicklung unseres Körperbildes und unsere Wahrnehmung von Schönheit. Eine Studie zeigt beispielsweise auf, dass bereits 32,6 % der sechsjährigen Jungen den Wunsch äußern, muskulöser werden zu wollen.[62] Auf welchen Wegen werden Kinder aber so früh mit geschlechtsspezifischen Körperidealen konfrontiert? Zum einen sicher durch das Spielzeug. Mädchen bekommen Puppen mit schlanken, kurvigen Körpern, Jungen sind Fans muskulöser

Actionfiguren. Auch Zeichentrickfilme, Fernsehshows und Kinderbücher zeigen oft Charaktere, die bestimmten körperlichen Idealen entsprechen. Disney-Prinzessinnen sind beispielsweise oft zierlich mit schlanken Taillen, während Superhelden muskulös und groß sind.

In einer Studie zu weiblichen und männlichen Körperidealen bei Kindern wurde untersucht, wie beliebte Puppen und Actionfiguren hinsichtlich ihrer Körperproportionen dargestellt werden.[63] Es sollte analysiert werden, inwieweit sie geschlechtsspezifische Körperproportionen aufweisen und in welchem Ausmaß diese geschlechtsspezifischen Ideale mit heterosexuellem »Erfolg« in Verbindung gebracht wurden. Zu diesem Zweck werteten die Forschenden Internetdarstellungen von 72 beliebten weiblichen Puppen und 71 männlichen Actionfiguren aus. Die Ergebnisse illustrierten, dass 60,2 % der Puppen über einen auffällig schlanken Körper verfügten, während 42,3 % der Actionfiguren auffällig muskulöse Körper aufwiesen. Darüber hinaus wurden schlankere Puppen mit mehr sexualisierten Merkmalen dargestellt als weniger schlanke Puppen. Diese sexualisierten Merkmale beinhalteten freizügigere, engere Kleidung, Schuhe mit hohen Absätzen, sexualisierte Körperpositionen sowie sexuell ansprechende Gesichtsausdrücke. Muskulösere männliche Actionfiguren wurden eher mit Fäusten und einem wütenden, emotionalen Ausdruck dargestellt, was auf männliche Dominanz hindeuten könnte. Insofern ist es sicherlich einen Gedanken wert, mit welchem Spielzeug man sein Kind bzw. Kinder versorgt bzw. wie divers und vielfältig es ausgerichtet ist, um eine frühe Verengung auf ein als idealtypisch proklamiertes Rollenbild zu vermeiden.

(Soziale) Medien – Ich zeig dir, wie du sein könntest

Medien stellen den mächtigsten und einflussreichsten soziokulturellen Übermittler von Schönheits- und Körperidealen dar.[64] Nach dem bereits erwähnten *Tripartite-Influence-Modell* ist die Medienlandschaft neben Einflüssen von Familie und von Gleichaltrigen einer von drei Hauptfaktoren, die die Entwicklung von Körperunzufriedenheit und Essstörungen beeinflussen.[65] Zu den traditionellen Medien zählen Massenmedien, die schon seit langer Zeit existieren und etablierte Kommunikationsformen nutzen, um Informationen an die Öffentlichkeit zu übermitteln: Zeitungen, Zeitschriften, Fernsehen, Filme, Radio und Bücher. Die sozialen bzw. neuen Medien bieten digitale Kommunikationsplattformen, die es Benutzerinnen und Benutzern ermöglichen, Inhalte zu erstellen, zu teilen, zu kommentieren und zu interagieren, wie auf Facebook, Twitter, Instagram, TikTok, Youtube, Snapchat und Co.

Eine der Funktionen, die soziale Medien auszeichnet, ist die Möglichkeit, Beiträge und Fotos in Echtzeit zu teilen. Darüber hinaus stellen sie Funktionen bereit, Bilder zu bearbeiten, zu optimieren und perfekt in Szene zu setzen. Und zwar so, dass sie sich im Endergebnis kaum noch von denen in Magazinen oder auf Plakaten unterscheiden. Während traditionelle Medien – also TV oder Zeitschriften – eher Bilder von Prominenten und Models präsentieren, bilden soziale Medien darüber hinaus Bilder von »unseresgleichen« ab. Sie können eine besonders negative Wirkung auf unser Körperbild entfalten, da sie eine scheinbare Nähe zwischen uns als Nutzer*innen und den auf diesen Plattformen präsentierten (oft gleichaltrigen) Influencer*innen schaffen. Wir erhalten Einblicke in das Leben und die Alltagsgewohnheiten dieser Personen, können uns zuschalten, kommentieren, in einen direkten Austausch gehen. Dadurch entsteht oft die trügerische Vorstellung, dass sie dem eigenen Leben und seinen Herausforderungen ähnlicher sind als Prominente oder Models in traditionellen Medien. Eine vermeintliche Nähe, die zu einer verstärkten Identifikation führen kann. Wir neigen dazu zu denken: »Sie ist wie ich, sie teilt ihre alltäglichen Erlebnisse, ihre Mahlzeiten und sogar ihre Unsicherheiten.« Doch in Wirklichkeit ist diese Nähe illusorisch und irreführend. Die Storys, Videos und Posts sind meist bearbeitet, gefiltert und idealisiert. Sie zeigen ausgewählte Lebensmomente und -aspekte, verbergen oftmals aber reale Bedingungen, Krisen und Fragestellungen.

Body Reflections

Was macht Social Media mit deinem Körpergefühl?

Checke einmal dein eigenes Social-Media-Verhalten und reflektiere seine Auswirkungen auf dein Körperbild. Was fällt dir auf?

1. Wie oft verbringst du täglich Zeit auf sozialen Medien, und wie viel davon beinhaltet das Betrachten von Bildern oder Inhalten, die mit Körper und Aussehen zu tun haben?
2. Bemerkst du Veränderungen in deinem eigenen Körperbild oder deinem Selbstwertgefühl, nachdem du soziale Medien genutzt hast? Wenn ja, welche Art von Veränderungen sind das?
3. Verspürst du einen Druck oder den Wunsch, dein Aussehen oder deinen Lebensstil aufgrund von Inhalten auf sozialen Medien zu verändern?
4. Welcher Art von Accounts folgst du auf Social Media? Sind sie positiv und unterstützend oder beeinflussen sie dich teilweise auch in negativer Art und Weise?
5. Kannst du positive oder inspirierende Aspekte der Nutzung von sozialen Medien identifizieren, die sich auf dein Körperbild auswirken? Wenn ja, welche?

Wie bereits gesagt, liefern uns sowohl die traditionellen wie auch die sozialen Medien eine Überrepräsentation vermeintlich perfekter Körper.[66] Diese unrealistischen Körperideale können zahlreiche kritische Folgen auslösen, wie ein verringertes Selbstwertgefühl,[67] Körperunzufriedenheit,[68] gesteigerte negative Gefühle bzw. verminderte Stimmung[69], Beginn von essgestörten Verhaltensweisen[70] und das starke Interesse an Gewichtsabnahme.[71] Querschnittsstudien zeigen, dass ein stärkerer Medienkonsum, insbesondere von Modezeitschriften und Fernsehmusikvideos, mit einer erhöhten Körperunzufriedenheit einhergeht.[72] Eine kürzlich durchgeführte Studie belegt, dass die Bewertung der Körpererscheinung von Frauen durch das Vorhandensein von schlanken Körpern in ihrer Umgebung beeinflusst werden kann. Stellen wir uns eine Gesellschaft vor, in der in den Medien und auf sozialen Plattformen hauptsächlich Bilder von extrem schlanken Menschen gezeigt werden. Tag für Tag sehen wir diese Bilder und entwickeln allmählich ein Verständnis dafür, was als »normal« angesehen wird. In dieser Umgebung neigen wir dazu, unsere eigenen Körper, die eigentlich durchschnittlich und gesund sind, als »mehrgewichtig« zu bewerten, obwohl sie es objektiv nicht sind. Gleichzeitig betrachten wir auch andere Frauen mit normalen Körpern als »mehrgewichtig«, weil unser Konzept von Gewicht und Körperbild durch die übermäßige Darstellung von Schlankheit verzerrt wurde. Genau diese verzerrte Körperwahrnehmung bestätigte eine weitere Studie: Die Autoren fanden heraus, dass die erhöhte Anzahl schlanker Körper in der unmittelbaren Umgebung zu einer höheren Wahrscheinlichkeit führte, dass Frauen andere Frauen als mehrgewichtig bewerteten.[73]

Soziale Medienplattformen wie Instagram sind heutzutage immer beliebter und wichtiger im Alltag vor allem junger Menschen.[74] Obwohl Meta-Analysen zeigen, dass die Nutzung sozialer Medien nur schwach mit dem Einsamkeitserleben oder selbstberichteten Depressionen zusammenhängt,[75] haben mehrere Studien eine Verbindung zwischen der Nutzung sozialer Medien und Körperunzufriedenheit oder körperbezogenen Sorgen gezeigt.[76] Eine Studie belegt beispielsweise, dass die Körperunzufriedenheit bei Frauen maßgeblich mit der Anzahl der besuchten sozialen Medienplattformen in Verbindung stand.[77] Wir können an dieser Stelle festhalten, dass sich ein übermäßiger Medienkonsum nachgewiesenermaßen negativ auf unser Körperbild auswirken kann. Dennoch ist es wichtig, hier genau zu differenzieren. Stellen wir uns vor, jemand würde täglich für drei Stunden Hundebaby-Videos auf Instagram oder TikTok schauen – dieser Konsum wird sich mit hoher Wahrscheinlichkeit nicht negativ auf das eigene Körperbild auswirken. Es kommt also immer darauf an, WELCHE Inhalte wir konsumieren und WIE wir diese nutzen.

Frühere empirische Studien haben ergeben, dass die aktive Nutzung sozialer Medien (also das Veröffentlichen von Beiträgen, das Liken, Kommentieren von Inhalten und die Interaktion mit anderen) die soziale Verbindung und Unterstützung der Nutzer*innen erhöht und positive Emotionen sowie das generelle Wohlbefinden steigert. Passiver Konsum (bloßes Durchstöbern von Beiträgen anderer) hingegen fördert unangenehme Emotionen wie zum Beispiel Neid, aber auch depressive sowie Angstsymptome.[78] Auf Grundlage gesammelter Daten einer aktuellen Studie wird geschätzt, dass 60 % der Jugendlichen soziale Medien auf funktionale Weise nutzen, während 40 % Anzeichen eines problematischen Internetgebrauchs aufweisen.[79] Solch ein problematischer Gebrauch sozialer Medien ist vielfältig und kann auf verschiedene Lebensbereiche Auswirkungen haben. Einige Untersuchungen deuten beispielsweise auf geringere sozial-emotionale Fähigkeiten der Jugendlichen in Punkten wie Selbstmanagement, Motivation und verantwortungsbewusste Entscheidungsfindung hin.[80] Des Weiteren sind junge Menschen, die viel Zeit im Internet und auf Social Media verbringen, anfälliger für Mobbing und Cybermobbing, sei es als Täter*in oder Opfer.[81]

Wie spielt das Thema Körperbild hier nun hinein? Welche Social-Media-Trends herrschen vor und in welcher Weise beeinflussen sie unsere körperbezogene Selbstwahrnehmung? Dazu möchte ich gerne ein paar ausgewählte Ergebnisse aus der Forschung vorstellen. Genauer eingehen werde ich auf Erkenntnisse zu den Trends Thinspiration, Fitspiration, Body Positivity, Body Neutrality, Face Filtern sowie Schönheits-OPs. Die Social-Media-Landschaft ist in ständigem Wandel und es gibt neben den von mir genannten natürlich weitere kurz- und langlebige körperbezogene Trends. Die Auflistung ist daher nicht als vollständig zu betrachten.

Thinspiration

Ein tatsächlich risikoreicher Körperhype ist die sogenannte *Thinspiration*-Bewegung (*Thinspo*). Thinspiration ist ein Begriff, der sich aus den Komponenten *thin* (dünn) und *inspiration* (Inspiration) zusammensetzt. Gemeint sind also Inhalte, Bilder oder Beiträge, die das dünne oder ultraschlanke Ideal proklamieren und als Inspiration oder Motivation für Menschen dienen, die abnehmen möchten oder ein sehr niedriges Körpergewicht anstreben. Diese Inhalte enthalten typischerweise drastische Gewichtsverlust-Ziele oder Botschaften der Selbstkontrolle und des Hungerns. Die Thinspo-Bewegung geriet jedoch zunehmend in die Kritik, da sie ungesundes Schlankheitsstreben und Essstörungen förderte, wodurch die Inhalte in den sozialen Medien teilweise eingeschränkt wurden.

Fitspiration

Als Reaktion auf die negativen Auswirkungen der Thinspo-Bewegung entwickelte sich die *Fitspiration*-Bewegung (*Fitspo*). Sie setzt den Fokus auf ein gesünderes und aktiveres Lebensstil-Ideal, betont die Bedeutung von körperlicher Fitness und Wohlbefinden und zielt per Definition darauf ab, Gesundheit und Fitness zu fördern.[82] Fitspo zeigt oft Bilder von Menschen, die im Fitnessstudio trainieren, gesunde Mahlzeiten zubereiten oder ihre Fortschritte bei der Gewichtsabnahme oder dem Muskelaufbau dokumentieren. Zahlreiche Studien haben untersucht, ob diese Ziele bei regelmäßigem Konsum von Fitspo-Inhalten tatsächlich erreicht werden. Die Ergebnisse belegen jedoch durchweg eine verringerte Zufriedenheit mit dem eigenen Körper sowie eine erhöhte negative Stimmung.[83] Dies deutet darauf hin, dass die Fitspiration-Bewegung nicht nur ihre beabsichtigten Ziele verfehlt, sondern sogar zu einer Verschlechterung des Körperbildes und des emotionalen Wohlbefindens führen kann. Offenbar wirken ihre Inhalte frustrierend und entmutigend und lassen uns aufgrund unerreichbarer Körperstandards noch kritischer auf uns und unseren eigenen Körper blicken.

Body Positivity

Body Positivity wiederum hat ihren Ursprung in der Fat-Acceptance-Bewegung der 1960er-Jahre und wurde maßgeblich von Aktivistinnen aus der Black-Community beeinflusst.[84] Body Positivity steht für Diversität, Würde und Respekt, unabhängig von Gewicht und Aussehen. Die Bewegung wurde durch Publikationen feministischer Organisationen in den 1970er-Jahren weiter vorangetrieben. Einen Anstieg der Popularität des Themas gab es in den 2000er- bzw. 2010er-Jahren, sodass heute zahlreiche Body-Positivity-Accounts in den sozialen Medien vertreten sind. Hier publizieren vor allem mehrgewichtige Frauen Bilder ihres Körpers (samt wertschätzenden Bildunterschriften), die bewusst nicht dem Schlank-Muskulositäts-Ideal entsprechen.[85]

Inhalte der Body-Positivity-Bewegung sollen uns als Gesellschaft dazu ermutigen, unsere Körper unabhängig von Gewicht, Form, Hautfarbe oder möglichen Beeinträchtigungen wertzuschätzen und zu respektieren.[86] Eine kürzlich durchgeführte Analyse zeigte, dass auf Body-Positivity-Konten über zwei Drittel der dargestellten Körper mehrgewichtig waren und fast die Hälfte Cellulite, Dehnungsstreifen oder ähnliche Merkmale aufwiesen.[87] Eine weitere Untersuchung ergab, dass das Konsumieren von Body-Positivity-Inhalten mit höherer Körperzufriedenheit und positiverer Stimmung sowie niedrigerer negativer Stimmung einherging.[88] Eine weitere experimentelle Studie belegte, dass die positive Stimmung, die Zufriedenheit mit dem eigenen Körper und die Wertschätzung des eigenen Körpers von Frauen nach dem Betrachten von Body-Positivity-Inhalten zunahmen.[89]

Body Neutrality

Der vierte körperbezogene Social-Media-Trend, den ich näher beleuchten möchte, heißt *Body Neutrality*. Body Neutrality meint Akzeptanz des eigenen Körpers und die Wertschätzung dessen, was mit ihm erreicht werden kann. Das bedeutet konkret, die Bewusstmachung von Körperfunktionen (zum Beispiel Sinneswahrnehmung) und deren Wertschätzung, statt des Aussehens.[90] Body-Neutrality-Texte oder -Illustrationen senden die Botschaft, dass eine Person »mehr ist als ihr Körper«. Sie bieten mit dem Konzept der Body Functionality (dazu später mehr) zudem Vorschläge an, um zur Verschiebung des Fokus, weg von äußerlichen Attributen, beizutragen.[91] Was kann der Körper leisten, wie bewegt er sich, wie nimmt er die Welt wahr und wie bewältigt er verschiedene Aufgaben und Aktivitäten des täglichen Lebens?. In einer Studie konnte herausgefunden werden, dass sich die Konzentration auf die Körperfunktionalität im Rahmen einer 15-minütigen Schreibaufgabe bei Frauen in größerer Körperwertschätzung und Zufriedenheit niederschlug.[92]

Filter

Ein weiterer populärer Social-Media-Trend: der *Einsatz von Filtern*. Beautyfilter und andere Bearbeitungsschritte machen Körper normschön, entfernen Pickel, machen Nasen schmaler und Lippen voller, Hüften schlanker und Beine länger. Um dieser potenziell schädlichen Entwicklung entgegenzuwirken, müssen in Norwegen seit Sommer 2022 retuschierte Fotos in der Werbung, egal ob von großen Konzernen oder von Influencerinnen und Influencern, entsprechend gekennzeichnet werden. Den beliebtesten Filter stellt der sogenannte Face Filter oder Gesichtsfilter dar: digitale Effekte, die auf Selfies angewendet werden können, um das eigene Aussehen zu verändern. Sie richten sich in der Regel nach dem aktuell als am attraktivsten angesehenen äußeren Erscheinungsbild. Filter dieser Art sind in diversen Social-Media-Apps kostenlos verfügbar und sorgen für ebenmäßige und faltenfreie Haut, übervolle Lippen, eine schmale Nase sowie prägnante Wangenknochen.

Diese Entwicklung geht einher mit einer zunehmenden Anzahl von Schönheitsoperationen. Insgesamt stieg die Gesamtzahl der gemeldeten Schönheitsoperationen in Deutschland von 2021 bis 2022 um 15 % auf 93 853 Operationen an.[93] Besonders die minimalinvasiven Behandlungen verzeichneten einen starken Anstieg. In den letzten 10 Jahren hat sich die Anzahl der durchgeführten Schönheits-OPs pro Jahr mehr als verdoppelt. Hierbei waren Frauen mit rund 88 % deutlich häufiger vertreten als Männer. Die am häufigsten durchgeführte Schönheitsoperation bei Frauen war die Faltenunterspritzung, gefolgt von Brustvergrößerungen, Lidstraffungen und Botox-Behandlungen.[94] Männer hingegen ließen sich am häufigsten Fett absaugen, gefolgt von Lidstraffungen, Brustverkleinerungen und ebenfalls Botox-Behandlungen. Die Bundesrepublik gehört damit zu den Ländern mit den meisten ästhetisch-plastischen Eingriffen weltweit. Immer mehr Frauen wünschen sich immer früher Faltenbehandlungen und Lippenkorrekturen, zunehmend nach Vorbildern aus den sozialen Medien und dem Internet.[95] Dieser Trend ist besorgniserregend, da immer jüngere Frauen mit stark bearbeiteten Selfies als Vorbild für Schönheitsoperationen zu Schönheitschirurginnen und -chirurgen kommen, wobei Schönheitsoperationen signifikant häufiger bei Menschen mit einem negativen Körperbild und hoher Körperunzufriedenheit durchgeführt werden.[96]

Halten wir also fest: Menschen mit einem negativen Körperbild und hoher Körperunzufriedenheit konsumieren signifikant häufiger körperbezogene Inhalte auf Social Media und vergleichen sich dadurch öfter mit vermeintlich »perfekten« Körpern.[97] Gleichzeitig wird uns dort ein Quick Fix, d. h. eine vermeintlich schnelle Lösung eines komplexen Sachverhalts, präsentiert: Beautyfilter und Face Filter. Wir fangen an, unser Aussehen zu verändern, und beginnen, uns daran zu gewöhnen. Durch den regelmäßigen Einsatz von Filtern – sowohl von uns als auch von anderen Akteurinnen und Akteuren auf Social Media – fühlen wir uns zunehmend unwohl in unserem eigentlichen, ungefilterten Körper. Es könnte sogar sein, dass wir anfangen, Scham für unser Aussehen zu empfinden, und ohne Filter gar kein Bild mehr zeigen würden. Aufgrund dieser zunehmenden Unzufriedenheit mit der ungefilterten Realität kann es so weit kommen, dass wir es in Betracht ziehen, unseren Körper kosmetisch mithilfe von Schönheitsoperationen zu verändern. Auch für Schönheitsoperationen wird mittlerweile teilweise auf Social Media geworben – sie erscheinen uns dadurch zunehmend normal und als ein gutes Mittel, unser Körperbild zu verbessern (was sich auch in den steigenden Zahlen widerspiegelt).

Die Entscheidung, eine Schönheitsoperation zu vollziehen, sollte immer aus unterschiedlichen Blickwinkeln beleuchtet werden. Jeder Mensch hat grundsätzlich das Recht auf Selbstbestimmung – auch über den eigenen Körper. Es ist jedoch wichtig zu betonen, dass gesellschaftliche Normen oder Stereotype in unsere Entscheidungen involviert sind und wir nach bestimmten Körperidealen geprägt wurden. Wir sollten also unsere eigenen Motivationen kritisch hinterfragen und reflektieren. Bei einer Entscheidung für oder gegen eine ästhetische Veränderung unseres Körpers sollten wir immer evaluieren, ob sie tatsächlich im Einklang mit unseren persönlichen Werten steht oder durch äußere Erwartungen und Ideale geprägt wurde.

Was in der Debatte um Schönheitsoperationen meist nicht kommuniziert wird, ist, dass die Ursache für Unzufriedenheit mit unserem Körper oder einem Bereich unseres Körpers meist viel tiefer liegt. Ein negatives Körperbild ist ein komplexes Zusammenspiel vieler Faktoren und lässt sich nicht »wegoperieren« bzw. ein positiveres Körperbild nicht »hin-operieren«. Unser Körper wird sich im Laufe unseres Lebens stetig verändern – das ist sicher. »Die einzige Konstante im Leben ist die Veränderung« – wusste bereits Heraklit im 5. Jahrhundert v. Chr.! Wenn wir älter werden, durchleben wir natürliche Körperprozesse, wie Faltenbildung, ergrauende Haare, Veränderungen der Fettverteilung etc. Unser Körperbild kann sich auch, beeinflusst durch Medien, das soziale Umfeld und gesellschaftliche Normen, stetig ändern. Es ist für uns daher viel nachhaltiger, wenn wir lernen würden, uns selbst unabhängig von äußeren Merkmalen zu akzeptieren. Das Zitat von Heraklit erinnert uns daran, dass körperliche Imperfektion und steter Wandel eine natürliche und unvermeidliche Konstante in unserem Leben sind. Nehmen wir sie also in gesunder Gelassenheit an.

Licht und Schatten der Vergleichskultur

Warum messen wir uns ständig mit anderen? Leon Festinger (* 1919 – 1989), ein renommierter Sozialpsychologe, begründete die sogenannte *Theorie der sozialen Vergleiche*, um dieses grundlegende menschliche Verhalten zu verstehen,[98] das sich auf viele Bereiche unseres Lebens erstreckt, sei es unser Aussehen, unser sozialer Status, unsere Leistungen oder unser Wohlbefinden. Was treibt uns hier an?

Menschen haben von Natur aus das Bedürfnis, sich ein realistisches Bild von sich selbst zu machen. Ein Vergleich mit anderen liefert uns wertvolle Informationen über uns selbst. Wenn wir uns mit ihnen messen, erhalten wir Einblicke in unsere eigenen Fähigkeiten, Schwächen und Stärken. Dieser Prozess dient also dazu, unser Selbstkonzept zu formen und uns besser zu verstehen. Ein Bedürfnis, das besonders stark wird, wenn es wichtig ist, sich selbst adäquat einzuschätzen. Zum Beispiel, wenn wir in eine neue soziale Gruppe eintreten, wo wir unsere Fähigkeiten im Vergleich zu anderen bewerten müssen. Wenn wir beispielsweise einen neuen Job beginnen, möchten wir oft herausfinden, wie gut wir im Vergleich zu unseren neuen Kolleginnen und Kollegen abschneiden. Wir beobachten, wie schnell und effizient sie ihre Aufgaben erledigen, wie sie mit Herausforderungen umgehen und wie sie von anderen wahrgenommen werden. Dieser Vergleich dient dazu, uns eine Orientierung darüber zu geben, wie wir uns in diesem neuen beruflichen Umfeld schlagen werden. Wenn wir feststellen, dass wir ähnlich gut oder sogar besser sind als die anderen, kann das unser Selbstvertrauen stärken und uns das Gefühl geben, dass wir in dieser neuen Position erfolgreich sein können.

Ein weiterer wichtiger Grund für soziale Vergleiche ist unsere natürliche Motivation zur Selbstverbesserung. Wir Menschen streben danach, unsere Fähigkeiten und Fertigkeiten stetig zu optimieren. Eine Grunddisposition, die für unsere Vorfahren überlebenswichtig war. In der frühen Menschheitsgeschichte, als unsere Vorfahren als Jäger und Sammler lebten, hing ihr Überleben von ihren Fähigkeiten und Fertigkeiten ab. Personen, die sich in ihren Fähigkeiten verbesserten, hatten höhere Überlebenschancen und konnten ihre Gene häufiger weitergeben. Die Motivation zur Selbstverbesserung ist also ein evolutionärer Mechanismus, der uns geholfen hat, als Spezies zu überleben. Diese Fähigkeit, uns selbst zu hinterfragen, zu lernen und zu wachsen, ist bis heute tief in uns verankert und treibt uns an, persönliche Erfolge zu erreichen und Hindernisse zu überwinden. Das Vergleichen mit anderen hilft uns also dabei herauszufinden, wo wir stehen, und motiviert uns, unsere eigene Leistung zu steigern.

Festinger stellt außerdem fest, dass Menschen eher Vergleiche mit ähnlichen Personen anstellen, da diese Vergleiche relevanter sind und effektivere Informationen bieten können. Das bedeutet, je ähnlicher uns eine Person erscheint, desto eher vergleichen wir uns mit ihr. Stellen wir uns beispielsweise vor, wir sind eine Frau in den mittleren Zwanzigern und sehen auf Social Media ein Bild einer Frau unseres Alters, die gerade einen exotischen Urlaub macht und an einem wunderschönen Strand posiert. Stellen wir uns demgegenüber ein Bild eines älteren Mannes vor, der sich im Ruhestand befindet und seine Zeit mit Reisen verbringt. Da wir die Frau als gleichgeschlechtlich identifizieren und sie in etwa unser Alter aufweist, sind soziale Vergleiche in ihre Richtung wahrscheinlicher als Vergleiche mit dem älteren Mann.

Aufwärts- und Abwärtsvergleiche

Im Kontext des Körperbildes sind körperbezogene Vergleiche besonders relevant und können zwei Formen annehmen: soziale Aufwärtsvergleiche und soziale Abwärtsvergleiche. Ein abwärtsgerichteter Vergleich tritt auf, wenn wir uns mit Personen vergleichen, die wir als weniger attraktiv oder ästhetisch ansprechend empfinden als uns selbst. Bei einem aufwärtsgerichteten Vergleich messen wir uns mit Personen, die wir als attraktiver oder ästhetischer als uns selbst empfinden, sei es in Bezug auf die Figur, das Gewicht oder andere aussehensbezogene Attribute. In der Medienlandschaft der westlichen Welt, in der idealisierte Körperstandards allgegenwärtig sind, sind körperbezogene Aufwärtsvergleiche weitaus häufiger als Abwärtsvergleiche. Wir sehen diese scheinbar makellosen Körper und setzen sie als Maßstab für unser eigenes Aussehen, was oft zu einer wahrgenommenen Diskrepanz zwischen »so sollte ich aussehen« und »so sehe ich aus« führt.

Body Reflections

Ich und die anderen – Wie sehr vergleichst du dich?

Wie ist es bei dir mit körperbezogenen Vergleichen? Wie stark ist dieses Muster ausgeprägt? Und was macht es mit dir?

1. Hast du schon einmal bewusst oder unbewusst körperbezogene Vergleiche mit anderen Personen angestellt? Wenn ja, welche Körperbereiche hast du verglichen?
2. Welche Rolle spielen soziale Medien und die Darstellung idealisierter Körperstandards in deinen eigenen körperbezogenen Vergleichsprozessen?
3. Bei welchen Personen, sei es in den sozialen Medien oder in deinem persönlichen Umfeld, neigst du dazu, dich in Bezug auf dei-

nen Körper zu vergleichen? Und welche Gefühle lösen diese Vergleiche in dir aus?

4. Kannst du dich an Momente erinnern, in denen du dich durch körperbezogene Aufwärtsvergleiche unter Druck gesetzt gefühlt hast?
5. Wie, denkst du, beeinflussen diese Vergleiche dein eigenes Körper- und Selbstbild?
6. Wenn du dich und deinen Körper heute mit Bildern von vor mehreren Jahren von dir vergleichst, was löst das heute in dir aus? Welche Gedanken gehen dir durch den Kopf? Wie fühlst du dich dabei? Wie hast du dich damals gefühlt, als die Bilder entstanden?

Die Objektifizierungstheorie

Im Kontext der körperbezogenen Vergleiche und idealisierten Körperstandards wollen wir uns als Nächstes die vielfach untersuchte und gut belegte *Objektifizierungstheorie* anschauen.[99] Objektifizierung bezieht sich auf den Prozess, bei dem eine Person auf ihr äußeres Erscheinungsbild oder ihre körperlichen Merkmale reduziert wird und hauptsächlich aufgrund dieser äußerlichen Aspekte bewertet oder wahrgenommen wird. In einem solchen Kontext wird die Person weniger als ein eigenständiges Individuum mit Gedanken, Gefühlen und Fähigkeiten betrachtet, sondern vielmehr als passives Objekt, das für äußere Betrachtung und Beurteilung verfügbar ist. Ein anschauliches Beispiel für körperbezogene Objektifizierung ist die Art und Weise, wie Frauen in Werbeanzeigen häufig dargestellt werden. In vielen Anzeigen sind sie dort auf ihre körperlichen Merkmale reduziert: einen oft übermäßig schlanken Körper, makellose Haut, lange Beine und andere idealisierte Schönheitsmerkmale. Diese wiederholt auftretende und allgegenwärtige Objektifizierung führt oft zu einer Internalisierung, also Verinnerlichung, dieser Botschaften. Man spricht in diesem Zusammenhang von der sogenannten *Selbst-Objektifizierung*. Wir beginnen, uns selbst aus der Perspektive eines externen Beobachters oder Kritikers zu sehen, so als ob wir ständig von außen beurteilt würden. Dieser Prozess der Internalisierung kann dazu führen, dass unser Selbstwertgefühl stark mit dem äußeren Erscheinungsbild verknüpft wird.

Zahlreiche Studien belegen den negativen Einfluss von Selbst-Objektifizierung auf das Körperbild, das Essverhalten und die Stimmung. Experimentelle Forschung hat zudem ergeben, dass Frauen einen höheren Grad an Körperscham und negativen Gefühlen erlebten, befanden sie sich in Situationen, in denen sie objektifiziert wurden.[100] Diese Erfahrung, sei es durch Medien, soziale Situationen oder andere Einflüsse, hat also nachgewiesenermaßen direkte negative Auswirkungen auf das Selbstwertgefühl und die Stimmung von Frauen.

In Bezug auf körperbezogene Vergleichsprozesse scheint insbesondere die Emotion Scham eine entscheidende Rolle zu spielen. Sie entsteht, wenn Personen sich selbst im Vergleich zu körperlichen Idealen bewerten und feststellen, dass sie diesen nicht entsprechen. Menschen, die sich schämen, empfinden ein Gefühl der Bloßstellung und eine erhöhte Besorgnis hinsichtlich der Meinungen anderer.[101] Die Objektifizierungstheorie postuliert, dass der ständige Vergleich vieler Mädchen und Frauen mit medial verbreiteten Körperidealen geradezu eine Rezeptur für Körperscham darstellt, denn eine Vielzahl an Frauen gibt an, sich zu dick zu fühlen, und empfindet dies als persönliches Versagen.[102] Feministische Theorien liefern weitergehende Erklärungen zu diesem Zusammenhang: Ihnen zufolge stellen gesellschaftliche Schönheitsideale, die Frauen aufgedrängt werden, eine Form von systematischer Unterdrückung und Kontrolle dar.[103] Sie argumentieren, dass diese Ideale Frauen dazu zwingen, ihre eigenen Körper ständig zu überwachen und zu kontrollieren, um dem Standard zu entsprechen. Die feministische Perspektive betont, dass diese Unterdrückung nicht nur individuelle Scham erzeugt, sondern auch auf struktureller Ebene wirkt: Schönheitsstandards, die in den Medien und der Gesellschaft propagiert werden, tragen dazu bei, Geschlechterstereotype zu festigen und die soziale Ungleichheit zwischen den Geschlechtern aufrechtzuerhalten.

Werfen wir nun einen genaueren Blick auf die Unterschiede zwischen den Geschlechtern (binär gedacht) in Bezug auf Vergleichsprozesse zwischen körperlichen Ideal- und Realbildern. Frauen neigen dazu, ihr Aussehen, insbesondere Gesichtszüge und Körperform, kritischer zu bewerten als Männer. Das zeigt sich darin, dass Frauen sich eher mit Personen vergleichen, die sie als attraktiver wahrnehmen, also sogenannte soziale Aufwärtsvergleiche ausüben. Männer hingegen zeigen eine weniger selbstkritische Haltung, wenn es um die Bewertung ihres Aussehens geht. Sie tendieren mehr dazu, sich mit potenziellen zukünftigen Versionen ihrer selbst zu vergleichen, insbesondere in Bezug auf ihre Körperform.[104] Männer haben eine optimistischere und selbstwertdienlichere Sicht auf ihren physischen Körper als Frauen. Signifikant mehr Männer (77 %) als Frauen (36 %) glaubten, dass Perfektion für ihre Körperform persönlich erreichbar sei. Hinsichtlich ihrer Gesichtszüge glaubten das 48 % der Männer und 27 % der Frauen.[105] Mit anderen Worten waren Männer eher der Ansicht, ihre körperlichen Merkmale perfektionieren zu können, wenn sie dies wünschten. Ihr physischer Selbstoptimismus lässt sich weitgehend darauf zurückzuführen, dass der männliche Körper weniger kritischer kultureller Überprüfung unterliegt als der weibliche.[106] Die Tatsache, sich den Standards körperlicher Perfektion grundsätzlich weniger unterworfen zu fühlen, ist ein Privileg des männlichen Geschlechts. Männern wird es dadurch ermöglicht, positive Bewertungen ihrer Körper aufrechtzuerhalten, die in der Folge ihr Gefühl der körperlichen Selbstwirksamkeit stärken können. Männer scheinen demnach als Gruppe hinsichtlich schädlicher Standards kultureller Attraktivität besser geschützt als Frauen.

Zuletzt möchte ich noch auf den Aspekt der *Sexualisierung*

eingehen, der ein weiteres bedeutsames Element im Kontext körperbezogener Vergleichsprozesse darstellt. Denken wir an Werbekampagnen, die Frauen in aufreizenden Posen präsentieren, oder die Filmindustrie, die Frauen oft als Liebesobjekte oder reine Sexsymbole darstellt, wodurch ihr Charakter und ihre Persönlichkeit in den Hintergrund treten. Modemagazine und Laufstegshows inszenieren Frauen in knapper Kleidung oder in Posen, die ihre Sexualität betonen. Videospiele und Musikvideos zeigen Frauen oft in provokativen Szenen und Outfits. In den sozialen Medien posten Influencerinnen und Prominente Fotos, die ihre körperliche Attraktivität hervorheben und so dazu beitragen, die Vorstellung zu verstärken, das Aussehen einer Frau sei allein von zentraler Bedeutung.

Das Phänomen der Sexualisierung weiblicher Körper und damit einhergehender sozialer Vergleichsprozesse wurde in zahlreichen Studien untersucht. Ein aktuelles Review liefert konsistente Hinweise darauf, dass die alltägliche Exposition gegenüber sexualisierten Inhalten mit einer Reihe von Konsequenzen verbunden ist. Dazu gehören ein höheres Maß an Unzufriedenheit mit dem eigenen Körper und eine stärkere Selbst-Objektifizierung. Außerdem manifestiert sich dies in einer größeren Unterstützung sexistischer und antagonistischer sexueller Überzeugungen sowie einer größeren Toleranz gegenüber sexualisierter Gewalt gegenüber Frauen.

Antagonistische sexuelle Überzeugungen beziehen sich auf Einstellungen oder Überzeugungen, bei denen die sexuelle Dominanz und Unterwerfung anderer Personen gefördert werden. Dies kann beinhalten, dass sexuelle Handlungen ohne Zustimmung durchgeführt werden oder dass Gewalt oder Zwang in sexuellen Beziehungen akzeptiert oder gerechtfertigt wird. Die Exposition gegenüber sexualisierten Inhalten führt zudem dazu, dass sowohl Frauen als auch Männer eine abnehmende Wertschätzung hinsichtlich der Kompetenz, Moral und Menschlichkeit von Frauen entwickeln.[107]

Summa summarum macht dieses Kapitel eines deutlich: In der menschlichen Neigung zu sozialen Vergleichsprozessen liegt Potenzial und Risikopotenzial gleichzeitig. Vergleiche mit anderen liefern uns wertvolle Einblicke in unsere Fähigkeiten und Schwächen, formen unser Selbstkonzept und fördern unsere Motivation zur Selbstverbesserung. Andererseits erzeugen sie im körperbezogenen Kontext der westlichen Welt und ihrer dominant ausgeprägten Schönheitsideale vor allem bei Frauen Spannung und Druck, dieser »besten äußeren Version ihrer selbst« nicht entsprechen zu können. Die damit einhergehende potenzielle Reduzierung der eigenen Person auf das Äußere (das es ständig zu optimieren gilt, ohne das Optimum je zu erreichen) und auch die Sexualisierung weiblicher Körper in den Medien können Selbstwert, Körperbild und Stimmung maßgeblich negativ beeinflussen. All dies zeigt, so hoffe ich, eindrücklich die Notwendigkeit eines bewussteren Umgangs mit (sozialen) Medien und gesellschaftlichen Normen auf, im Sinne der Förderung mentaler Gesundheit und gleichberechtigter Geschlechterrollen.

Teil 3: Bodyacceptance reloaded – Wie du die Beziehung zu deinem Körper verbessern kannst

In Teil eins und zwei dieses Buches haben wir uns intensiv mit verschiedenen Aspekten von Körperbild, Bodyshaming, Gewichtsdiskriminierung, Essstörungen sowie von Einflüssen der Diätkultur, des Familiensystems und gesellschaftlicher Faktoren auf diese Themen auseinandergesetzt. Wir haben erkannt, dass das komplexe Zusammenspiel all dieser Elemente einen erheblichen Einfluss auf unsere Beziehung zu unserem eigenen Körper und unser Wohlbefinden hat. Nun, in Teil drei, werden wir uns darauf konzentrieren, welche Schritte du aktiv unternehmen kannst, um deine persönliche Beziehung zu deinem Körper zu verbessern.

Du bekommst praktische Strategien und Ansätze an die Hand, nicht nur im Umgang mit dir selbst, sondern auch in Interaktion mit anderen. Außerdem lernst du, wie du medial proklamierte Körperideale kritisch hinterfragen und navigieren kannst. Teil drei liefert mögliche Lösungsansätze zum Handling der in Teil eins und zwei dargestellten Herausforderungen. Ich möchte jedoch betonen, dass viele der in diesem Buch bisher aufgezeigten Probleme tief in unserer Gesellschaft verwurzelt sind und teilweise strukturelle Veränderungen erfordern. Als Individuen allein können wir diese komplexen gesellschaftlichen Herausforderungen nicht lösen. Dennoch ist es wichtig zu verstehen, dass wir als Einzelne eine Rolle dabei spielen können, destruktive Muster zu erkennen und uns langsam von ihnen zu befreien. Indem wir unsere Beziehung zu unserem eigenen Körper reflektieren und bewusstere Entscheidungen in Bezug auf Medienkonsum und soziale Interaktionen treffen. Ich freue mich, dich nun auf diesem Weg ganz konkret begleiten zu dürfen.

3.1 Der Blick auf dich selbst – Das eigene Körperbild

Um die Beziehung zum eigenen Körper zu verbessern, müssen wir zunächst einmal verstehen, wie sie entstanden ist. Dafür wollen wir uns als Erstes vergegenwärtigen, welche individuellen Einflüsse und Erfahrungen dein persönliches Körperbild geprägt haben. Dazu kannst du ein individuelles Entstehungsmodell befüllen, das alle körperbezogenen Erfahrungen, die du gemacht hast, nach unterschiedlichen Lebensabschnitten erfasst: Kindheit, Jugend und Erwachsenenalter bzw. heutiges Erleben. Trage deine ganz persönlichen Erfahrungen in den jeweiligen Phasen in eine Tabelle ein, wie du sie unten siehst. Überlege ganz genau, welche Einflüsse dich in Bezug auf deinen Körper geprägt haben. Dazu zählen alle in Teil eins und zwei genannten Faktoren von Bodyshaming, Gewichtsdiskriminierung und Diätkultur, familiäre Einflüsse und Einflüsse von Gleichaltrigen, mediale Einflüsse, Schönheitsideale und alles, was dir noch in den Sinn kommt. Versuche, möglichst konkrete Punkte zu benennen, die dich ganz persönlich auf deinem Weg hin zu deinem heutigen Körperbild geprägt haben. Als Denkimpuls kannst du dir folgende Fragen stellen:

- Welche prägenden negativen Erfahrungen habe ich in Bezug auf meinen Körper gemacht?
- Welche prägenden positiven Erfahrungen habe ich in Bezug auf meinen Körper gemacht?
- Gibt es bestimmte Ereignisse oder Einflüsse aus meiner Kindheit oder meiner Jugend, die meine Wahrnehmung mei-

nes Körpers (negativ oder positiv) beeinflusst haben?
- Wie sind meine prägenden Bezugspersonen mit ihrem Körper umgegangen? Was hat mich davon beeinflusst?
- Mit welchen körperlichen Vorbildern/Idealen bin ich aufgewachsen?
- Welche Erfahrungen habe ich in meinem Umfeld hinsichtlich Körperkommentaren gemacht?

Die Entwicklung meines Körperbildes

Kindheit	**Jugend**	**Erwachsenenalter / heute**
....	....	....
....	....	....
....	....	....
....	....	....
....	....	....
....	....	....
....	....	....

→ **Zeitliche Entwicklung**

Sich zunächst bewusst zu machen, wie das aktuelle Körperbild geprägt wurde, ist ein wichtiger Schritt auf dem Weg zu einem positiveren Körperbild – aus mehreren Gründen:

Selbstreflexion: Die Auseinandersetzung mit der Entstehung des eigenen Körperbildes ermöglicht es, tiefere Einblicke in die eigenen Gedanken, Gefühle und Erfahrungen zu gewinnen. Oftmals haben Menschen im Laufe ihres Lebens negative Erfahrungen in Bezug auf ihr Körperbild gemacht. Die Reflexion über diese Erfahrungen ermöglicht es, sie zu verarbeiten und gegebenenfalls negative Überzeugungen zu verändern.

Identifikation von Einflussfaktoren: Indem wir die Ursachen erkennen, die zur Ausbildung des aktuellen Körperbildes beigetragen haben (wie gesellschaftliche Normen, familiäre Einflüsse, Medien), können wir die spezifischen Faktoren identifizieren, die möglicherweise an der Aufrechterhaltung eines negativen Körperbildes beteiligt sind.

Bewusstsein für Veränderungsbedarf: Die Analyse des aktuellen Körperbildes hilft dabei, Bereiche zu identifizieren, in denen eine Veränderung notwendig oder wünschenswert ist. Wenn wir die Wurzeln negativer Überzeugungen und Gedanken erkennen, können wir gezielt daran arbeiten, diese durch positive und gesündere Denkmuster zu ersetzen.

Die »Zutaten« für ein positives Körperbild

Nach dieser »Bestandsaufnahme« wenden wir uns als Nächstes dem Konzept des *positiven Körperbildes* zu, um im zweiten Schritt auszuloten, wie wir seine Bausteine auf uns persönlich übertragen und stärken können. Ein positives Körperbild ist ein eigenständiges multidimensionales Konstrukt und nicht gleichzusetzen mit einer niedrigen Ausprägung der Komponenten eines negativen Körperbildes.[1] Es umfasst: körperliche Wertschätzung, Körperbewusstsein und die Fähigkeit einer selbstwertschützenden Verarbeitung aussehensbezogener Botschaften.[2]

Körperliche Wertschätzung oder *Body Appreciation* meint Körperakzeptanz unabhängig von Figur und Gewicht und zum anderen *Körperfunktionalität* oder *Body Functionality*.[3] Letztere vereint sämtliche Fähigkeiten des Körpers, sprich Stoffwechselprozesse (wie Verdauung), physische Kapazitäten (wie Laufen), kreative Talente (wie Malen), Kommunikation (wie Körpersprache) sowie Körperfürsorge (wie Baden).[4] Eine Person mit einem positiven Körperbild kann ihren Körper also akzeptieren und unabhängig von äußeren Erscheinungsmerkmalen wertschätzen. Sie erkennt die vielfältigen Fähigkeiten ihres Körpers an und legt weniger Aufmerksamkeit auf ästhetische Aspekte. Sie erkennt, dass der Körper mehr ist als das, was äußerlich sichtbar ist.

Körperbewusstsein oder *Body Esteem* ist das Bewusstsein für und die tatsächliche Fürsorge zur Erfüllung körperlicher Bedürfnisse. Es umfasst beispielsweise ausgewogenes Essverhalten, ausreichend Schlaf und regelmäßige gesunde Bewegung.[5] Eine Person mit einem positiven Körperbild hat ein starkes Bewusstsein für die Bedürfnisse ihres Körpers. Sie hört auf seine Signale und sorgt für ihn auf liebevolle Weise, achtet auf eine ausgewogene, intuitive Ernährung, Erholung und körperliche Betätigung, und zwar nicht aus dem Druck, einem bestimmten Schönheitsideal zu entsprechen, sondern um sich gesund und vital zu fühlen.

Die dritte Komponente eines positiven Körperbildes bezieht sich auf den gesunden persönlichen Umgang mit potenziell schädlichen körperbezogenen Informationen, wie zum Beispiel ungefragten Körperkommentaren oder unrealistischen Schönheitsidealen.[6] Eine Person mit einem positiven Körperbild ist in der Lage, kritische oder unrealistische körperbezogene Informationen aus der Medienwelt oder von anderen Menschen zu filtern und sich davon abzugrenzen. Sie erkennt, dass diese Botschaften oft »Fake-Ideale« darstellen und für ihr eigenes Wohlbefinden irrelevant sind. Wenn sie mit solchen Botschaften konfrontiert wird, kann sie sie rational hinterfragen und sich so aktiv davor schützen, ohne sich negativ beeinflussen zu lassen. Zum Beispiel, indem sie bewusst Medienkonsum reduziert oder ihn so gestaltet, dass er ihr persönliche Inspiration und Mehrwert bietet. Zudem ist sie in der Lage, angemessen Grenzen zu setzen, wenn Personen ihres Umfelds beispielsweise ungefragte körperbezogene Kommentare verlauten lassen.

Bisherige Untersuchungen belegen, dass die Stärkung deines positiven Körperbildes zahlreiche Aspekte physischer und psychischer Gesundheit fördert.[7] Körperliche Wertschätzung steht in engem Zusammenhang mit gesundem Essverhalten und wirkt als Schutzfaktor vor potenziell negativen Effekten im Kontakt mit gesellschaftlichen Körperidealen.[8] Körperliche Wertschätzung ist mit positiven Gefühlen, niedrigem Diäthalten und einer schwachen Verinnerlichung eines überzogenen Schlankheitsideals assoziiert.[9] Die gute Nachricht: Forschungsergebnisse zeigen, dass die Komponenten eines positiven Körperbildes sowohl bei Erwachsenen[10] als auch bei Kindern und Jugendlichen[11] durch gezielte Interventionen gestärkt werden können. In welcher Form wir selbst davon profitieren können, wollen wir uns nun genau anschauen.

3.2 Body Functionality – Was dein Körper alles kann

Körperfunktionalität spielt eine wichtige Rolle bei der Steigerung des positiven Körperbildes. Interviews mit körperzufriedenen Frauen weisen darauf hin, dass sie sich stärker auf die Funktionalität ihres Körpers konzentrieren – und diese aktiv pflegen – als auf ihr äußeres Erscheinungsbild.[12]

Body Reflections

In welchem Maß schätzt du, was dein Körper draufhat?

Finde es heraus, indem du die Fragen der sogenannten *Functionality Appreciation Scale* auf dich wirken lässt.[13] Du kannst sie auf der Skala von 1 (stimme überhaupt nicht zu), 2 (stimme nicht zu), 3 (weder noch), 4 (stimme zu) oder 5 (stimme voll und ganz zu) beantworten. Ein hoher Wert spiegelt eine entsprechend hohe Wertschätzung deiner Körperfunktionalität wider:

1. Ich schätze meinen Körper für das, wozu er in der Lage ist.	1 2 3 4 5
2. Ich bin dankbar für die Gesundheit meines Körpers, auch wenn sie nicht immer so ist, wie ich es mir wünschen würde.	1 2 3 4 5
3. Ich schätze es, dass mein Körper mir ermöglicht, mit anderen zu kommunizieren und zu interagieren.	1 2 3 4 5
4. Ich erkenne an und schätze es, wenn sich mein Körper gut anfühlt und/oder entspannt ist.	1 2 3 4 5
5. Ich bin dankbar dafür, dass mein Körper es mir ermöglicht, an Aktivitäten teilzunehmen, die ich genieße oder für wichtig halte.	1 2 3 4 5
6. Ich empfinde, dass mein Körper so viel für mich tut.	1 2 3 4 5
7. Ich respektiere meinen Körper für die Funktionen, die er erfüllt.	1 2 3 4 5

Ist dein Ist-Zustand bereits zufriedenstellend oder sogar gut? Umso besser. Möchtest du deine Quote steigern – und damit auch deine Lebensqualität, dann kannst du jetzt mit mir in ein Programm namens *Expand Your Horizon*[14] starten. Es wurde in zahlreichen Studien erfolgreich eingesetzt und hat sich als wirksame Methode zur Stärkung eines positiven Körperbildes erwiesen. Der Schwerpunkt liegt darauf, sich der eigenen Körperfunktionalität und ihres Wertes bewusst zu werden. Gezielte Übungen stützen diesen Prozess.

Im ersten Schritt möchte ich dich bitten, dir all die Dinge bewusst zu machen, die dein Körper <u>tun</u> kann – im Gegensatz dazu, wie dein Körper aussieht. Wenn du an Körperfunktionalität denkst, welche Arten von Funktionen und Aktivitätsmustern fallen dir ein? Nimm dir jetzt einen Moment Zeit, sammle und schreibe Punkte auf, die dir in den Sinn kommen, und lies sie dir im Anschluss noch einmal in Ruhe durch.

Das kann mein Körper alles tun:

....

....

....

....

....

....

....

....

Nachdem du den ersten Teil abgeschlossen hast, kommt hier eine Aufstellung einiger Körperfunktionen, die andere Menschen aufgelistet haben. Nimm dir einen Moment Zeit, um sie durchzulesen. Vielleicht hast du einige davon selbst bereits berücksichtigt, an andere aber möglicherweise noch gar nicht gedacht.

Physische Funktionen des Körpers

- laufen
- springen
- gehen
- dehnen
- tragen
- Flexibilität
- körperliche Koordination
- Stärke
- Ausdauer
- Energielevel
- Reflexe
- Gleichgewicht
- Fußball spielen
- schwimmen
- Zumba
- Yoga
- klettern
- Rad fahren
- tanzen

Beziehungen und Kommunikation

- sprechen
- Körpersprache
- Gesichtsausdrücke (lächeln, zwinkern, etc.)
- umarmen
- kuscheln
- küssen
- Sex
- weinen
- Hände schütteln
- Augenkontakt herstellen
- als Ansprechpartner*in zur Verfügung stehen
- einen Brief schreiben
- lachen
- winken

Kreative Aktivitäten

- malen
- bauen
- skulpturieren
- schnitzen
- schreiben
- singen
- ein Instrument spielen
- lesen
- fotografieren
- gärtnern
- eine Torte dekorieren
- nähen
- stricken

Körperfürsorge

- schlafen/ein Nickerchen machen
- essen
- trinken
- kochen
- den Körper pflegen (duschen, ein Bad nehmen, etc.)

Sinneswahrnehmungen und Empfindungen

- atmen
- sehen
- schmecken
- berühren
- hören
- riechen
- Genuss erleben
- Emotionen spüren
- Gedanken verarbeiten
- sexuelle Lust empfinden

Organische und Stoffwechselprozesse

- eine Erkältung heilen
- Nahrung verdauen
- Vitamine aufnehmen
- eine Wunde heilen

- ein Baby zeugen/empfangen/austragen
- wachsen (Haare, Nägel, neue Hautzellen usw.)
- Temperatur, Hunger, Durst usw. regulieren
- allgemeine Erholung (zum Beispiel während des Schlafs)
- Giftstoffe aus dem Körper ausleiten (zum Beispiel durch die Leber)

Wie du siehst, können sich die Funktionen unseres Körpers auf viele verschiedene Bereiche beziehen, von physischen Kompetenzen über Stoffwechselprozesse, Sinneswahrnehmungen, kreative Aktionen bis hin zu Beziehungen und Kommunikation.

Bevor wir mit der ersten Schreibaufgabe beginnen, nimm dir einen Moment Zeit, um die Bedeutung einiger unserer Körperfunktionen für dein Leben zu reflektieren. Zum Beispiel, wie eintönig das Leben wäre, wenn wir Essen nicht schmecken, die Sonne nicht genießen oder Musik nicht hören könnten? Oder wo wir wären, wenn wir nicht über unseren Körper kommunizieren könnten? Einige Körperfunktionen scheinen einfach zu sein, während andere komplexer erscheinen, aber die Bewusstmachung aller Funktionen spielt in Summe eine wichtige Rolle in unserem Leben. Anfangs kann es schwierig sein, sich den Körper in einer neuen Betrachtungsweise zu vergegenwärtigen. Wir haben lange gelernt, unseren Körper hauptsächlich über Attribute des Äußeren wahrzunehmen und zu bewerten. Gib dir also genügend Zeit, diese neue Sichtweise zu trainieren und so dein positives Körperbild zu verbessern. Wir beginnen nun mit der eigentlichen Aufgabe, die auch im *Expand Your Horizon*-Programm eingesetzt wurde.

Boost your Body Awareness – Step 1:
In dem gleich folgenden Schreibprozess solltest du dir ausreichend Zeit nehmen, um die vielfältigen Fähigkeiten deines Körpers zu erkunden und ungefiltert zu notieren. In der ersten Schreibaufgabe konzentrieren wir uns speziell auf die Fähigkeiten deines Körpers, die mit *Sinneswahrnehmung und Empfin-*

dungen (zum Beispiel die Freude, die du empfindest) sowie mit *physischen Fähigkeiten* (wie Spazierengehen oder Kraft) zusammenhängen. Solltest du Inspiration benötigen, kannst du gerne auf die Liste der Körperfunktionen auf den vorigen Seiten zurückgreifen. Bitte setze einen möglichst umfassenden Blickwinkel an (das bedeutet, dass du dich nicht nur auf eine oder zwei Funktionen beschränkst). Denke auch daran, dass dein Körper trotz eventueller Beeinträchtigungen viele Funktionen ausführt. Reflektiere außerdem, was diese für dich bedeuten. Frage dich: »Warum sind diese Funktionen für mich wichtig?« Bedenke dabei, dass sowohl einfache als auch komplexe Funktionen eine bedeutende Rolle in unserem Leben spielen.

Es gibt zwei Regeln für die Schreibaufgabe. Erstens: Bitte versuche, mindestens 15 Minuten am Stück zu schreiben. Wenn du zwischendurch das Bedürfnis nach einer fünfminütigen Pause hast, nimm sie dir. Zweitens: Nachdem du die Schreibaufgabe abgeschlossen hast, lies bitte, was du geschrieben hast (dies wird den Nutzen der Intervention für dich steigern). Achte darauf, dass deine Schreibaufgabe sicher aufbewahrt ist. Mache dir keine Gedanken über Rechtschreibung, Satzstruktur oder Grammatik. Es gibt keine richtigen oder falschen Antworten.

Das vermag mein Körper und aus diesen Gründen ist es wichtig für mich(schreibe die Aufgaben auf ein separates Papier):

1. Sinneswahrnehmungen und Empfindungen
2. Physische Fähigkeiten

Nachdem du die erste Schreibaufgabe erledigt hast, solltest du etwa zwei Tage warten, bis du die zweite Schreibaufgabe (siehe unten) durchführst. Auch im *Expand Your Horizon*-Programm erhielten die Teilnehmerinnen alle zwei Tage die jeweils neue Aufgabenstellung. Du kannst sie natürlich auch in deinem eigenen Tempo bearbeiten. Wichtig ist jedoch, dass du dir Zeit nimmst, denn Veränderungen brauchen genau das – und Übung. Du kannst dir deine Worte jederzeit wieder durchlesen und solltest zusätzlich versuchen, auch im Alltag mehr auf deine Körperfunktionen zu achten und dir diese bewusst zu machen. So gewinnt die Körperfunktionalität langsam immer mehr Bedeutung, und du beginnst, deinen Körper aus verschiedenen Blickwinkeln wahrzunehmen.

Boost your Body Awareness – Step 2:
Heute, in deiner zweiten Schreibaufgabe möchte ich dich bitten, dich nur auf Körperfunktionen zu konzentrieren, die mit *organischen und* Stoffwechselprozessen (zum Beispiel Verdauung) und *kreativen Aktivitäten* (malen, singen etc.) zusammenhängen. Bitte nimm dir Zeit, lasse dich wirklich darauf ein und erkunde die Funktionen, die mit diesen Bereichen in Verbindung stehen. Wie bereits in deiner ersten Schreibaufgabe ist es wichtig, dass du versuchst, einen ganzheitlichen Blick zu entwickeln. Denke darüber nach, was diese Funktionen für dich bedeuten. Frage dich selbst: »Warum und was genau daran ist für mich wichtig?« Bitte versuche, mindestens 15 Minuten am Stück zu schreiben. Nachdem du die Schreibaufgabe abgeschlossen hast, lies, was du geschrieben hast. Pausiere, wie schon gewohnt, zwei Tage, ehe du an Schreibaufgabe drei herangehst.

Das vermag mein Körper und aus diesen Gründen ist es wichtig für mich:

1. Organische und Stoffwechselprozesse
....
....
2. Kreative Aktivitäten
....
....

Boost your Body Awareness – Step 3:
Heute, in deiner abschließenden Schreibaufgabe möchte ich dich bitten, dich ausschließlich auf Körperfunktionen zu konzentrieren, die mit *Körperfürsorge* (essen, schlafen, etc.) und *Beziehungen und Kommunikation* (Umarmungen, Körpersprache, etc.) zusammenhängen. Bitte nimm dir erneut Zeit, lasse dich mit deiner ganzen Aufmerksamkeit darauf ein und erkunde mit ganzheitlichem Blick die vielfältigen Erfahrungen, die mit diesen Feldern in Verbindung stehen. Reflektiere dabei: »Warum sind diese Funktionen für mich wichtig?« Versuche auch in dieser Schreibaufgabe, mindestens 15 Minuten am Stück zu schreiben. Nachdem du die Aufgabe abgeschlossen hast, lies dir noch einmal durch, was du geschrieben hast.

Das vermag mein Körper und aus diesen Gründen ist es wichtig für mich:

1. Körperfürsorge
....
....
2. Beziehungen und Kommunikation
....
....

Im zugrunde liegenden *Expand Your Horizon*-Programm führten die Autorinnen und Autoren auch sogenannte Follow-Up-Messungen durch, mit deren Hilfe sie die Stabilität der Effekte untersuchen konnten. Die Ergebnisse zeigten, dass auch nach einem Zeitraum von vier Wochen die Verbesserung des positiven Körperbilds stabil blieb.[15] Für deine persönliche Praxis noch wichtig zu wissen: Das Programm ist nicht auf drei Einheiten im Abstand von je zwei Tagen begrenzt. Du kannst diese Schreibaufgaben so oft durchführen, wie es dir beliebt. Es ist wahrscheinlich, dass die positiven Effekte in diesem Fall nicht nur stabil bleiben, sondern sogar noch stärker werden könnten. Die Flexibilität, die du bei der Häufigkeit der Durchführung hast, ermöglicht es dir, dein »Trainingsprogramm« an deine persönlichen Bedürfnisse und Ziele anzupassen.

3.3 Body Appreciation – Trainiere eine wertschätzende Haltung

Körperliche Wertschätzung spielt eine entscheidende Rolle in unserer Beziehung zu unserem eigenen Körper. In diesem Kapitel werden wir uns eingehend damit beschäftigen, wie wir sie als integralen Bestandteil eines positiven Körperbildes steigern können.

Körperliche Wertschätzung bedeutet Akzeptanz, Achtung und eine positive Einstellung gegenüber dem eigenen Körper. Eine Person mit hoher körperlicher Wertschätzung leidet seltener an Essstörungen, Körperbildstörungen, Depressionen oder Ängsten.[16] Außerdem verfügt sie über ein tendenziell höheres Selbstwertgefühl, ist freundlicher und nachsichtiger mit sich selbst (Selbstmitgefühl) und erlebt eine größere Zufriedenheit in ihrer Sexualität.[17] Körperwertschätzung ist also konsistent mit einem besseren psychologischen Wohlbefinden verbunden. Sie zu fördern, bedeutet auch, psychische Gesundheit zu fördern.

Body Reflections

In welchem Maße schätzt du deinen Körper?

Auch hier stelle ich dir wieder einen validierten Fragebogen zur Verfügung, die *Body-Appreciation-Scale-2*.[18] Du kannst auf der Skala von 1 (niemals), 2 (selten), 3 (manchmal), 4 (oft) und 5 (immer) antworten. Ein hoher Summenwert in den folgenden zehn Fragen spiegelt eine hohe körperliche Wertschätzung wider.

1. Ich respektiere meinen Körper.	1 2 3 4 5
2. Ich fühle mich gut mit meinem Körper.	1 2 3 4 5
3. Ich finde, dass mein Körper zumindest einige Vorzüge hat.	1 2 3 4 5
4. Ich habe eine positive Einstellung zu meinem Körper.	1 2 3 4 5
5. Ich achte auf die Bedürfnisse meines Körpers.	1 2 3 4 5
6. Ich empfinde Liebe für meinen Körper.	1 2 3 4 5
7. Ich schätze die unterschiedlichen und einzigartigen Merkmale meines Körpers.	1 2 3 4 5
8. Mein Verhalten zeigt meine positive Einstellung zu meinem Körper, zum Beispiel halte ich meinen Kopf aufrecht und lächle.	1 2 3 4 5
9. Ich fühle mich wohl in meinem Körper.	1 2 3 4 5
10. Ich fühle mich schön, wie ich bin, auch wenn ich mich von Bildern attraktiver Personen aus den Medien unterscheide (Models, Schauspieler*innen, etc.).	1 2 3 4 5

Nach dieser Momentaufnahme deiner körperlichen Wertschätzung kommen nun ein paar Impulse, wie du diese weiter ausbauen kannst. Es gibt unterschiedliche Möglichkeiten, und nicht jede muss für dich passend sein. Nimm dir daher nur das, was sich für dich stimmig anfühlt, und versuche, die Anregungen in dein alltägliches Leben zu integrieren.

Wie kannst du deinen Körper mehr wertschätzen?	
1. Lasse deinen Gewichtsfokus los.	Hintergrund: Ein bestimmtes Gewicht wird dich nicht nachhaltig glücklicher machen, denn Glück und Zufriedenheit kommen von innen. Wiegen zählt zu den körperbezogenen Kontrollverhaltensweisen (Body-Checking-Verhalten) und ist nachgewiesenermaßen mit einem negativen Körperbild assoziiert. Sich von der Zahl auf der Waage zu lösen, kann demnach zur Verbesserung unseres Körperbildes beitragen. To do: • Informiere dich über die Vielfalt von Körperformen und -größen. Verstehe, dass Gewicht allein kein Maß für Gesundheit oder deinen Selbstwert ist. • Mache dir bewusst: Du bist liebenswert, so, wie du JETZT bist. Schreibe dir dafür auf, was du alles an dir magst. • Wie oft stellst du dich auf die Waage? Versuche, dich entweder gar nicht mehr zu wiegen oder die Häufigkeit drastisch zu reduzieren.
2. Vergleiche dich nicht.	Hintergrund: Jeder Mensch und jeder Körper ist individuell und divers. Wenn du andere Körper beurteilst, sendest du damit die Botschaft an deinen Körper, dass die Figur/das Gewicht ein Maß für deinen und den Wert der anderen Person ist! To do: • Werde dir darüber bewusst, wann und wo du dich vergleichst. Bewusstwerdung ist der erste Schritt zur Veränderung. • Deine eigenen Stärken und Erfolge erkennen: Fokussiere dich auf deine eigenen Fortschritte und Erfolge, anstatt diese mit denen anderer zu vergleichen. Identifiziere deine persönlichen Stärken, die auf deinen Werten und Interessen basieren. • Pflege Kontakte zu Menschen, die dich so akzeptieren, wie du bist • Kein Mensch ist wie du und wird es auch nie sein. Du bist einzigartig, so wie du bist.

Wie kannst du deinen Körper mehr wertschätzen?	
3. Dosiere deine Social-Media-Aktivitäten.	Hintergrund: Wissenschaftliche Studien zeigen, dass sich das, was wir per Social Media konsumieren, auf unsere körperliche Zufriedenheit auswirken kann. Besteht dein Feed also aus »perfekt inszenierten« Körpern, ist es wahrscheinlich, dass du deinen Körper häufig vergleichst und abwertest. To do: • Sortiere deinen Feed aus und folge den Accounts, die dir ein gutes Gefühl geben. • Limitiere deinen Social-Media-Konsum und erinnere dich daran, dass die Bilder und Geschichten, die dort geteilt werden, oft eine verzerrte Realität darstellen.
4. Lerne deinen Körper besser kennen.	Hintergrund: Dein Körper ist ein Wunder, das nicht davon abhängig ist, wie »perfekt« er aussieht. To do: • Lerne, die Bedürfnisse deines Körpers wahrzunehmen. • Fühle in dich hinein: Dein Körper kommuniziert mit dir und zeigt dir ganz genau, was du gerade brauchst. • Körperliche Berührung: Durch Berührungen wie Stretching oder Selbstmassagen kannst du eine tiefere, sinnliche Verbindung zu deinem Körper herstellen.
5. Kleidung: Behandle deinen Körper wie ein Kunstwerk.	Hintergrund: Du kennst das bestimmt: Wenn du dich unwohl in deinem Körper fühlst, ziehst du etwas an, was deinen Körper versteckt. To do: • Zieh an, was DIR gefällt. • Behandele und kleide deinen Körper wie ein Kunstwerk, mit den Kleidungsstücken, die du liebst – unabhängig von deinem momentanen Gefühl. • Habe Spaß mit Mode und sei bereit, neue Trends auszuprobieren. Modische Experimente können das Selbstbewusstsein steigern und deinen Blick auf deinen Körper verändern. • Deinen Körper liebevoll zu kleiden, ist ein Akt der körperlichen Wertschätzung.

Wie kannst du deinen Körper mehr wertschätzen?	
6. Entwickle positive Körperroutinen.	Hintergrund: Wenn du täglich etwas tust, wobei du dich gut in deinem Körper fühlst, wird dein Gehirn darin trainiert, die Wahrnehmung deines Körpers mit guten Gefühlen zu verbinden! To do: • Entwickle eine positive »Körperroutine«. • Beispiele: Handmassage, gemütliche Kleidung zu Hause, Gesichtsmaske, Tanzen, Musik hören, Lieblingsduft, Yoga, Sonnenbaden, Tier streicheln, Umarmungen, … • Meditation und Achtsamkeit: Regelmäßige Meditation und Achtsamkeitsübungen können dir helfen, eine tiefere Verbindung zu deinem Körper herzustellen.
7. Praktiziere intuitive, freudvolle Bewegung.	Hintergrund: Bewegung ist gesund. Bewegung soll Spaß machen und keinen Druck ausüben. Nur so ist Bewegung langfristig etwas, das wir gerne tun. To do: • Finde heraus, welche Form der Aktivität DIR SPASS macht. Dabei geht es nicht um Kalorien, Leistung oder ein Gewichtsziel. • Probiere neue Dinge aus, erweitere deinen Erfahrungsschatz. • Du wirst merken, wie gut es dir tut, dich intuitiv – ohne Druck und ohne Leistungszwang – zu bewegen.
8. Mache dir echte Komplimente.	Hintergrund: Experimentellen Studien zufolge führt der wiederholte Fokus auf positive Aspekte des Körpers zu einer Steigerung der körperlichen Wertschätzung. To do: • Nimm dir am besten täglich fünf Minuten Zeit, deinem Körper etwas Positives zu sagen. Dafür kannst du dich entweder auf Dinge konzentrieren, die du an deinem Körper optisch magst, oder dich auf Aspekte der Körperfunktionalität konzentrieren. • Schließe so nach und nach Frieden mit deinem Spiegelbild.

Diese Impulse zur Steigerung der körperlichen Wertschätzung kannst du dir, wie gesagt, ganz individuell takten und gewichten. Du musst dazu auch nicht alle oder alle auf einmal umsetzen. Es geht darum, kleine Schritte zu unternehmen und dir am besten wöchentlich ein kleines Ziel zu setzen. Der Weg zu einem positiveren Körperbild erfordert Geduld und Zeit. Höhen und Tiefen sind normal. Jedes Bemühen, dich selbst liebevoller zu behandeln und deinen eigenen Körper zu schätzen, ist ein Schritt in die richtige Richtung. Gib dir die Zeit, die du brauchst, um deine Beziehung zu deinem Körper zu stärken, und erkenne an, dass du bereits auf dem richtigen Weg bist.

3.4 Body Esteem – Achte auf die Signale, die dein Körper dir sendet

Körperbewusstsein als Teil des positiven Körperbildes basiert im Wesentlichen auf drei Aspekten, die ich dir jetzt näher vorstellen möchte: Schlaf, Essverhalten und Bewegung. Starten wir mit dem Essverhalten und hier genauer mit dem Konzept des *intuitiven Essens.*

Essen nach der inneren Uhr statt nach äußeren Regeln

Intuitives Essen ist ein Verhalten aus dem Spektrum der Selbstfürsorge, bei dem »innere«, sprich körperbedingte Reize (Hunger, Appetit, Sättigung) entscheidend dafür sind, was, wann, und wie viel gegessen wird. Es handelt sich um einen nichtdiätischen und gewichtsneutralen Ansatz, um Menschen dabei zu helfen, überhaupt wieder zu lernen, beim Thema Essen auf innere statt auf äußere Signale zu achten. Zugrunde liegt die Annahme, dass Menschen durch eine »falsche« Abhängigkeit von äußeren Signalen eine gestörte Beziehung zu Nahrung und ihrem Körper entwickeln. Essen Menschen aufgrund externer Koordinaten (Diätprogramme, vorgeschriebene Ernährungsregeln, Gewichtskontrolle per Waage, etc.), entfremden sie sich zunehmend von ihren eigenen Körpersignalen, die ihnen sagen, was, wann und wie viel sie essen und sich bewegen sollten.

Das Konzept des intuitiven Essens bringt ihnen wieder bei, aufgrund von Hunger- und Sättigungssignalen zu essen, eine intuitive Beziehung zu Nahrung und dem eigenen Körper zurückzuentwickeln und letztendlich ein nachhaltig gesundes Gewicht zu erreichen. Zahlreiche Studien weisen eine Reihe positiver Effekte nach, die damit in Verbindung stehen, wie verringerte essgestörte Verhaltensweisen, ein positiveres Körperbild und eine verbesserte emotionale Kompetenz.[19] Intuitives Essen geht darüber hinaus mit einer verbesserten psychischen Gesundheit einher sowie mit weniger Unter- oder Mehrgewicht, da es keine Lebensmittel-»Verbote« gibt. Möglicherweise sind dadurch auch weitere Gesundheitsindikatoren wie Blutdruck und Cholesterinspiegel verbessert.[20]

Das Konzept der intuitiven Ernährung wurde 1995 von den US-amerikanischen Ernährungswissenschaftlerinnen Tribole und Resch entwickelt.[21] Es basiert auf dem Prinzip der Gewichtsneutralität. Statt das äußere Ziel in den Fokus zu rücken, sprich das Körpergewicht zwanghaft zu verändern, konzentriert sich die intuitive Ernährung darauf, die Fähigkeit des Körpers zur Reaktion auf seine eigenen Bedürfnisse wiederherzustellen. Dabei findet der Körper von selbst sein individuelles Sollgewicht, was nicht zwangsläufig zu einer Gewichtsreduktion führen muss. Die jeweiligen Auswirkungen sind stark abhängig von der individuellen Beziehung zur Nahrung in der Vergangenheit und den aktuellen Ernährungsgewohnheiten.

Tribole und Resch definierten auf Basis wissenschaftlicher Erkenntnisse und Erfahrungswerte zehn Kernprinzipien des intuitiven Essens, um eine gesunde Beziehung zwischen Essen, Psyche und Körper zu entwickeln, die ich im Folgenden frei übersetzt für dich zusammenfasse:

Verabschiede dich von der Diät-Mentalität: Wirf die Diätbücher und Magazinartikel weg, die falsche Hoffnung auf schnellen, einfachen und dauerhaften Gewichtsverlust wecken. Mach mit den Lügen Schluss, die dich haben glauben lassen, du hättest versagt, immer wenn eine neue Diät nicht mehr funktionierte und du das verlorene Gewicht wieder zugenommen hast. Wenn du auch nur einen kleinen Hoffnungsschimmer zulässt, dass vielleicht eine neue und bessere Diät hinter der nächsten Ecke lauert, wird dich das daran hindern, intuitives Essen wirklich für dich zu entdecken und zu praktizieren.

Achte auf deinen Hunger: Versorge deinen Körper immer mit ausreichend Energie und Kohlenhydraten. Andernfalls löst du möglicherweise einen Heißhunger-Impuls aus oder isst deutlich mehr, als du »müsstest«. Sobald du in den Zustand übermäßigen Hungers kommst, werden alle guten Vorsätze einer moderaten, bewussten Ernährung nämlich plötzlich irrelevant. Die Fähigkeit, auf die Signale deines Körpers zu hören und bei aufkommendem Hunger maßvoll zu reagieren, legt den Grundstein dafür, das Vertrauen in dich selbst und dein Essverhalten wiederherzustellen.

Schließe Frieden mit deiner Nahrung: Rufe einen Waffenstillstand aus und beende den Kampf ums Essen! Wenn du dir sagst, dass du bestimmte Lebensmittel nicht haben kannst oder sollst, kann das zu intensiven Gefühlen des Mangels führen, die sich zu unkontrollierbaren Gelüsten und oft zu Essanfällen entwickeln können. Erlaube dir, alles zu essen.

Fordere die innere Essenspolizei heraus: Rufe ein lautes NEIN, wenn Gedanken in dir hochkommen, die dich für »gut« halten, wenn du weniger als 1000 Kalorien isst, oder für »schlecht«, weil du ein Stück Schokoladenkuchen gegessen hast. Die innere Essenspolizei überwacht die unvernünftigen Regeln, die das Diäthalten geschaffen hat. Die Vertreibung der inneren Essenspolizei ist ein entscheidender Schritt auf dem Weg zurück zum intuitiven Essen.

Respektiere deine Sättigung: Achte auf die körperlichen Signale, die dir sagen, dass du keinen Hunger mehr hast. Beobachte die Anzeichen, die zeigen, dass du dich angenehm gesättigt fühlst. Halte inmitten einer Mahlzeit oder eines Snacks inne und frage dich, wie das Essen schmeckt und wie hoch dein aktuelles Sättigungsgefühl ist.

Entdecke den Befriedigungsfaktor: Die Japaner*innen haben die Weisheit, das Vergnügen als eines ihrer Ziele für ein gesundes Leben zu fördern. In unseren Denkmustern, dünn und gesund zu sein, übersehen wir oft eines der grundlegendsten Geschenke des Daseins – Lust, Genuss und Befriedigung beim Essen. Wenn du isst, was du wirklich willst, und das noch dazu in einer einladenden und förderlichen Umgebung, wirst du dich zufrieden und glücklich fühlen. Ein kraftvoller Zustand. Indem du dir dieses stärkende Erlebnis selbst bescherst, wirst du feststellen, dass es viel weniger Essen braucht, um an den Punkt zu kommen, dass du »genug« hast.

Achte auf deine Gefühle, ohne Essen als Kompensation einzusetzen: Finde Möglichkeiten, dich zu trösten, zu pflegen, abzulenken und deine Probleme zu lösen, ohne Essen als Flucht und Ausgleich zu nutzen. Angst, Einsamkeit, Langeweile und Wut sind Emotionen, die wir alle im Laufe des Lebens erleben. Jede hat ihren eigenen Auslöser, und jede hat ihr eigenes dahinterliegendes Bedürfnis. Essen wird keines dieser Gefühle beheben. Es kann kurzfristig trösten, von Schmerzen ablenken oder dich sogar in einen Nahrungskater versetzen. Aber Essen wird das Problem nicht lösen. Wenn überhaupt wird Essen aus emotionalen Gründen deine Gefühle im Laufe der Zeit nur verschlimmern. Du wirst letztendlich mit der Quelle der Emotion und dem Unbehagen des Überessens umgehen müssen.

Respektiere deinen Körper: Akzeptiere deine genetische Veranlagung. Genau wie eine Person mit Schuhgröße 40 nicht erwarten würde, sich realistischerweise in Schuhgröße 36 zwängen zu können, ist es ebenso sinnlos (und unbequem), die gleiche Erwartung an Körperbau und -größe zu haben. Aber vor allem respektiere deinen Körper. Es ist schwer, sich von der herrschenden Diät-Mentalität freizumachen, wenn du unrealistisch und überkritisch deinem natürlichen Aussehen gegenüber bist.

Bewege dich und spüre den Unterschied: Vergiss zwanghafte Bewegungsvorgaben. Bleib aktiv und erlebe, was das mit dir macht. Verlagere deinen Fokus darauf, wie es sich anfühlt, deinen Körper zu bewegen, anstatt dabei auf die Kalorienverbrennung zu achten. Wenn du dich darauf konzentrierst, wie du dich nach dem Training fühlst, zum Beispiel vital und energiegeladen, kann das genau der auslösende Faktor sein, nach dem Aufstehen einen flotten Morgenspaziergang zu machen, anstatt die Snooze-Taste zu drücken.

Ehre deine Gesundheit: Entwickle einen sanften Ernährungsstil mit Lebensmitteln, auf die du Lust hast. Denke daran, dass du kein »perfektes« Modell brauchst, um dich gesund zu halten. Du wirst nicht plötzlich unter einem Nährstoffmangel leiden oder zunehmen, nur weil du einmal einen Snack oder eine »ungesunde« Mahlzeit zu dir nimmst. Was du über einen längeren Zeitraum hinweg regelmäßig isst, das zählt. Fortschritt statt Perfektion lautet die Devise.[22]

Wenn ich mit Patientinnen und Patienten daran arbeite, Nahrungsmittelverbote abzubauen, ist ihre Sorge oft: »Wenn ich mir erlaube, jeden Tag von allem etwas zu essen, werde ich immer weiter zunehmen und nicht mehr aufhören können zu essen.« Dies ist ein typischer Irrglaube, der tief in unserer Diätkultur verankert ist. Tatsächlich ist es so: Wenn du dir erlaubst, jeden Tag von allem etwas zu essen, heißt das nicht, dass du es auch tun wirst. Warum?

1. Du wirst dich daran gewöhnen, dass nichts mehr »verboten« ist. Der Gedanke »Das ist das letzte Mal, dass ich XY esse.« verschwindet.
2. Du wirst eine neue Einstellung zu ehemals »schlechten/verbotenen« Lebensmitteln entwickeln. Der Reiz verschwindet, du kannst heute davon essen oder morgen oder jeden beliebigen Tag danach.

3. Du wirst merken, dass genau das Gegenteil deiner Sorge »Wenn ich mir alles erlaube, werde ich auch von morgens bis abends alles unkontrolliert essen.« eintritt.
4. Es wird mit der Zeit einfacher werden. Du wirst merken, dass alle Lebensmittel mit der Zeit für dich »neutral« werden. Deine Wertung nach »gut« und »schlecht« wird verschwinden.

Klingt leichter gesagt als getan? Ist es auch. Häufige Schwierigkeiten auf dem Weg hin zu einer intuitiven Ernährung sind der fehlende oder schwierige Zugang zum persönlichen Hunger- und/oder Sättigungsgefühl. Durch diesen Sachverhalt fühlt sich dieser Ernährungsstil anfangs extrem überfordernd an. »Verbotene« Lebensmittel zu essen, löst Ängste aus, mit denen es anfangs schwierig sein kann umzugehen. Darüber hinaus haben viele Menschen kein Gefühl für Portionsgrößen, auch das gilt es zunächst zu erlernen. Wie viel brauche ich, um satt zu sein? Wie fühlt sich angenehme Sättigung überhaupt an? Und natürlich ist es ein (manchmal schmerzvolles) Learning, Essen von seiner Funktion der Gefühls- oder Stressregulation zu entkoppeln. Wie bereits in vorherigen Kapiteln thematisiert, wird Essen von sehr vielen Menschen mit dem Ziel der Emotions- und Stressbalance eingesetzt. Diese Verbindung zu lösen, erfordert Zeit und Kraft, sowie die Bereitschaft, sich mit sich selbst in neuer, unbekannter Art und Weise auseinanderzusetzen. Ein Prozess, bei dem es manchmal hilfreich sein kann, psychotherapeutische Unterstützung in Anspruch zu nehmen.

Wie gesagt: Auf dem Weg zu einer intuitiven Ernährung ist es im ersten Schritt notwendig, einen adäquaten Zugang zu Hunger und Sättigung zu entwickeln. Hier kommt die sogenannte Hungerskala[23] ins Spiel. Ein Instrument, mit dessen Hilfe wir unser aktuelles Hungergefühl auf einer Zahlenskala einschätzen können. Darüber hinaus können wir mit diesem Tool auch unser Sättigungsgefühl während einer Mahlzeit beobachten und quantifizieren. Bevor wir uns die Hungerskala genauer anschauen, stelle dir bitte die Frage, woran du Hunger erkennen kannst. Was passiert körperlich? Welche Signale sendet dir dein Körper? Welche psychischen Zustände erlebst du, wenn du hungrig bist? Welche Gedanken gehen dir bei Hunger durch den Kopf?

In der unten stehenden Tabelle kannst du für dich persönlich eintragen, welche körperlichen und psychischen Hungersignale du von dir kennst.

Körperliche Hungersignale	Psychische Hungersignale
....	....
....	....
....	....
....	....
....	....

Körperliche Anzeichen von Hunger können sein:

- **Magenknurren**: Dies ist eines der offensichtlichsten körperlichen Zeichen von Hunger. Der Magen gibt Geräusche von sich, um anzuzeigen, dass es Zeit für eine Nahrungsaufnahme ist.
- **Bauchgrummeln**: Ein unruhiger Magen oder leichte Bauchschmerzen können darauf hinweisen, dass der Körper nach Nahrung verlangt.
- **Schwächegefühl**: Wenn der Blutzuckerspiegel sinkt, kannst du dich schwach oder zittrig fühlen.
- **Schwindel**: Hunger kann Schwindel verursachen, insbesondere wenn du längere Zeit nichts gegessen hat.
- **Konzentrationsschwierigkeiten**: Hunger kann die Konzentration beeinträchtigen und es schwer machen, sich auf Aufgaben zu fokussieren.

Psychische Anzeichen von Hunger können sein:

- **Verlangen nach bestimmten Lebensmitteln**: Wenn man Hunger hat, kann man sich auf bestimmte Lebensmittel oder Geschmacksrichtungen konzentrieren und ein starkes Verlangen danach verspüren.
- **Reizbarkeit**: Hunger kann die Stimmung beeinflussen und zu Reizbarkeit oder Gereiztheit führen.
- **Gedanken ans Essen**: Wenn wir hungrig sind, denken wir oft über Essen nach und planen, was als Nächstes gegessen werden soll.
- **Unzufriedenheit**: Ein allgemeines Gefühl der Unzufriedenheit oder des Unwohlseins kann auf psychischen Hunger hinweisen.

Um zu lernen, mehr auf die Hungersignale deines Körpers zu hören und eine intuitive Ernährung einzuüben, solltest du am besten mehrfach täglich reflektieren, wie hoch dein Hungergefühl gerade ist. Spüre während einer Mahlzeit ganz genau in dich hinein und beobachte, wie sich ein angenehmes Sättigungsgefühl entwickelt und wann du wirklich satt bist. Dabei gilt: Der Teller muss nicht leer gegessen werden, wenn du merkst, dass du bereits satt bist. Gleichzeitig darfst du dir auch eine zweite Portion nehmen, wenn du noch hungrig sein solltest. Versuche also beim Essen komplett auf deine körperlichen Signale zu vertrauen. Als Unterstützung eignet sich, wie gesagt, die Hungerskala, mit deren Hilfe du unterschiedliche Zustände von Hunger und Sättigung erfassen kannst. Die Punkte 1–4 bilden dabei Hungerzustände in unterschiedlicher Ausprägung ab, während die Punkte 6–10 Sättigungslevels unterschiedlicher Stärke erfassen.

Hungerskala

1. **Hungernd:** Schwäche, Heißhunger, Kopfschmerzen
2. **Extrem hungrig:** reizbar, Magenknurren
3. **Sehr hungrig:** könnte eine ganze Mahlzeit essen
4. **Hungrig:** könnte einen Snack essen
5. **Neutral:** weder hungrig noch satt

10. **Übelkeit:** viel zu viel gegessen, Unwohlsein
9. **Gefüllt, vollgestopft:** unangenehmes Völlegefühl
8. **Aufgebläht:** eventuell etwas zu viel gegessen
7. **Satt:** 100 % zufrieden, kein Bedürfnis noch mehr zu essen
6. **Angenehm:** zwar zufrieden, aber es ist noch Platz, mehr zu essen

Und so kannst du mit der Hungerskala arbeiten bzw. essen:

- Ziel ist es, mit dem Essen zu beginnen, wenn du ein **Hungerlevel von 3–4** erreichst. Indem du nicht zu lange wartest, fällt es dir möglicherweise leichter, sorgfältig auszuwählen, was du essen möchtest, und zu essen, bis du zufrieden bist, anstatt übermäßig viel zu dir zu nehmen. Es kann hilfreich sein, ein paar Snacks griffbereit zu haben, insbesondere während du Besorgungen machst, um die Zeit bis zur nächsten Mahlzeit gegebenenfalls zu überbrücken.
- Wahrnehmung angenehmer Sättigung: Sobald du einen **Sättigungslevel von 6** erreichst, bist du bereits fast zufrieden. Innerhalb von 15–20 Minuten wirst du wahrscheinlich bei einem **Sättigungslevel von 7** angelangt sein, also satt, aber nicht unangenehm voll. Um dies etwas einfacher zu gestalten, überprüfe deine Hungeranzeichen vor und/oder während der Mahlzeiten. Nimm dir Zeit beim Essen, indem du alle deine Sinne einbeziehst und dich währenddessen nicht mit TV, Smartphone o.Ä. ablenkst.

Bei allem, was du auch von den Prinzipien des intuitiven Essens für dich umsetzen möchtest, ist es wichtig zu verstehen, dass jede Veränderung Zeit und Geduld erfordert. Also, sei freundlich zu dir selbst auf deinem Weg. Ich kann in diesem Buch lediglich Anstöße geben, um auf diese Weise eine positive Haltung zur Ernährung und zur Beziehung zu deinem Körper anzustoßen. Wenn du tiefergehende Unterstützung erhalten möchtest, ist es empfehlenswert, dir professionelle Hilfe zu suchen. Psychotherapeutinnen oder Ernährungstherapeuten, die auf intuitives Essen spezialisiert sind und gewichtsneutral arbeiten, können wertvolle Begleiter sein und ganz individuell auf deine Bedürfnisse eingehen.

Bewegung macht Lebensfreude

Viele Menschen denken, wenn sie »Bewegung« hören, als Erstes an Sport. In der Tat ist Sport eine Form möglicher Bewegung, sie ist aber viel mehr als das. Bewegung als eine Form körperlicher Aktivität im Alltag ist eine Lebensgewohnheit, die unsere Beziehung zu unserem Körper und unsere Lebensqualität maßgeblich beeinflusst. Zahlreiche Studien haben gezeigt, dass körperliche Aktivität in verschiedenen Bevölkerungsgruppen zu einer höheren Lebenserwartung und Lebensqualität sowie zur Verbesserung von kognitiven Funktionen beiträgt. Ihre positiven Auswirkungen auf psychologischer Ebene spiegeln sich in gesteigerter Lebenszufriedenheit, positiven Emotionen, höherer Selbstwirksamkeit und Selbstvertrauen sowie verbesserten sozial-emotionalen Fähigkeiten. Höhere Grade körperlicher Aktivität sind darüber hinaus mit einem niedrigeren Cortisolspiegel, geringerer negativer Stimmung, reduzierten Symptomen von Depression und Angst und seltener auftretenden Schlafstörungen verbunden.[24] Im Gegensatz dazu können mangelnde körperliche Aktivität und Inaktivität schwerwiegende negative Konsequenzen haben. Laut Angaben der Weltgesundheitsorganisation (WHO) sind 6 % der Todesfälle weltweit auf Bewegungsmangel zurückzuführen. Dies macht ihn neben Blutzucker (ebenfalls 6 %) zum drittgrößten Risikofaktor für vorzeitige Todesfälle, nach Bluthochdruck (13 %) und Rauchen (9 %). Im Jahr 2010 veröffentlichte die WHO Richtlinien für eine »ausreichende« körperlichen Aktivität und zwar altersabhängig gestaffelt. Für Erwachsene ab 18 Jahren lautet die Empfehlung wie folgt:

- 150 Minuten mäßige (aerobe) körperliche Aktivität pro Woche (d. h. ca. 20 Min/Tag) oder
- 75 Minuten intensive (aerobe) körperliche Aktivität pro Woche (d. h. ca. 10 Min/Tag)

Beispiele für aerobe körperliche Aktivitäten sind Gehen, Joggen, Radfahren, Schwimmen oder Tanzen. Ich möchte den Blickwinkel an dieser Stelle gern weiten, was körperliche Aktivität im Alltag – neben Fitnessstudio und Sport im engeren Sinne– sonst noch bedeuten kann: Gartenarbeit, Rasenmähen und Unkrautzupfen, Treppensteigen anstelle des Aufzugs, Fahrradfahren zur Arbeit oder zum Einkaufen, Spaziergänge im Park oder in der Natur, Aufräumen und Staubsaugen im Haus, Dehnen und Yoga zu Hause, Spielplatzbesuche und Aktivitäten mit Kindern, Gehen statt Fahren für kurze Strecken, Hausarbeiten, Holzhacken, Schneeräumen im Winter, mit dem Hund Gassi gehen, Gehen beim Telefonieren, aktive Mittagspausen mit Spaziergängen und vieles mehr.

Wer kennt es nicht? Man meldet sich im Fitnessstudio an, ist am Anfang noch hoch motiviert und voller Entschlossenheit. Die ersten Wochen verlaufen vielversprechend – regelmäßige Besuche, schweißtreibende Trainingseinheiten und vielleicht sogar sichtbare Fortschritte. Doch dann schleicht sich nach und nach Routine ein, die anfängliche Begeisterung verblasst, und das Fitnessstudio wird zu einem Ort, den man seltener und schließlich gar nicht mehr aufsucht. Oft sind kurzfristige Motivationen hier der Treiber – und dann auch der Blockierer: Viele Menschen melden sich zu Beginn des neuen Jahres an oder vor dem Sommerurlaub, setzen sich ehrgeizige Ziele und stürzen sich in das Training. In den ersten Wochen sehen sie häufig subjektiv definierte Fortschritte, sei es in Form von Muskelaufbau oder erhöhter Ausdauer. Doch mit der Zeit schwindet der Elan. Das mag einerseits an der Monotonie der Übungen und Routinen liegen, andererseits an fehlender intrinsischer Motivation. Wie gesagt: Oftmals startet man eine Mitgliedschaft, um bestimmte äußere Ziele zu erreichen, wie zum Beispiel Gewichtsreduktion oder Muskelaufbau, anstatt von innerem Spaß und Freude an der Bewegung angetrieben zu werden. Die nachhaltigsten Fortschritte ergeben sich jedoch dann, wenn uns die betreffende körperliche Aktivität tatsächlich Freude bringt und wir diese gerne ausführen.

Demzufolge kann genau das ein wichtiger Ansatzpunkt sein, um mehr Bewegung in unser Leben zu holen, bei der wir auch wirklich dranbleiben. Tanzen wird häufig als äußerst angenehme und vielseitige Form körperlicher Aktivität angesehen, und zwar über nahezu alle Altersgruppen und Kulturen hinweg. Es kann alleine, zu zweit oder in einer Gruppe praktiziert werden, hat ästhetischen Wert, erfordert eine gewisse körperliche oder technische Beherrschung[25] und ist Ausdruck von Emotion. Außerdem lässt es sich nahezu überall durchführen, sei es in einem Tanzstudio, zu Hause oder sogar draußen. Seine positiven Effekte auf Gesundheit und allgemeines Wohlbefinden sind enorm. Studien zeigen auf, dass Tänzer*innen eine verbesserte Herz-Kreislauf-Fitness, Rumpfstärke und dynamisches Gleichgewicht im Vergleich zu gleichaltrigen und gleichgeschlechtlichen Nicht-Tänzer*innen haben.[26]Andere Ergebnisse weisen darauf hin, dass Tanzen mit mittlerer Intensität demzufolge das Risiko für Herz-Kreislauf-Erkrankungen und die Sterblichkeitsrate signifikant reduziert.[27] Im direkten Vergleich von Tanz verglichen mit herkömmlichen körperlichen Aktivitäten (z. B. Fitnessstudio) waren die Abbruchraten und die Einhaltung der Programme entweder besser oder ähnlich. Die Freude, die viele Menschen beim Tanzen empfinden, erhöht die Wahrscheinlichkeit für eine regelmäßige Teilnahme, was als entscheidendes Merkmal für langfristige gesundheitliche Vorteile zu sehen ist.[28]

In meiner eigenen Arbeit mit Patientinnen und Patienten habe ich festgestellt, dass Tanzen eine besonders positive Wirkung auf die Entwicklung einer verbesserten Beziehung zum eigenen Körper haben kann. Es bietet die Möglichkeit, ihn auf eine positive und genussvolle Weise erleben und schätzen zu lernen. Vielleicht also etwas, das du einmal ausprobieren magst? Entweder allein für dich, mit deiner Lieblingsmusik auf den Ohren oder in einer Gruppe, einem Studio oder einem Kurs?

Ganz grundsätzlich möchte ich dich ermutigen, regelmäßige körperliche Aktivität in deinen Alltag zu integrieren. Hier kommen ein paar Impulse:

1. **Bewegungspausen am Arbeitsplatz:** Nutze kurze Pausen, um im Büro aufzustehen, dich zu strecken oder ein paar einfache Übungen zu machen.
2. **Familienaktivitäten:** Plane Aktivitäten im Freien mit deiner Familie, wie Radfahren, Wandern oder Picknicken.
3. **Aktive Wege:** Versuche kurze Strecken zu Fuß oder mit dem Fahrrad zurückzulegen, anstatt das Auto zu benutzen.
4. **Sportliche Hobbys:** Finde ein Hobby oder eine Sportart, die dir Spaß macht. Das kann von Tennis über Schwimmen bis hin zu Tanz reichen.
5. **Trainingsgruppen:** Schließe dich einer Trainingsgruppe vor Ort oder einem Fitnessstudio an, um dich mit Gleichgesinnten zu vernetzen.
6. **Tagesplanung:** Plane deine Tage so, dass Bewegung ein natürlicher Bestandteil ist. Das könnte bedeuten, früher aufzustehen, um morgendliche Übungen zu machen oder nach der Arbeit einen Spaziergang einzulegen.
7. **Entspannende Aktivitäten:** Denke daran, dass körperliche Aktivität nicht immer intensiv-beanspruchend sein muss. Dehnungsübungen, Yoga, Tai-Chi oder Pilates sind groß-

artige Möglichkeiten, dich zu bewegen und gleichzeitig zu entspannen.

8. **Achtsamkeit und Bewusstwerdung:** Genieße deine Bewegungseinheiten und fühle bewusst, wie gut sie deinem Körper tun. Natürlich darfst du dich dafür auch on top mit etwas belohnen, das dir Freude macht.

Die perfekte Überleitung zu einem wichtigen Gedanken, den ich dir mit auf den Weg geben möchte: Bewegung sollte niemals zu einem Zwang werden, sondern immer eine Quelle der Freude, des Wohlbefindens und der Gesundheit sein. Der bewusste Umgang mit körperlicher Aktivität ist entscheidend, um ihre positiven Effekte zu maximieren.

Sport ist Mord: Wann ist das so?

Körperliche Aktivität ist in den meisten Fällen äußerst förderlich für unsere physische und mentale Gesundheit. Doch wie bei vielen Dingen im Leben besteht auch hier ein gewisses Potenzial für Missbrauch und negative Konsequenzen, nämlich dann, wenn zu viel Bewegung zu einem zwanghaften Verhalten führt, das als Sportsucht oder Bewegungszwang bezeichnet wird. Doch woran kann man erkennen, dass man betroffen ist – oder andere es sind?

Sieben Anzeichen, die auf ein ungesundes Bewegungsverhalten hinweisen könnten:

1. Du zwingst dich zum Sport, auch wenn du dich nicht danach fühlst.
2. Du machst Sport hauptsächlich, um gezielt Kalorien zu verbrennen.
3. Du machst dir starke Selbstvorwürfe, wenn du es nicht zum Sport schaffst.
4. Du MUSST dich immer mehr steigern, sonst bist du nicht zufrieden.
5. Du machst weiter trotz Krankheit, Schmerzen, etc.

6. Du vernachlässigst Freunde, Familie und andere soziale Aktivitäten.
7. Du MUSST jeden Tag mindestens X Schritte schaffen, vorher kommst du nicht zur Ruhe.

Wenn alle oder die meisten dieser Punkte auf dich zutreffen: Was löst es in dir aus, keinen Sport zu machen? Kompensierst du möglicherweise etwas? Haben sich die Ansprüche an dich selbst in Bezug auf Sport nach und nach gesteigert? Wann wärst du »zufrieden«? Gibt es diesen Punkt überhaupt? Fühlst du dich selbst wohl mit deinem Sportverhalten oder schränkt es dich eher ein? Leidest du unter dem Druck, den du dir selbst machst?

Solltest du dich in den oben genannten Punkten wiederfinden, kann es sein, dass du unter zwanghaftem Bewegungsverhalten oder einer Sportsucht leidest. Zwanghaftes Bewegungsverhalten kommt häufig im Rahmen von Essstörungen vor.[29] Der Wunsch nach Gewichtsabnahme ist bei Frauen und Männern einer der häufigsten Gründe für Bewegung (neben dem Diäthalten). Positive Verstärkungen des Umfelds (»Toll, dass du so viel Sport machst.«) können dazu beitragen, ungesundes Bewegungsverhalten aufrechtzuerhalten. Physische Bewegung kann nicht nur dazu dienen, Kalorien zu verbrennen, sondern ist ebenso ein Mechanismus, Gefühle zu regulieren. Patientinnen und Patienten mit Essstörungen haben oftmals Defizite, Emotionen anzunehmen und mit ihnen umzugehen, sie nutzen Bewegung häufig zur Regulation unangenehmer emotionaler Zustände.[30]

Ein ausgeprägter Bewegungszwang ist zudem mit höheren Levels an Perfektionismus verbunden. Betroffene berichten häufig von immer höher werdenden Standards in Bezug auf ihr Bewegungsverhalten, sowie die selbstkritische Abwertung, wenn sie diese nicht erreichen.[31] Auch Schuldgefühle können dann auftreten und wiederum die Aufrechterhaltung des Bewegungszwangs befeuern. Bewegungszwang kann übrigens auch bei Menschen ohne Essstörungen auftreten, wenn auch weniger intensiv und weniger häufig, und ist auch hier mit den Themen Emotionsregulation, Schuld und Perfektionismus verquickt.

Es ist mir ein echtes Anliegen, darauf hinzuweisen, dass zwanghaftes Bewegungsverhalten oder Sportsucht ernsthaft zu reflektierende Verhaltensmuster sind, die sowohl physische als auch psychische Gesundheitsrisiken mit sich bringen. Wenn du dich also in den genannten Punkten wiedererkennst oder glaubst, von diesem Störungsbild betroffen zu sein, empfehle ich dir, professionelle Hilfe in Anspruch zu nehmen. Dieses Buch kann dir wertvolle Informationen und Einblicke bieten, aber es ersetzt nicht die Expertise und Unterstützung von qualifiziertem Fachpersonal. Du verdienst eine Unterstützung, die auf deine individuellen Bedürfnisse zugeschnitten ist. Den ersten Schritt zu tun, indem du professionelle Begleitung suchst, ist ein bedeutender Schritt in die richtige Richtung.

Gesunder Schlaf – Nutze die Kraft körperlicher Regeneration

Schlaf ist ein grundlegendes Bedürfnis unseres Körpers, das maßgeblich zur Erhaltung unserer physischen und mentalen Gesundheit beiträgt.[32] So durchläuft unser Körper verschiedene Schlafzyklen, die für Regeneration, Gedächtnis, die emotionale Verarbeitung von Erlebtem und unsere physische Erholung von großer Bedeutung sind. Während wir schlafen, führt der Körper wichtige Prozesse aus, darunter die Aktivitäten des Immunsystems, die Zellerneuerung und das Wachstum (insbesondere bei Kindern). Gedächtnisinhalte werden gefestigt und neue synaptische Verknüpfungen geschaffen. Im Schlaf verarbeiten wir unsere gemachten Erfahrungen, auch kreative Denkprozesse laufen jetzt ab. Unsere Schlafqualität ist eng mit unserer Stimmung, unserer kognitiven Leistung und unserer Beziehungsqualität verknüpft.[33] Umgekehrt gesprochen: Je geringer die Schlafqualität, desto schlechter sind wir gestimmt, desto weniger erfolgreich sind wir hinsichtlich unserer beruflichen Performance und desto unbefriedigender unsere sozialen Beziehungen. Oft sind Schlafprobleme eines der belastendsten Symptome für Menschen, die unter psychischen Erkrankungen leiden. Es gibt zahlreiche Studien, die belegen, dass sie den Verlauf von Depressionen beeinflussen und das Risiko für suizidale Gedanken und Handlungen erhöhen können.[34] Schlafstörungen betreffen jedoch nicht nur Menschen mit psychischen Erkrankungen, sondern sind weit verbreitet in der Allgemeinbevölkerung. So zeigen Untersuchungen, dass etwa 87 % US-amerikanischer Schüler*innen weniger als die empfohlene Schlafdauer aufweisen.[35] Eine Umfrage aus dem Jahre 2022 in Deutschland ergibt, dass 43 % der Deutschen innerhalb der vorangegangenen 12 Monate von Schlafproblemen betroffen waren.[36] Von Ein- und Durchschlafstörungen bis hin zu frühmorgendlichem Erwachen und Schlaflosigkeit – allgegenwärtige Phänomene.

Ein einflussreicher Faktor für gute Schlafqualität stellt die Ernährung dar, zum Beispiel durch eine ausreichende Zufuhr ungesättigter Omega-3-Fettsäuren, die in Fisch und Pflanzen wie Leinsamen, Chiasamen oder Walnüssen vorkommen.[37] Darüber hinaus kann Tryptophan, eine Aminosäure, die in Lebensmitteln wie Truthahn, Hühnchen, Milchprodukten, Eiern, Nüssen (insbesondere Cashewnüssen), Käse, Fisch und Sojaprodukten zu finden ist, die Einschlafzeit verkürzen und die Schlafqualität verbessern.[38] Ebenso spielen Gamma-Aminobuttersäure(GABA)-Vorläufer die in Lebensmitteln wie Bananen, Spinat, Kartoffeln und Reis vorhanden sind, eine wichtige Rolle, um gesunden Schlaf zu fördern.[39]

Obwohl es kaum direkte Forschung zur Verbindung zwischen Schlaf und Körperbild gibt, liegt es nahe anzunehmen, dass guter Schlaf, aufgrund seiner vielfältigen positiven Effekte auf psychische Koordinaten wie Stimmung, Stressbewältigung und Beziehungsqualität, auch eine positive Wirkung auf die Wahrnehmung des eigenen Körpers haben könnte. Eine aktuell erschienene Studie hat genau diesen Zusammenhang untersucht.[40] 269 Studentinnen in den USA wurden nach ihrem Schlafverhalten und ihrem Körperbild befragt. Teilnehmerinnen mit hoher Schlafqualität hatten ein positiveres Körperbild als Teilnehmerinnen mit niedriger Schlafqualität. Darüber hinaus war eine niedrige Schlafqualität mit negativen affektiven Zuständen (d.h. depressiven Symptomen, Angst und Stress) verbunden. In einer weiteren Untersuchung konnte herausgefunden werden, dass Symptome von Schlaflosigkeit und schlafbezogenem Überwachungsverhalten mit vermehrten Berichten von Störungen des Körperbildes und negativen körperbezogenen Gedanken zusammenhingen.[41]

Wie können wir unsere Schlafqualität nun aber gezielt verbessern bzw. erhalten? Mit dieser Frage beschäftigen sich ganze Bücher und Forschungseinrichtungen. Die Thematik im Rahmen dieses Buches vollumfänglich abzuhandeln, ist schlicht unmöglich. Ich möchte dennoch einen kurzen Überblick über hilfreiche Strategien zur Verbesserung der Schlafqualität liefern und empfehle bei Vorliegen einer manifesten Schlafstörung unbedingt, einen Termin bei deinem Hausarzt oder deiner Hausärztin zu vereinbaren.

Guter Schlaf – So kannst du ihn fördern

Bereits einige wenige Maßnahmen fördern nachgewiesenermaßen erholsame Nächte. Hier kommt also das Kurzcoaching für deine ganz persönliche »Schlafhygiene«:

1. Du solltest nicht länger im Bett bleiben, als unbedingt notwendig. Nutze das Bett ausschließlich zum Schlafen.
2. Versuche regelmäßige Zeiten für das Zubettgehen und das morgendliche Aufstehen einzuführen. Regelmäßige Zeiten erleichtern dem Körper den Rhythmus des Einschlafens und Aufwachens.
3. Wenn du tagsüber schläfst, sollten die Tagesschlaf-Episoden unter 20 Minuten lang sein.

4. Dein Schlafzimmer solltest du angenehm gestalten und Dinge entfernen, die dich an den Stress des Alltags erinnern.
5. Was das Essen angeht, solltest du abends eine leicht verdauliche Mahlzeit zu dir nehmen. Verzichte außerdem auf abendlichen Alkohol- und Koffeingenuss sowie Zigarettenkonsum.
6. Sport solltest du eher nachmittags und nicht spät am Abend treiben.
7. Wenn besondere Aktivitäten für den nächsten Tag anstehen, durchdenke diese nicht im Schlafzimmer, sondern in einem anderen Wohnraum. Schreibe dir wichtige Punkte auf, die du im Blick behalten möchtest.
8. Versuche deine Abendstunden so entspannt wie möglich zu gestalten, am besten also um diese Zeit nicht mehr zu arbeiten.
9. Dein Wecker und andere Uhren sollten aus dem Blickfeld des Bettes entfernt werden. Schaue nachts möglichst nicht auf die Uhr oder das Smartphone.
10. Diese Regeln (regelmäßige Aufsteh- und Zubettgeh-Zeiten, etc.) sofern möglich auch am Wochenende und an freien Tagen einhalten.
11. Führe ein persönliches Einschlafritual ein, das dich vor dem Schlafen zur Ruhe bringt und entspannt. Zum Beispiel abends ein Buch lesen oder einen Tee trinken.
12. Bei nächtlichem Erwachen oder verlängerten Einschlafzeiten: Vermeide es, lange wach im Bett zu liegen. Wenn das Einschlafen längere Zeit nicht gelingt oder wenn längere Wachphasen auftreten, stehe wieder auf und gehe einer angenehmen Tätigkeit nach. Gehe erst wieder zurück ins Bett, wenn du müde bist. Faustregel: Nicht länger als 20 Minuten im Bett liegen, wenn du eigentlich versuchst, (wieder) einzuschlafen.
13. Reduziere deine Smartphone-Tätigkeit am Abend. Ein heller Bildschirm hält uns länger wach und verlangsamt das Einschlafen.

14. Keine Nachrichten vor dem Einschlafen konsumieren (text- und/oder bild- bzw. videobasiert), die dich möglicherweise emotional bewegen könnten.[42]

3.5 Körperakzeptanz – Emanzipiere dich von fremden Idealen

Körperakzeptanz ist eng mit einem positiven Körperbild verbunden und beschreibt die Akzeptanz des eigenen Körpers, unabhängig davon, ob man tatsächlich mit allen körperlichen Aspekten zufrieden ist.[43] Es bedeutet also nicht zu glauben, der eigene Körper sei perfekt oder sehr attraktiv, noch meint es, ihn überhaupt nicht verändern zu wollen. Vielmehr handelt es sich um die Überzeugung, dass er »gut genug« ist, gemessen an den eigenen Standards, die wiederum von den vorgegebenen soziokulturellen Körpernormen abweichen, die zur Entwicklung eines negativen Körperbildes beitragen können.[44]

Körperakzeptanz ist ein mehrstufiger Prozess, der sowohl das Anerkennen von Körpermerkmalen umfasst, mit denen man nicht zufrieden ist, als auch sie zu akzeptieren. Das Gute: Körperakzeptanz kannst du aktiv stärken. Verschiedene Verhaltensweisen und mentale Strategien helfen dir dabei.

Body Acceptance trainieren

Im ersten Teil dieses Buches haben wir uns bereits mit dem Zusammenhang zwischen Körperzufriedenheit bzw. -unzufriedenheit und der besonderen Lenkung unserer Aufmerksamkeit im Blick auf uns selbst beschäftigt. Eine experimentelle Studie wies nach, dass die gezielte Lenkung unserer Aufmerksamkeit auf selbstdefinierte positive oder negative Körperbereiche kausale Auswirkungen auf unsere Körperzufriedenheit haben kann.[45] Die Art und Weise, wie wir unseren eigenen Körper betrachten, spielt also eine entscheidende Rolle in der positiven oder negativen Wahrnehmung unseres Körpers. Vielleicht erinnerst du dich an die zugehörige Selbstreflexionsübung?

Es war der Blick in einen Ganzkörperspiegel, mit der Bitte zu listen, a) wohin du als Erstes schaust, wenn du in Unterwäsche davorstehst, und b) in einem Ranking von eins bis sechs zu definieren, welche Körperbereiche du am positivsten bewertest (siehe S. 30 f.)

Wir schauen häufig als Erstes auf die Körperbereiche, die wir nicht mögen. Zum Aufbau von Körperakzeptanz ist es daher sinnvoll, uns gezielt vorzunehmen, vermehrt auf die Stellen unseres Körpers zu schauen, die wir mögen. Das hatten wir bereits trainiert.

Außerdem aber ist es ratsam, unseren Blickwinkel auf Körperbereiche zu verändern, die wir bislang nicht mochten. Zum Beispiel, indem wir versuchen, einen positiveren Blickwinkel auf unsere subjektiven »Problemzonen« zu erlernen. Dazu möchte ich dir gern eine Übung vorstellen, die du mithilfe der folgenden Informationen zu Hause durchführen kannst.

Mit der Spiegelübung zu einer positiveren Körperwahrnehmung

Die Spiegelübung wird im psychotherapeutischen Kontext bei der Behandlung von Essstörungen eingesetzt und auch Spiegelkonfrontation, Spiegelexposition oder Körperexposition genannt. Ganz kurzgefasst umrissen, werden die Patientinnen und Patienten dabei angeleitet, ihr äußeres Erscheinungsbild sowie aufkommende körperbezogene Gedanken und Gefühle systematisch, detailliert und so akkurat wie möglich zu beschreiben. Dabei betrachten sie ihren eigenen Körper in Unterwäsche in einem Ganzkörperspiegel,[46] werden dazu angeleitet, ihre positiv bewerteten Körperbereiche oder ihren gesamten Körper zu betrachten und dabei ihre körperbezogenen Gedanken und Gefühle entweder positiv, real wahrgenommen oder neutral bzw. achtsam und ohne Bewertung zu verbalisieren.

Wir konzentrieren uns in diesem Buch ausschließlich auf die *positive Verbalisation*, also die positive Beschreibung körperbezogener Gedanken und Gefühle. Dieses Vorgehen hat sich in klinischen Stichproben als am erfolgversprechendsten erwiesen.[47] Wie der Name schon vermuten lässt, soll die Patientin oder der Patient hierbei die positiven Aspekte des eigenen Körpers benennen, und zwar unabhängig von der jeweilig vorherrschenden individuellen Bewertung. Es kann daher passieren, dass eine Patientin positive Gedanken zu einem Körperbereich formulieren soll, den sie eigentlich als negativ einstufen würde. Eine beispielhafte Instruktion könnte lauten: »Jetzt schaue auf deinen Bauch. Welche Bereiche deines Bauches magst du oder was gefällt dir an deinem Bauch?« Natürlich kann es sich zunächst schwierig gestalten, positive Gedanken und Äußerungen zu Körperbereichen zu finden, die wir nicht mögen. Gleichzeitig eröffnet sich durch Aufsetzen einer Art »Positiv-Brille« eine neue und wohlwollendere Sichtweise auf uns und unseren Körper.

Der »Trick« der kognitiven Dissonanz

Im Fachjargon spricht man von der sogenannten *kognitiven Dissonanz*: Ein als unangenehm empfundener Zustand entsteht dadurch, dass sich widersprechende oder nicht in Einklang zu bringende Gedanken, Überzeugungen oder Verhaltensweisen auftreten.[48] Also: Eine Überzeugung, zum Beispiel einen bestimmten Körperbereich als negativ bewerten, und das Verhalten, zum Beispiel positive körperbezogene Gedanken zu diesem Körperbereich verbalisieren, stimmen nicht überein. Wir Menschen zeigen dann den Wunsch, diese kognitive Dissonanz zu verringern, indem wir die Überzeugung in Richtung des Verhaltens korrigieren. Denn wir streben nach Konsonanz, d.h. der Übereinstimmung zwischen dem, was wir denken, tun und fühlen. Das bedeutet, wir passen unsere ursprünglich negative Bewertung des Körperteils langsam einer positiveren an. Der Wirkmechanismus der kognitiven Dissonanz spielt demnach in der Veränderung negativer körperbezogener Gedanken und Gefühle eine entscheidende Rolle. Für uns ist an dieser Stelle wichtig zu wissen, dass wir durch positive körperbezogene Aussagen und durch den Blick auf positiv bewertete Körperbereiche unsere Körperakzeptanz nachgewiesenermaßen verbessern können.

Wie oft du die Spiegelübung durchführen musst, um positive Effekte auf dein Körperbild zu erreichen? Wahrscheinlich kannst du dir schon vorstellen, dass es nicht mit einem einzigen Durchlauf getan ist, da sich unsere körperbezogenen Gedanken und Gefühle über Jahre und Jahrzehnte entwickelt und gefestigt haben. Es ist daher essenziell, diese Übung sowohl in regelmäßigen Abständen zu wiederholen, als auch jeweils eine gewisse Dauer einzuplanen. Studienergebnissen zufolge sollten mindestens drei Einheiten mit einer Länge von mindestens 30 Minuten im Abstand von mindestens einer Woche durchgeführt werden, um die größten Effekte zu erzielen.[49]

Wie du die Spiegelübung für dich konkret umsetzen kannst, erkläre ich dir gleich. Vorab ist mir noch eines wichtig: Personen, die an Essstörungen leiden, sollten diese Übung am besten mit psychotherapeutischer Begleitung durchführen. Sie kann intensive Gefühle auslösen, eine Reaktion, die bei Betroffenen von Essstörungen ganz normal ist, du solltest dich also nicht dafür verurteilen, so zu empfinden. Was du in diesem Fall aber problemlos tun kannst: beim Blick in den Spiegel ganz allgemein mehr auf deine positiv bewerteten Körperbereiche achten. Auch dies ist bereits ein erster wichtiger Schritt hin zu einem positiven Körperbild. Ich möchte dich nun vor der Durchführung der Spiegelübung bitten: Gehe in dich und stelle dir vor, dass du dich in Unterwäsche vor einem Spiegel betrachtest und deinen Körper laut beschreiben sollst – was löst diese Vorstellung in dir aus? Wenn kein Gefühl von Überforderung entsteht, dann kannst du die Übung in der Form, in der ich sie dir nun vorstellen werde, durchführen.

Die Spiegelübung – So funktioniert's:

Vorbereitung:

Fülle das nachstehende Arbeitsblatt aus (als Download verfügbar unter https://www.penguin.de/tanck-unfiltered), indem du deinen gesamten Körper von oben bis unten auf der Skala -2 (sehr negativ) bis +2 (sehr positiv) bewertest.

Bitte trage in die Kästchen ein, wie du die einzelnen Körperteile bewertest. Verwende dabei die folgende Skala:

-2	-1	0	+1	+2
sehr negativ	negativ	neutral	positiv	sehr positiv

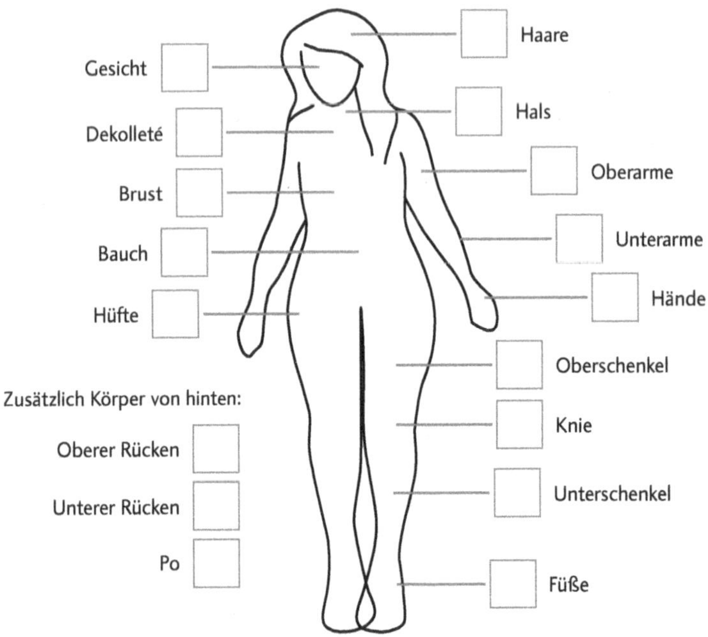

Bringe die 17 Körperbereiche bitte zusätzlich in eine Rangreihe von 1 (am positivsten) bis 17 (am negativsten) indem du die jeweilige Zahl in das Kästchen einträgst:

☐ Haare	☐ Brust	☐ Bauch	☐ Unterschenkel
☐ Gesicht	☐ Oberarme	☐ Hüfte	☐ oberer Rücken
☐ Hals	☐ Unterarme	☐ Oberschenkel	☐ unterer Rücken
☐ Dekolleté	☐ Hände	☐ Knie	☐ Po
			☐ Füße

Auswertung:
Wahrscheinlich wirst du beim Ausfüllen dieser Übungen gemerkt haben, dass du dir über die Bewertung einiger Körperbereiche noch nie Gedanken gemacht hast. Über andere Körperbereiche hingegen, in der Regel die, die wir nicht an uns mögen, machen wir uns sehr häufig Gedanken und haben ein ziemlich präzises Bild vor Augen. Dies spiegelt die defizitorientierte Betrachtungsweise unseres Körpers sehr bildlich wider.

Durchführung:
Bevor du die Übung durchführst, lies dir bitte die Instruktionen ganz genau bis zu der Stelle durch, an der steht »**Jetzt kannst du die Übung durchführen**«. Dies ist wichtig, damit keine unerwünschten Nebenwirkungen auftreten.

In der folgenden Spiegelübung werde ich dich bitten, alle 17 Körperbereiche, die du soeben beurteilt hast, nacheinander von oben, bei den Haaren beginnend, bis unten, bei den Füßen endend, in Unterwäsche vor einem Ganzkörperspiegel stehend anzuschauen. Dafür solltest du dir mindestens 30 Minuten Zeit nehmen und den Raum, in dem du dich befindest, vorab ausreichend heizen. Stelle dir innerlich zu jedem der betrachteten Körperbereiche folgende Fragen:

1. Was mag ich an Körperbereich X? Was gefällt mir?
2. Was leistet Körperbereich X für mich? Welche Funktionen fallen mir ein?

Beantworte diese Fragen so genau und detailliert wie möglich, indem du entweder laut oder innerlich alles aufzählst, was dir durch den Kopf geht. Die positiven Gedanken und assoziierten Körperfunktionen laut auszusprechen, kann den gewünschten Effekt verstärken, auch wenn du dir anfangs dabei vielleicht seltsam vorkommst. Mache die Übung so, wie du dich damit wohlfühlst. Du kannst dir alle 17 Körperbereiche sowie die Fragen zu den einzelnen Körperbereichen vorab aufschreiben, damit du sie bequem der Reihenfolge nach durchgehen kannst.

Abschluss der Übung:
Nachdem du deinen Körper von oben bis unten mindestens 30 Minuten laut oder in Gedanken positiv beschrieben hast, gehe ihn zum Abschluss noch einmal im Schnelldurchlauf durch und formuliere deine persönlichen TOP-3-Erkenntnisse aus der Übung. Diese kannst du dir zum Beispiel im Anschluss in deine Notizen auf dem Handy einspeichern oder auf ein Post-it aufschreiben. Lenke noch einmal besonders deine Aufmerksamkeit auf die drei Körperbereiche, die du im Ranking (Vorbereitung auf die Spiegelübung) auf Platz 1–3 gesetzt hast, also am positivsten bewertet hast.

Mögliche Schwierigkeit bei der Durchführung und Lösungsmöglichkeiten:
Wenn du keine positiven Aspekte in Bezug auf einen Körperbereich findest, dann versuche es doch einmal damit:

1. Weitere Unterteilung des Körperbereichs (oberes/mittleres/unteres Drittel; linkes/mittleres/rechtes Drittel; etc.)
   »Wenn du deinen Bauch in ein oberes, mittleres und unteres Drittel teilen würdest, welches ist für dich am positivsten? Und warum?«
2. Veränderung des Blickwinkels (vorne/seitlich/hinten)
   »Schaue dir deine Oberschenkel bitte einmal von der Seite und

von hinten an. Welcher Blickwinkel ist für dich am positivsten? Und warum?«

3. Berührung des Körperbereichs
   »Fasse einmal den Körperbereich X an. Was fühlt sich gut an? Kannst du das genauer beschreiben?«

Du kannst dir diese drei Lösungsmöglichkeiten auch vorab aufschreiben, damit du sie nacheinander durchgehen kannst, sollten dir bei einem oder mehreren Körperbereichen keine positiven Aspekte einfallen. Wenn du dich mit der Durchführung der Übung nun ausreichend vertraut gemacht hast, bist du startklar! **Jetzt kannst du die Übung durchführen.**

Gib mir sehr gerne Feedback dazu, wie die Übung für dich war. Dies kannst du mir über Instagram (@psychotherapie.essstoerungen) oder per E-Mail (tanckjulia@gmail.com) zukommen lassen, wenn dir danach sein sollte. Ich habe in meiner Arbeit als Psychotherapeutin und Wissenschaftlerin bereits mehr als 200 Spiegelübungen mit unterschiedlichsten Patientinnen und Patienten durchführen dürfen und kann dir sagen, dass keine Übung der anderen gleicht. Wir sind alle so unterschiedlich und jede*r von uns hat eine sehr individuelle Beziehung zum eigenen Körper. Es gibt hierbei daher kein »Richtig« und kein »Falsch«. Wichtig ist mir, dass du weißt, dass Veränderung Zeit braucht. Wie eingangs gesagt, solltest du die Spiegelübung mindestens dreimal im wöchentlichen Abstand durchführen, damit du eine positive Veränderung wahrnehmen kannst.

Abschlussreflexion:
Schwierigkeitsgrad der Spiegelübung (0 – 100 %):
Befürchtungen und Erwartungen vor der Übung (Was hätte passieren können?):

....

....

....

Gefühle und Gedanken vor der Übung:

....

Gefühle und Gedanken während der Übung:

....

Gefühle und Gedanken nach der Übung:

....

Das nehme ich mit aus der Übung:

....

AUS DER PRAXIS

»Völlig neuer Blick auf meinen Körper«

An dieser Stelle möchte ich dir gerne einige gesammelte Aussagen von ehemaligen Patientinnen vorstellen, mit denen ich im therapeutischen Setting Spiegelübungen mit dem Fokus »positive Körperbeschreibung« durchgeführt habe. Die Patientinnen hatten entweder eine diagnostizierte Anorexia nervosa oder Bulimia nervosa und befanden sich bei der Durchführung der Übungen in stationärer Behandlung.

1. »Ich habe erstmals einen komplett neuen Blickwinkel auf meinen Körper erlebt, indem ich sonst als abstoßend erlebte Bereiche positiv wertschätzend wahrgenommen habe.«
2. »Ich erinnere mich auch im Anschluss an die Spiegelübungen an die positiven Gedanken, die ich während der Übung hatte.«

3. »Ich schaue öfter auf das, was ich an meinem Körper mag.«
4. »Die positive Beschreibung meines Körpers wirkt sich auf meine Selbstfürsorge aus, zum Beispiel creme ich nun auch meine ›negativen‹ Körperbereiche ein und achte auf die positiven Aspekte des jeweiligen Körperbereichs.«
5. »Ich gehe beim Blick in den Spiegel weniger abwertend mit meinem Körper um.«

Tu deinem Körper etwas Gutes und erfahre dich neu!

Gehen wir nun einen Schritt weiter und rücken angenehme körperbezogene Aktivitäten in den Fokus, die weitere Bausteine auf dem Weg zu mehr Körperakzeptanz sein können.

Im Grunde sprechen wir hier über drei Bereiche: Gesundheit/Fitness, sinnliche Erfahrungen und Körperpflege/Aussehen, und zwar so gelebt, dass unsere Gedanken mit ihrer Hilfe weniger um Aussehen und Gewicht kreisen, sondern wir stattdessen mit ihnen in Verbindung stehende neue und positive Lebensaspekte in den Fokus rücken. Ein paar Hinweise sind mir an der Stelle noch wichtig: Im Bereich Gesundheit/Fitness ist es von zentraler Bedeutung, eine Balance zwischen Inaktivität und exzessivem Sport zu finden, insbesondere bei Patientinnen und Patienten mit Essstörungen, die Sport häufig ausschließlich zur Gewichtsreduktion und zum Kalorienverbrennen einsetzen. Auch auf dem Feld der sinnlichen Erfahrungen sollte auf ein ausgewogenes Maß geachtet werden, um einen übermäßigen Konsum von Genussmitteln zu vermeiden (was hier genauer darunterfällt, folgt gleich). Bei Körperpflege/Aussehen ist entscheidend, das eigene äußere Erscheinungsbild nicht ausschließlich für andere zu gestalten, sondern es aus eigener ästhetischer Freude zu tun, gerne auch nur zum Selbstzweck.

Im Folgenden möchte ich dir nun eine Sammlung potenziell positiver körperbezogener Aktivitäten vorstellen, von denen du diejenigen auswählen kannst, die sich für dich gut anfühlen und die du in deinen Alltag integrieren kannst:

Körperbezogene Aktivität	**Wie angenehm könnte dies für mich sein? sehr unangenehm – sehr angenehm**					**Möchte ich ausprobieren:**
	-2	**-1**	**0**	**+1**	**+2**	
ein Duftbad nehmen	-2	-1	0	+1	+2	☐ Ja ☐ Nein
Yoga praktizieren	-2	-1	0	+1	+2	☐ Ja ☐ Nein
gut essen	-2	-1	0	+1	+2	☐ Ja ☐ Nein
schöne Kleidung tragen	-2	-1	0	+1	+2	☐ Ja ☐ Nein
Federball/Badminton spielen	-2	-1	0	+1	+2	☐ Ja ☐ Nein
eine Massage bekommen	-2	-1	0	+1	+2	☐ Ja ☐ Nein
mich kämmen/Kopfmassage	-2	-1	0	+1	+2	☐ Ja ☐ Nein
zur Kosmetikerin gehen	-2	-1	0	+1	+2	☐ Ja ☐ Nein
mich sonnen	-2	-1	0	+1	+2	☐ Ja ☐ Nein
ein leckeres Getränk trinken	-2	-1	0	+1	+2	☐ Ja ☐ Nein
bequeme Kleidung tragen	-2	-1	0	+1	+2	☐ Ja ☐ Nein
mich schminken	-2	-1	0	+1	+2	☐ Ja ☐ Nein
Karussell/Achterbahn fahren	-2	-1	0	+1	+2	☐ Ja ☐ Nein
Radfahren	-2	-1	0	+1	+2	☐ Ja ☐ Nein
Gartenarbeit	-2	-1	0	+1	+2	☐ Ja ☐ Nein
Entspannungsübungen	-2	-1	0	+1	+2	☐ Ja ☐ Nein
Parfum auftragen	-2	-1	0	+1	+2	☐ Ja ☐ Nein
schmusen, kuscheln	-2	-1	0	+1	+2	☐ Ja ☐ Nein
singen	-2	-1	0	+1	+2	☐ Ja ☐ Nein
spazieren gehen	-2	-1	0	+1	+2	☐ Ja ☐ Nein

Körperbezogene Aktivität	**Wie angenehm könnte dies für mich sein? sehr unangenehm – sehr angenehm**					**Möchte ich ausprobieren:**
	-2	**-1**	**0**	**+1**	**+2**	
Entspannungsmusik hören	-2	-1	0	+1	+2	☐ Ja ☐ Nein
Lieblingslied hören	-2	-1	0	+1	+2	☐ Ja ☐ Nein
ein Tier streicheln	-2	-1	0	+1	+2	☐ Ja ☐ Nein
ungeschminkt sein	-2	-1	0	+1	+2	☐ Ja ☐ Nein
neue Kleidung tragen	-2	-1	0	+1	+2	☐ Ja ☐ Nein
ausgedehnt duschen	-2	-1	0	+1	+2	☐ Ja ☐ Nein
schöne Unterwäsche tragen	-2	-1	0	+1	+2	☐ Ja ☐ Nein
Musik machen	-2	-1	0	+1	+2	☐ Ja ☐ Nein
Tischtennis spielen	-2	-1	0	+1	+2	☐ Ja ☐ Nein
eine edle Süßigkeit essen	-2	-1	0	+1	+2	☐ Ja ☐ Nein
barfuß laufen	-2	-1	0	+1	+2	☐ Ja ☐ Nein
in die Sauna gehen	-2	-1	0	+1	+2	☐ Ja ☐ Nein
zum Friseur gehen	-2	-1	0	+1	+2	☐ Ja ☐ Nein
schwimmen	-2	-1	0	+1	+2	☐ Ja ☐ Nein
eine Massagebürste benutzen	-2	-1	0	+1	+2	☐ Ja ☐ Nein
Haare stylen	-2	-1	0	+1	+2	☐ Ja ☐ Nein
wandern	-2	-1	0	+1	+2	☐ Ja ☐ Nein
faulenzen	-2	-1	0	+1	+2	☐ Ja ☐ Nein
sexuelle Befriedigung	-2	-1	0	+1	+2	☐ Ja ☐ Nein
reiten	-2	-1	0	+1	+2	☐ Ja ☐ Nein
Gymnastik machen	-2	-1	0	+1	+2	☐ Ja ☐ Nein
Dehnübungen machen	-2	-1	0	+1	+2	☐ Ja ☐ Nein
jemanden massieren	-2	-1	0	+1	+2	☐ Ja ☐ Nein
küssen	-2	-1	0	+1	+2	☐ Ja ☐ Nein

Körperbezogene Aktivität	Wie angenehm könnte dies für mich sein? sehr unangenehm – sehr angenehm -2	-1	0	+1	+2	Möchte ich ausprobieren:
tauchen	-2	-1	0	+1	+2	☐ Ja ☐ Nein
im Regen rausgehen	-2	-1	0	+1	+2	☐ Ja ☐ Nein
in einen Whirlpool gehen	-2	-1	0	+1	+2	☐ Ja ☐ Nein
mir eine Wärmflasche machen	-2	-1	0	+1	+2	☐ Ja ☐ Nein
mich in eine warme Decke wickeln	-2	-1	0	+1	+2	☐ Ja ☐ Nein
eine Gesichtsmaske machen	-2	-1	0	+1	+2	☐ Ja ☐ Nein
leckeren Kuchen essen	-2	-1	0	+1	+2	☐ Ja ☐ Nein
an Blumen riechen	-2	-1	0	+1	+2	☐ Ja ☐ Nein
joggen	-2	-1	0	+1	+2	☐ Ja ☐ Nein
im Sand gehen	-2	-1	0	+1	+2	☐ Ja ☐ Nein
töpfern	-2	-1	0	+1	+2	☐ Ja ☐ Nein
ein Fußbad nehmen	-2	-1	0	+1	+2	☐ Ja ☐ Nein
ein heißes Getränk trinken	-2	-1	0	+1	+2	☐ Ja ☐ Nein
Inlineskates fahren	-2	-1	0	+1	+2	☐ Ja ☐ Nein
eine Haarkur machen	-2	-1	0	+1	+2	☐ Ja ☐ Nein
Boot fahren	-2	-1	0	+1	+2	☐ Ja ☐ Nein
mit Fingerfarben malen	-2	-1	0	+1	+2	☐ Ja ☐ Nein
eine Leinwand bemalen	-2	-1	0	+1	+2	☐ Ja ☐ Nein
meditieren	-2	-1	0	+1	+2	☐ Ja ☐ Nein
Tagebuch schreiben	-2	-1	0	+1	+2	☐ Ja ☐ Nein
mir die Nägel lackieren	-2	-1	0	+1	+2	☐ Ja ☐ Nein
tanzen	-2	-1	0	+1	+2	☐ Ja ☐ Nein
ein Peeling anwenden	-2	-1	0	+1	+2	☐ Ja ☐ Nein

Körperbezogene Aktivität	Wie angenehm könnte dies für mich sein? sehr unangenehm – sehr angenehm -2	-1	0	+1	+2	Möchte ich ausprobieren:
Volleyball spielen	-2	-1	0	+1	+2	☐ Ja ☐ Nein
Gipsabdruck von einem Körperteil machen	-2	-1	0	+1	+2	☐ Ja ☐ Nein
in ein Thermalbad gehen	-2	-1	0	+1	+2	☐ Ja ☐ Nein
in eine Hängematte legen	-2	-1	0	+1	+2	☐ Ja ☐ Nein
Schlittschuh laufen	-2	-1	0	+1	+2	☐ Ja ☐ Nein
kegeln oder bowlen	-2	-1	0	+1	+2	☐ Ja ☐ Nein
walken	-2	-1	0	+1	+2	☐ Ja ☐ Nein
mich eincremen	-2	-1	0	+1	+2	☐ Ja ☐ Nein
mit meinem Partner/meiner Partnerin Zeit verbringen	-2	-1	0	+1	+2	☐ Ja ☐ Nein
mit Haustieren spielen	-2	-1	0	+1	+2	☐ Ja ☐ Nein
eine eiskalte Dusche nehmen	-2	-1	0	+1	+2	☐ Ja ☐ Nein
ein Glas guten Wein trinken	-2	-1	0	+1	+2	☐ Ja ☐ Nein
Eigene Idee:	-2	-1	0	+1	+2	☐ Ja ☐ Nein
Eigene Idee:	-2	-1	0	+1	+2	☐ Ja ☐ Nein
Eigene Idee:	-2	-1	0	+1	+2	☐ Ja ☐ Nein
Eigene Idee:	-2	-1	0	+1	+2	☐ Ja ☐ Nein
Eigene Idee:	-2	-1	0	+1	+2	☐ Ja ☐ Nein

Angelehnt an Vocks et al., 2018[50]

Du erlebst, was du denkst

Wie eine Situation von Menschen erlebt wird und wie sie sich verhalten, ist, neben den tatsächlichen Gegebenheiten, auch von Gedanken und Bewertungen dieser Personen in der betreffenden Situation abhängig. Dabei kommt es vor, dass unterschiedliche Menschen ein und dieselbe Situation komplett unterschiedlich einschätzen.

Stellen wir uns vor, es gibt drei Personen, die gemeinsam einen Strandtag planen. Alle drei gehen zum ersten Mal in diesem Sommer an den Strand. Die erste Person, Sarah, hat ein positives Körperbild. Sie hat keine Schwierigkeiten, sich im Badeanzug zu zeigen, und sie denkt darüber nach, wie viel Spaß sie am Strand haben wird. Sie denkt nicht darüber nach, wie sie aussehen wird oder was andere Menschen von ihrem Körper denken. Sarah wird wahrscheinlich eine entspannte und fröhliche Haltung zeigen. Die zweite Person, Chris, hat hingegen einige Unsicherheiten bezüglich seines Körpers. Während er sich in Badehose unwohl fühlt, versucht er dennoch, den Tag zu genießen und sich auf die Aktivitäten am Strand zu konzentrieren. Dennoch könnten Gedanken darüber, wie andere ihn sehen könnten, seine Stimmung etwas beeinflussen. Die dritte Person, Alexa, hat ein sehr negatives Körperbild. Alexa fühlt sich unwohl im Badeanzug, ihr kommen viele negative Gedanken, ihr Aussehen betreffend. Diese Gedanken könnten dazu führen, dass Alexa während des gesamten Tages äußerst unsicher und ängstlich ist. Ihr Fokus liegt möglicherweise auf ihrer Unzufriedenheit mit ihrem Körper und darauf, was andere über ihre Figur denken könnten. In diesem Beispiel wird deutlich, wie unterschiedliche Gedanken über den eigenen Körper das emotionale Erleben, die körperlichen Reaktionen und das Verhalten in ein und derselben Situation beeinflussen können.

Automatische Gedanken decodieren

Die Gedanken, die die drei Personen in dieser Situation in Bezug auf ihren Körper haben, nennt man auch automatische Gedanken. Sie kommen schnell auf und sind bewertend (zum Beispiel »Mein Körper ist zu dick.«). Automatische Gedanken können teilweise unbewusst sein, dann nehmen wir nur unsere emotionale Reaktion wahr, wie zum Beispiel Unsicherheit oder Angst. Der erste Schritt besteht deshalb darin, sie zu identifizieren. Zum Beispiel, indem wir uns in einer Situation, die unangenehme Gefühle hervorruft, fragen:

»Was ging mir gerade durch den Kopf?«
»Was hat das Gefühl in mir ausgelöst?«

Wichtig zu wissen: Gedanken spiegeln dabei nicht unbedingt immer die Realität wider, sondern können aufgrund früherer Erfahrungen und Prägungen verzerrt sein. So könnte eine Person mit einem negativen Körperbild aufgrund früherer Body-Shaming-Erfahrungen Unsicherheit und Angst verspüren, sobald sie sich im Badeanzug zeigen »muss«, und automatische Gedanken erleben wie »Mein Körper ist abstoßend.«. Weitere gedankliche Verzerrungen könnten sein:

- **Alles-oder-nichts-Denken:** Dieses Muster beinhaltet extreme und polarisierte Überzeugungen, den eigenen Körper betreffend. Situationen werden nur nach Schwarz-Weiß, Richtig-Falsch, Gut-Schlecht beurteilt. Zum Beispiel: »Wenn ich nicht perfekt aussehe, bin ich hässlich.«
- **Selektive Wahrnehmung:** Hierbei handelt es sich um die Tendenz, nur auf bestimmte subjektiv negativ erlebte Aspekte des Körpers zu fokussieren, während positive oder neutrale Aspekte ignoriert werden. Einzelheiten werden fokussiert, während der Gesamtkontext außer Acht gelassen wird. Ein Gedanke dieser Kategorie könnte lauten: »Mit meinem viel zu dicken Bauch sieht mein ganzer Körper abstoßend aus.«

- **Übertreibung:** Dieses Denkmuster basiert darauf, die Bedeutung von Ereignissen zu überschätzen. Situativen Begebenheiten werden tiefere Bedeutungen beigemessen, als dies objektiv tatsächlich der Fall wäre. Zum Beispiel: »Wenn ich ein Stück Schokolade esse, werde ich sofort zunehmen.«
- **Übertriebene Verallgemeinerung:** Hierbei werden negative Erfahrungen oder Kommentare aus der Vergangenheit auf die Zukunft projiziert. Es kommt zur Definition unbewusster Regeln, die sich aus einer in der Vergangenheit liegenden Gegebenheit entwickelt haben. Ein beispielhafter Gedanke wäre: »Früher wurde ich wegen meiner Figur gehänselt. Das wird für immer so bleiben.«

Aus diesen Beispielen wird deutlich, welchen enormen Einfluss unsere Gedanken auf die Wahrnehmung einer Situation, auf unsere Stimmung und das daraus resultierende Verhalten haben können. Wir wollen als Nächstes eine kurze Übung machen, um unsere automatischen körperbezogenen Gedanken zu identifizieren. Dafür gebe ich dir einige Sätze vor, die du spontan vervollständigen kannst.[51]

Mein Körper ist …

…………………………………………………………………

Wenn ich mich im Spiegel ansehe, denke ich, dass …

…………………………………………………………………

Wenn andere mich im Spiegel ansehen, denke ich, dass …

…………………………………………………………………

Schlanke Personen sind …

…………………………………………………………………

Mehrgewichtige Personen sind …

....

Wenn ich abnehmen würde, dann …

....

Wenn ich zunehmen würde, dann …

....

So »managst« du automatische Negativgedanken

Die gute Nachricht ist, dass wir dysfunktionale, negative Gedanken durch gezieltes Infragestellen verändern können. Negative Gedanken können nicht einfach »gestoppt« oder durch positive Gedanken ersetzt werden. Auch der Versuch, sie gerade nicht zu denken, hat meist den gegenteiligen Effekt. Gedankenunterdrückung funktioniert demnach nicht. Insofern ist es wichtig, sie aktiv zu hinterfragen und auf ihre Richtigkeit, Angemessenheit und Zielführung zu überprüfen.

Eine Möglichkeit, einen automatischen Gedanken zu hinterfragen, ist die Überprüfung seines Realitätsgehalts. Nehmen wir ein Beispiel aus der Kategorie »Alles-oder-Nichts-Denken«: »Wenn ich nicht perfekt aussehe, bin ich hässlich.« (Du kannst hier jedes beliebige persönliche Beispiel einsetzen.) Um den Realitätsgehalt zu überprüfen, könntest du dir folgende Fragen stellen:

»Woher weiß ich, dass dieser Gedanke stimmt?«
»Welche Beweise habe ich für diese Annahme?«
»Kann ich auf Erfahrungen zurückgreifen, die zeigen, dass es nicht so ist?«

So könntest du beispielsweise feststellen, dass dir in der jüngsten Vergangenheit niemand gesagt hat, du seist hässlich. Im Gegenteil, du hast einige Komplimente für deine neue Frisur bekommen. Durch diese »Beweisführung« würdest du aktiv merken, dass der Gedanke nicht auf Tatsachen beruht, sondern möglicherweise frühere Erfahrungen oder Ängste widerspiegelt. Im nächsten Schritt versuchst du, einen angemesseneren Gedanken zu formulieren, der beispielsweise lauten könnte: »Ich muss nicht perfekt aussehen, um attraktiv zu sein.«

Eine zweite Möglichkeit ist, die Übereinstimmung eines automatischen Gedankens mit persönlichen Zielen und Wünschen zu überprüfen, um ihn als dysfunktional zu »entlarven«. In unserem Beispiel würde das heißen: Die Gedanken darüber, perfekt aussehen zu müssen, helfen uns nicht dabei, zufriedener mit uns und unserem Körper zu werden.

In diesem Kontext könntest du dir also folgende Fragen stellen:

»Wie sinnvoll ist es, über Perfektion in Bezug auf mein Aussehen nachzudenken?«

»Könnte ich mich selbst mehr mögen, wenn ich niedrigere Maßstäbe an mich ansetzen würde?«

Die Formulierung eines wohlwollenderen Gedankens könnte lauten: »Wie ich aussehe, sagt nichts über meinen Wert als Mensch aus.« Es geht also alles in allem darum, negative automatische Gedanken zu überprüfen und zu einem angemesseneren Alternativgedanken zu gelangen, der ein angenehmeres Gefühl mit sich bringt.

Just relax

Zum Abschluss möchte ich eine kurze Entspannungsübung mit dir machen, mit deren Hilfe du mit positiven körperbezogenen Gedanken, Gefühlen und Erinnerungen in Kontakt kommen kannst, um so in deinem Alltag eine positive Verbindung mit deinem Körper herzustellen.

- Setze dich bequem hin und schließe die Augen, wenn du magst. Atme tief durch die Nase ein und durch den Mund wieder aus.
- Konzentriere dich ganz auf deinen Körper. Spüre, wie sich die Bauchdecke hebt und senkt, wie Luft durch deine Nase einströmt und durch den Mund wieder ausströmt.
- Stelle dir eine Szene oder eine Situation vor, in der du dich in deinem Körper wohlgefühlt hast oder in der du dich wohlfühlen würdest. Besinne dich ganz darauf, wie du dich in diesem Moment in deinem Körper gefühlt hast oder fühlen würdest. Überlege dabei nicht, wie du dabei aussiehst, sondern nur, wie du dich in deinem Körper fühlst. Versuche, die Szene so intensiv wie möglich wahrzunehmen. Wo befindest du dich? Was kannst du sehen? Was fühlst du auf deiner Haut? Was kannst du riechen? Welche Geräusche kannst du wahrnehmen? Sind weitere Personen beteiligt?
- Welche Gedanken gehen dir in diesem Moment durch den Kopf, in dem du dich voll und ganz wohl in deinem Körper fühlst? Welche Gefühle kannst du wahrnehmen?

Zur Inspiration, wie beispielhafte positive körperbezogene Gedanken aussehen könnten, insbesondere, wenn wir uns gerade unwohl in unserem Körper fühlen, möchte ich dir einige innere Sätze vorstellen. Diese stammen aus der Community meines Instagram-Accounts @psychotherapie.essstoerungen und wurden in einer qualitativen Umfrage genannt. Nicht alle inneren Sätze werden von jeder und jedem als hilfreich empfunden. Je nach individueller Biografie und deiner persönlichen Beziehung zu deinem Körper können einige Sätze für dich stimmiger sein als andere. Nimm dir diejenigen heraus, die für dich passen.

»Ich muss mich nicht lieben. Es ist okay. Ich versuche, mich zu respektieren und zu akzeptieren.«

»Ich sorge gut für mich, besonders wenn es mir schlecht geht.«

»Mein Körper ist derselbe wie gestern. Er verdient auch denselben Respekt wie gestern.«

»Mein Körper ist FÜR mich. Er leistet unglaublich viel.«

»Es ist okay, dass heute schwierig ist. Es wird auch wieder leichter. Ich bin okay.«

»Ich bin nicht das Gefühl. Ich habe das Gefühl.«

»Das, was ich gerade fühle, ist ein Gefühl, es geht vorüber und bleibt nicht so.«

»Respect your body for what it does, instead of punishing it for what it doesn't look like.«

»Mein Gewicht bestimmt nicht meinen Wert.«

»Mein Körper existiert nicht, um ›schön‹ zu sein.«

»Es ist okay, dass ich nicht immer mit meinem Körper zufrieden bin. Ich lerne ihn trotzdem zu akzeptieren.«

»Ich nehme mich an, wie ich bin, und lege den Fokus auf Dinge, die mir guttun.«

»My body is my home.«

»Ich bin wertvoll, unabhängig davon, wie ich aussehe.«

»Mein Körper ist das Uninteressanteste an mir.«

»Schlechte Tage gehören zum Leben dazu. Jeder hat sie und sie gehen vorbei.«

»Ich habe es nicht verdient, dass ich mich selbst niedermache.«

»Meine Wahrnehmung ist aktuell sehr negativ. Ich möchte meinen Körper weder negativ noch positiv sehen. Mein Körper ist neutral. Er ist so, wie er ist.«

Was würdest du sagen?

____

____

3.6 Dankbarkeit tut deinem Körper gut … und du kannst sie erlernen

Dankbarkeitstagebücher, Dankbarkeitsreflexionen oder -meditationen fördern maßgeblich das Wohlbefinden. Dazu gehören ein gesteigertes Glücksempfinden, verringerte depressive Symptome, verringerte Aggression, verbesserte Schlafqualität und eine verbesserte Konzentration.[52] Die Forschung hat außerdem die Wirksamkeit von Dankbarkeitsritualen zur Verringerung von Körperunzufriedenheit untersucht, mit überzeugenden Ergebnissen.[53]

Die Teilnehmenden erhielten ein Dankbarkeitsarbeitsbuch das sie über die positive Wirkung der Dankbarkeitspraxis auf ihr Wohlbefinden aufklärte und das auch darauf hinwies, dass mit zunehmendem allgemeinen Wohlbefinden auch ihre Körperzufriedenheit steigen würde. Die Teilnehmer*innen wurden anschließend gebeten, Dankbarkeitstagebücher zu führen, in denen sie zwei Wochen lang täglich bis zu sechs Dinge aufschreiben sollten, für die sie dankbar waren, wie »Ich bin dankbar, liebevolle Eltern zu haben.« und »Ich bin dankbar für einen interessanten Job.«. Bereits in vorherigen Studien zeigte sich, dass Dankbarkeitstagebücher in der Lage sind, das allgemeine Wohlbefinden über einen Zeitraum von zwei Wochen signifikant zu verbessern[54] – so auch hier. Eine weitere Studie konnte mithilfe dieser Methode eine Verringerung der Körperunzufriedenheit, eine Steigerung der körperlichen Wertschätzung, eine Verringerung essgestörter Verhaltensweisen sowie eine Verringerung depressiver Symptome nachweisen.[55]

Der tägliche Fokus auf Aspekte, für die wir dankbar sind, wirkt sich also nicht nur positiv auf unser Wohlbefinden aus, sondern kann auch erfolgreich zur Verbesserung des Körperbildes beitragen. Dafür ist es wichtig, täglich für einen Zeitraum von 14 Tagen bis zu sechs Aussagen aufzuschreiben, für die wir persönlich an dem jeweiligen Tag dankbar sind. Die Aussagen müssen sich nicht auf den Körper beziehen, sondern können auch andere Lebensbereiche erfassen. Beispiele können sein:

1. Ich bin dankbar für die Unterstützung meiner Freunde, wenn ich sie brauche.
2. Ich schätze die Zeit, die ich mit meiner Familie verbringe, und bin dafür dankbar.
3. Es macht mich glücklich, die Schönheit der Natur zu genießen, besonders bei einem Sonnenuntergang.
4. Ich bin dankbar für die Gelegenheit, meine Talente und Fähigkeiten in meinem Beruf einzusetzen.
5. Die Liebe meines Partners/meiner Partnerin bereichert mein Leben, und dafür bin ich dankbar.
6. Ich schätze die kleinen Freuden im Alltag, wie einen guten Kaffee am Morgen.
7. Es erfüllt mich mit Dankbarkeit, wenn ich anderen Menschen helfen kann.
8. Ich bin dankbar für die Gesundheit meines Körpers und die Fähigkeit, aktiv zu sein.
9. Ich schätze die kulturellen Erlebnisse, die mir Bücher und Filme bieten.
10. Die Freiheit, meine eigenen Entscheidungen zu treffen, ist etwas, wofür ich dankbar bin.
11. Die Möglichkeit, neue Dinge zu lernen und zu wachsen, weckt Dankbarkeit in mir.
12. Ich bin dankbar für die Vielfalt der kulturellen Erfahrungen, die mir das Reisen ermöglicht.
13. Die Fähigkeit, kreativ zu sein und mich auszudrücken, erfüllt mich mit Dankbarkeit.
14. Ich schätze die Erinnerungen an besondere Momente mit meinen Lieben.
15. Die Möglichkeit, Zugang zu Bildung zu haben, ist ein Privileg, für das ich dankbar bin.
16. Ich bin dankbar für die Freiheit, meine Zeit nach meinen eigenen Interessen zu gestalten.

17. Die Ruhe und Stille in der Natur beruhigt meine Seele, und dafür bin ich dankbar.
18. Ich schätze die Wärme und Geborgenheit meines Zuhauses.
19. Die inspirierenden Menschen in meinem Leben motivieren mich, und das macht mich dankbar.
20. Ich bin dankbar für Momente des Lachens und der Fröhlichkeit mit meinen Freunden.
21. Ich schätze die Möglichkeit, Neues auszuprobieren und Abenteuer zu erleben.

Diese Aufzählung soll verdeutlichen, wie vielfältig Dankbarkeit sein kann. Es müssen dabei nicht alle Aspekte auf jeden zutreffen, sondern es geht vielmehr darum, sich selbst dahingehend zu reflektieren und zu fragen, für welche Aspekte des Lebens man persönlich dankbar ist. Wofür bist du dankbar?

1. ....

....

2. ....

....

3. ....

....

4. ....

....

5. ....

....

6. ....

....

3.7 Bodyshaming – Konstruktiver Umgang mit einem destruktiven Verhalten

Über Bodyshaming und die kritischen Auswirkungen dieses grenzüberschreitenden und verletzenden Verhaltens haben wir bereits im ersten Teil des Buches ausführlich gesprochen. Wünschenswert wäre daher, es würde in unserer Gesellschaft nicht mehr auftreten. Da dies jedoch zum aktuellen Zeitpunkt unrealistisch ist, stellt sich die entscheidende Frage, wie wir uns erfolgreich davon abgrenzen können, sofern es uns widerfährt. Lass uns also gemeinsam beleuchten, wie wir dazu beitragen können, die Verbreitung von Bodyshaming zu reduzieren, um ein sensibleres Miteinander zu schaffen. Eine bewusstere körperbezogene Kommunikation fördert nicht nur unser eigenes Wohlbefinden, sondern trägt auch dazu bei, dass Gewichtsdiskriminierung in unserer Gesellschaft weniger Raum findet. Ich werde dir Möglichkeiten aufzeigen, Bodyshaming als übergriffig zu benennen, und Tools vorstellen, wie du dich und andere bestmöglich davor schützen kannst.

Der erste Schritt ist immer, mithilfe validierter Informationen über Negativmuster und Abwertung aufzuklären. Das kann einerseits durch Personen erfolgen, die selbst von etwas betroffen sind (wie z. B. von Bodyshaming), andererseits können aber auch nicht betroffene Personen für ein Thema sensibilisieren. Diese Personen werden auch *Allies* genannt. Ein *Ally* (Verbündete*r) setzt sich aktiv für die Unterstützung und Solidarität mit einer bestimmten Gruppe oder einer sozialen Bewegung ein, obwohl er oder sie selbst nicht zu dieser Gruppe gehört oder von den spezifischen Problemen, die diese Gruppe betrifft, nicht direkt tangiert ist.

Sich als Ally stark machen

Welche Möglichkeiten hast du nun, als Ally rund um das Thema Bodyshaming aktiv zu werden, und was brauchst du vorab? Zunächst einmal ist ein gewisses Maß an Empathie entscheidend, um die Gefühle und Erfahrungen Betroffener zu verstehen, in Kombination mit fundiertem Wissen zum Thema. Je besser ein Ally informiert ist, desto effektiver kann er oder sie handeln. Vertiefte Backgroundinfos zu Bodyshaming oder Gewichtsdiskriminierung findest du zum Beispiel in Teil eins und zwei dieses Buches. Natürlich wird zu diesen Themen beständig weitergeforscht, insofern macht es Sinn, sich laufend in diesem Bereich »weiterzubilden«. Zentral ist außerdem die Bereitschaft zur Selbstreflexion. Gab es Momente, in denen du selbst unbeabsichtigt an Bodyshaming oder anderen problematischen Verhaltensweisen beteiligt warst? Dann gehört auch dazu, Verantwortung für das eigene Handeln oder die gemachten Aussagen zu übernehmen. Die daraus resultierenden Erkenntnisse sind entscheidend, um unerwünschtes eigenes Verhalten zu reflektieren und zukünftig zu verändern.

Und was kannst du nun konkret tun? Ganz entscheidend ist es natürlich, Betroffenen zuzuhören und zu versuchen, sie zu verstehen und sich in sie hineinzuversetzen. Darüber hinaus ist es als Ally wichtig, aktiv auf unangemessenes Verhalten, also zum Beispiel Bodyshaming hinzuweisen. Wenn du es beobachtest, sei bereit, es anzusprechen. Das kann bedeuten, den Urheber der grenzüberschreitenden Bemerkung höflich und deutlich zur Rede zu stellen und/oder die betroffene Person zu unterstützen. Außerdem lässt sich auch im virtuellen Raum Bewusstsein für das Thema schaffen. Dafür könntest du beispielsweise Artikel, Videos, Bücher oder andere vertrauenswürdige Ressourcen auf deinen Social-Media-Plattformen teilen, die das Verständnis vertiefen und andere dazu ermutigen, sich ebenso mit diesem Thema auseinanderzusetzen.

Self-Empowerment – So konterst du Bodyshaming

Was kannst du tun, wenn Bodyshaming direkt an dich gerichtet ist? Oft gelingt es uns in übergriffigen Situationen nicht sofort, diese zu benennen und darauf gezielt zu reagieren. Es kann also sinnvoll sein, sich im Vorfeld Gedanken darüber zu machen, was in der betreffenden Situation mögliche Handlungsoptionen wären.

Zunächst ist es ratsam, unangemessenes Verhalten entweder direkt in der Situation oder im Nachhinein anzusprechen. Dadurch setzen wir eine klare Grenze. Grenzen zu setzen, ist ein Akt der Selbstfürsorge und ist für den Erhalt unserer mentalen Gesundheit enorm wichtig. Wir schützen uns vor den schädlichen Auswirkungen übergriffigen Verhaltens, sei es auf emotionaler, psychischer oder physischer Ebene. Wir stehen damit für unsere eigenen Bedürfnisse und unser Wohlbefinden ein. Diese Maßnahme kann auch dazu beitragen, dass die betreffende Person ihr Verhalten überdenkt und möglicherweise zukünftig anders handelt. Grenzen zu setzen, gibt uns ein Gefühl der Selbstbestimmung und Kontrolle über unsere eigenen Erfahrungen. Wir bestimmen, was für uns akzeptabel ist und was nicht. In einem größeren gesellschaftlichen Kontext kann diese Positionierung langfristig zu einem Wandel führen, sodass Bodyshaming und andere Formen von Diskriminierung künftig weniger toleriert werden und die Gesellschaft insgesamt eine höhere Sensibilität für diese Themen entwickelt.

Um das Ganze etwas praktischer und greifbarer zu machen, möchte ich einige Beispiele aufzeigen, wie du auf übergriffige, körperbezogene Aussagen reagieren kannst. Ergänze am Ende gern eigene Beispiele.

Body-Shaming-Aussage	Mögliche Antwort
»Warum isst du das? Du bist doch schon dick genug.«	»Es ist nicht in Ordnung, dass du mir sagen willst, was ich essen soll und was nicht. Ich habe dich nicht nach deiner Meinung oder deinem Rat gefragt. Ich bitte dich, mein Essverhalten nicht zu kommentieren.«
»Deine Figur ist total unattraktiv.«	»Deine Aussage ist sehr verletzend und übergriffig. Ich möchte nicht, dass du meine Figur kommentierst. Es ist nicht o. k., dass du mich aufgrund meiner Figur bewertest.«
»Du könntest ein bisschen Sport vertragen.«	»Ich weiß selbst, was mir und meinem Körper guttut. Solche Bemerkungen helfen mir nicht. Bitte unterlasse sie.«
»Warum trägst du das? Das betont nur deine Problemzonen.«	»Meine Kleidung und mein Stil müssen nur mir gefallen. Ich möchte keine Kommentare über meine ›Problemzonen‹ hören. Kleidung ist für alle Menschen gemacht, egal ob schlank oder nicht.«
»Du solltest wirklich abnehmen.«	»Ich möchte mit dir nicht über mein Gewicht oder über Diäten sprechen. Mein Gewicht ist allein meine Sache. Bitte lass solche Bemerkungen sein.«
Eigenes Beispiel:	Mögliche Antwort:
Eigenes Beispiel:	Mögliche Antwort:

Vielleicht erinnerst du dich, dass auch vermeintlich »gut gemeinte« Kommentare als übergriffig empfunden werden können. Entscheidend ist hier die Wahrnehmung des Geäußerten seitens der betroffenen Person als negativ, angreifend oder beschämend. Bodyshaming kann demnach auch in Form gut gemeinter Ratschläge auftreten (»Du solltest abnehmen, um Bluthochdruck zu vermeiden«).[56] Ich möchte an dieser Stelle daher noch einmal auf den Umgang mit dieser Art von Gewichtskommentierung eingehen. Hier Grenzen zu setzen, stellt sich in den meisten Fällen noch herausfordernder dar, weil die kommentierende Person keine bösen Absichten verfolgt und sogar glaubt, der betroffenen Person mit ihrer Aussage zu helfen. Dies kann zu einer komplexen sozialen Dynamik führen, in der die Betroffenen möglicherweise zögern, übergriffige Kommentare zurückzuweisen, da sie nicht unhöflich erscheinen oder die gute Absicht der anderen Person infrage stellen möchten. Die Herausforderung lautet also hier: eigene Grenzen auf respektvolle Weise zu setzen und damit die zwischenmenschliche Beziehung nicht zu gefährden.

Gut gemeinte Aussage	Mögliche Antwort
»Wow, toll wie du abgenommen hast.«	»Ich schätze dein Kompliment, ich weiß, dass du es gut meinst. Ich möchte aber nicht mehr über Abnehmen oder Diäten sprechen, das tut mir nicht gut.«
»Du solltest wirklich darauf achten, gesünder zu essen.«	»Danke für deine Sorge. Ich würde dich trotzdem bitten, meine Essensauswahl nicht zu kommentieren und es mir zu überlassen, was ich esse.«
»Ich sage das nur, weil ich mir Sorgen um deine Gesundheit mache.«	»Ich schätze deine Sorge sehr. Gesundheit ist ein komplexes Konstrukt und das Gewicht ist nur ein klitzekleiner Teil davon. Mein Weg zur Gesundheit mag anders sein als deiner, aber ich arbeite an meinem Wohlbefinden auf meine eigene Weise.«
»Warum probierst du nicht diese Diät aus? Sie hat bei so vielen Leuten geholfen.«	»Ich weiß es zu schätzen, dass du dir Gedanken machst. Ich arbeite gerade daran, ein gesundes Verhältnis zum Essen aufzubauen und da sind Diäten nicht hilfreich. Lass uns bitte über etwas anderes als mein Gewicht sprechen.«
Eigenes Beispiel:	Mögliche Antwort:
Eigenes Beispiel:	Mögliche Antwort:

Fat Talk und Impulse für »gesündere« Alternativen

Eine weitverbreitete Form des »Selbst-Body-Shamings« ist der sogenannte *Fat Talk*, sprich selbst ausgesprochene negative Kommentare über das eigene Gewicht oder die eigene Figur in Interaktion mit anderen.[57] Beispiele: »Ich sehe in diesen Jeans viel zu fett aus!« oder »Mein Bauch hängt in diesen Jeans zu sehr über meine Taille!« Etwa 93 % der jungen Frauen an Hochschulen üben regelmäßig Fat Talk aus, wobei dieser unabhängig von objektiver Figur und Gewicht bei sämtlichen Gewichtsgruppen auftreten kann.[58] Fat Talk ist eine Art körperbezogener Kommunikation, die am häufigsten von Mädchen und Frauen im Rahmen von Freundschaftsinteraktionen geäußert wird[59] und als Verkörperung von Körperunzufriedenheit in von Peer-Beziehungen gesehen werden kann.[60] Er bringt zum einen eine Art soziales Verbundenheitsgefühl mit sich, dadurch dass wir uns dabei in einer zwischenmenschlichen Situation befinden. Gleichzeitig ist er mit niedriger körperlicher Wertschätzung, verstärkt aussehensbezogenen Vergleichen und stärkerer Internalisierung eines schlanken Körperideals verquickt.[61] Er geschieht in den allermeisten Fällen nicht mit bewussten negativen Absichten, verstärkt aber negative körperbezogene Überzeugungen über uns selbst.

Body Reflections

Spielt Fat Talk in deinem Leben eine Rolle?

Wie sieht es bei dir aus? Welche Erfahrungen hast du ganz konkret mit Selbst-Body-Shamings gemacht? Ich gebe dir einmal ein paar Fragen an die Hand:

1. In welchen sozialen Situationen bin ich Fat Talk schon einmal begegnet (bei mir oder bei anderen)?
2. Wie fühle ich mich, nachdem ich Fat Talk über mich selbst geäußert habe? So, als wenn jemand anderes dies vor mir getan hätte?

3. Gibt es spezifische Auslöser oder Situationen, in denen ich zu Fat Talk neige?
4. Habe ich das Gefühl, dass Fat Talk in meiner sozialen Gruppe verbreitet ist und von anderen akzeptiert wird?
5. Wie könnte ich anstelle von Fat Talk eine gesündere Form der Kommunikation kultivieren?

»Echte« Komplimente machen – Freude bringendes Kurzcoaching

Das Thema Körper ist sensibel und komplex. Wir wissen nie, was wir mit unseren Kommentaren bei unserem Gegenüber auslösen können. Gewichtsabnahme ist nicht gleichzusetzen mit Erfolg und Gewichtszunahme nicht mit Misserfolg, Versagen oder Faulheit. Diese gesellschaftlich weit verbreitete Denkweise ist nicht nur simplifizierend, sondern auch falsch. Unser Gewicht ist von so vielen unterschiedlichen Einflüssen abhängig, die wir selbst nicht in der Hand haben. Genauso sind Körper divers und verdienen es, in ihrer Diversität gesehen und akzeptiert zu werden. Es wäre demnach sinnvoll, ungefragte Kommentare zum Körper und zum Essverhalten anderer Personen gänzlich zu unterlassen – sofern wir nicht explizit danach gefragt werden. Ein konstruktiver Schritt in Richtung eines positiven Körperbildes kann es sein, anderen und uns selbst Komplimente für Aspekte abseits des Aussehens zu machen. Das fördert nicht nur ein gesünderes und weniger oberflächliches soziales Umfeld, sondern es erlaubt uns auch, die individuellen Stärken und Eigenschaften einer Person zu würdigen, die weit über das physische Erscheinungsbild hinausgehen. Lies dir die folgenden Komplimente einmal in Ruhe durch und lasse sie auf dich wirken:

»Dein Lächeln erfüllt den Raum.«
»Deine Ehrlichkeit ist erfrischend.«
»Ich bewundere, wie gut du Grenzen setzen kannst.«

»Du hast einen guten Einfluss auf mich.«
»Ich bin gerne in deiner Gegenwart.«
»Du kannst so gut zuhören.«
»Ich liebe dein Lachen.«
»Du inspirierst mich.«
»Vor dir kann ich ganz ich selbst sein.«
»Ich vertraue dir.«
»Mir geht es gut, wenn ich in deiner Nähe bin.«
»Es ist schön, dass du Teil meines Lebens bist.«
»Du hast eine positive Ausstrahlung.«
»Ich bin so dankbar, dass es dich gibt.«

Was lösen diese Art der Komplimente – unabhängig vom Aussehen einer Person – in dir aus? Was würden aussehensbezogene Komplimente in dir auslösen? Welche Form der Wertschätzung berührt dich mehr und warum?

Nimm dir etwas Zeit und bringe deine Gedanken zu Papier.

3.8 Make a change – Gewichtsdiskriminierung reflektieren und aufbrechen

Gewichtsdiskriminierung ist eng mit dem Bodyshaming verquickt, manchmal deckungsgleich mit selbigem, umfasst aber noch sehr viel mehr. Es ist in erster Linie ein strukturelles Problem, wie in Teil eins und zwei des Buches erläutert wurde, sprich viele Teile der Gesellschaft praktizieren Gewichtsdiskriminierung, teils bewusst, teils unbewusst. Daher ist es für den Einzelnen unmöglich, dieses Thema eigenständig aufzulösen. Der Umgang mit Gewichtsdiskriminierung erfordert daher eine differenzierte Herangehensweise. Sowohl für die Betroffenen als auch für die Allies spielen Sensibilisierung und die Förderung von strukturellen Veränderungen eine entscheidende Rolle. Zum aktiven Abbau fettfeindlicher Einstellungen und von Gewichtsdiskriminierung auf individueller Ebene können folgende konkrete Schritte hilfreich sein. Kurze Anmerkung:

Bereich	Schritte zur Veränderung
Sprache	• Reflektiere dich und deine Wortwahl. • Wo benutzt du evtl. Wörter oder Redewendungen, durch die andere Menschen sich diskriminiert fühlen könnten? • Anstatt »Übergewicht«: »Mehrgewicht« sagen, • anstatt »Mehrgewichtige«: »Menschen mit Mehrgewicht« sagen. • »Ich fühle mich fett« – STOP! »Fett« ist keine Emotion. Derartige Aussagen sollten wir unterlassen und überlegen, welches Gefühl gerade wirklich in uns vorgeht. • Normalisieren: »dick« und »fett« als beschreibende, nicht als wertende Adjektive oder als Beleidigung verwenden. Ebenso wie »dünn« beschreiben sie lediglich einen körperlichen Zustand. • keine Witze über Personen mit Mehrgewicht, die auf ihr Gewicht abzielen. • Fat Phobia/Fettphobie: Benutze stattdessen das Wort »Fettfeindlichkeit«. Eine Phobie ist eine psychische Erkrankung mit Krankheitswert, was in diesem Kontext nicht zutreffend ist. • Wenn etwas von dir nicht diskriminierend gemeint war, heißt das nicht, dass es nicht diskriminierend erlebt werden kann!
Bildung	• Informiere dich über komplexe Gründe für Mehrgewicht (biologisch, genetisch, sozial, etc.). • Sei darauf vorbereitet, dass Menschen mit Argumenten kommen im Sinne von »Ja, aber das ist doch ungesund …«. • Gesundheit ist ein multidimensionales Konstrukt. Mehrgewicht ist nicht automatisch ungesund. Was aber 100 % zur »Ungesundheit« beiträgt, ist strukturelle Diskriminierung! • Bereiche von Gewichtsdiskriminierung und ihre Auswirkungen kennen (siehe Teil 1 und 2 dieses Buches).
Selbstreflexion	Wir alle sind von der Gesellschaft geprägt, in der wir aufwachsen. Stichwort: Diätkultur. In unserer Gesellschaft werden Menschen häufig nach äußeren Kriterien beurteilt (Aussehen, Erfüllen des Körperideals, Leistungen in Schule, Job, sozialem Umfeld etc.). Reflektiere dich und deine impliziten Einstellungen diesbezüglich. Wo bist du nicht wertfrei und urteilst nach Äußerlichkeiten? Bewertung von Körperformen hinterfragen: Dick =? Schlank =? Versuche, dich von jeglichen Bewertungen von Körperformen zu verabschieden. Übe dich sowohl in achtsamer, nicht wertender als auch positiv konnotierter Wahrnehmung und Beschreibung deines Körpers sowie anderer Körper.

Bereich	Schritte zur Veränderung
Medienverhalten	Ändere deinen Konsum medialer Inhalte oder Produkte, die fettfeindliche Narrative enthalten. Social Media: Entfolge Accounts, auf denen zu extremen Diäten aufgerufen oder Fat Shaming betrieben wird. Folge Accounts, die über diese Themen aufklären. Diversifiziere deinen Feed. Klatschpresse: Zeitschriften werben häufig mit Schlagzeilen, die fettfeindlich sind (zum Beispiel »Kilo-Katastrophe«, ...), Filme, in denen Mehrgewicht als »Schwäche« dargestellt wird. Solltest du beim Konsum von Inhalten merken, dass fettfeindliche Narrative reproduziert werden, mache darauf aufmerksam. Je bewusster du mit deinem eigenen Konsum umgehst, desto mehr Punkte werden dir auffallen.
Engagement	Positioniere dich! Setze dich dafür ein, dass die Diskriminierung von Menschen mit Mehrgewicht aufhört. Teile wissenschaftlich korrekte Inhalte, die belegen, welche Auswirkungen Gewichtsdiskriminierung haben kann. Leite Inhalte an deinen Freundes- und Bekanntenkreis weiter, um das Thema sichtbar zu machen. Setze dich dafür ein, egal wo du arbeitest oder lebst, Aufmerksamkeit dafür zu schaffen, welcher Stigmatisierung Menschen mit Mehrgewicht tagtäglich ausgesetzt sind!

Gewichtsneutral agieren und kommunizieren – So geht's

Aufgrund der vielfältigen negativen Konsequenzen struktureller Gewichtsdiskriminierung insbesondere im Gesundheitswesen hat sich in den letzten Jahren als Gegenposition die sogenannte »gewichtsneutrale Haltung« entwickelt. Diese entstammt dem Health at Every Size®-Ansatz (HAES®), einem Konzept, das die Betonung auf das individuelle Wohlbefinden und die Entkoppelung von Gesundheit und Körpergewicht legt. Das HAES-Prinzip wurde maßgeblich von Dr. Lindo Bacon (Ernährungswissenschaftler*in und Forscher*in mit inzwischen non-binärer Identitätsdefinition) geprägt, die Kernthesen sind im Buch »Health at Every Size: The Surprising Truth About Your Weight« (2008) nachzulesen.[62]

Die wissenschaftlich belegte Argumentation darin: Die Konzentration auf Gewichtsverlust als primärem gesundheitlichem Ziel ist gerade nicht effektiv und oft sogar schädlich. Stattdessen kann Gesundheit in vielen verschiedenen Körperformen und -größen erreicht werden. Der Fokus auf gesundheitsförderliche Verhaltensweisen und ein positives Verhältnis zum eigenen Körper ist damit wichtiger als die bloße Zahl auf der Waage. Der HAES-Ansatz hat seit seiner Entstehung an Popularität gewonnen und wird von verschiedenen Gesundheitsfachleuten, Ernährungsberaterinnen und -beratern und Aktivistinnen und Aktivisten unterstützt, die sich für eine gewichtsneutrale Herangehensweise an das Thema Gesundheit und Wohlbefinden einsetzen. Die drei Hauptprinzipien des Konzepts möchte ich dir jetzt kurz vorstellen:

Prinzip	Inhalt
1. Gewichtsinklusivität, Körperakzeptanz und -respekt unabhängig vom Gewicht	Hierbei geht es um die Akzeptanz der Vielfalt von Körperformen und -gewichtstypen und die Ablehnung von körperlichen Idealen bzw. der Pathologisierung eines von diesem Ideal abweichenden Gewichts. Gewichtsinklusivität bedeutet im Kern, dass Gesundheitsversorgung für Menschen unabhängig von ihrem Körpergewicht zugänglich sein muss. Insbesondere im aktuell noch gewichtszentrierten Gesundheitswesen erfahren mehrgewichtige Menschen schlechtere Versorgungsqualität als schlanke Personen (vgl. Kapitel 1.3). Weitere Benachteiligung findet sich indirekt in Form von Auslegung medizinischer Ausrüstung, Kittel und Sitzgelegenheiten ausschließlich für schlanke Körper. In diesem Prinzip spiegelt sich der im HAES-Konzept verfolgte gewichtsneutrale Ansatz zur Förderung von Gesundheit unabhängig von Figur und Gewicht besonders deutlich.
2. Intuitive Ernährung, die das Wohlbefinden stärkt	Vgl. Intuitives Essen, S. 155 ff.
3. Körperliche Bewegung aus Freude	Vgl. Bewegung macht Lebensfreude, S. 164 ff.

Das kannst du tun, wenn du von Mehrgewicht betroffen bist

Wir haben selbst die Verantwortung dafür, uns um unsere Gesundheit zu kümmern. Gleichzeitig »schulden« wir niemandem, dies zu tun. Mehrgewichtigen Menschen wird es im Gesundheitswesen jedoch wesentlich schwerer gemacht, eine qualitativ hochwertige medizinische Behandlung zu erhalten. Das Ergebnis: Viele von ihnen verschieben oder vermeiden medizinische Versorgung. Du hast es jedoch verdient, eine ebenso hochwertige gesundheitliche Versorgung zu erhalten wie eine schlanke Person. Du hast es verdient, dass deine Probleme ernst genommen und nicht ausschließlich auf dein Gewicht zurückgeführt werden. Um zu gewährleisten, dass du nicht aufgrund deines Gewichts primär Diätempfehlungen erhältst und deine eigentlichen Symptome kaum Beachtung finden, könntest du Folgendes tun:

- in Erfahrung bringen, ob ein Arzt oder eine Ärztin gewichtsneutral arbeitet; den Arzt oder die Ärztin im Vorfeld nach seiner oder ihrer Einstellung zum Thema Gewicht befragen
- Brief an den Arzt oder die Ärztin schreiben, in dem du dich vorstellst und deine Bedürfnisse schilderst
- Freundinnen, Freunde oder Bekannte nach Empfehlungen fragen oder auf Social Media recherchieren
- Arzt oder Ärztin befragen, ob er oder sie das HAES-Prinzip kennt und danach arbeitet
- Wichtig: Dein Gewicht sollte keinen Einfluss darauf haben, wie dein Arzt oder deine Ärztin dich behandelt (wie viel Zeit sie sich nehmen, wie respektvoll der Umgang ist, etc.).
- gezielte Fragen stellen: »Welche Behandlung würden Sie einer schlanken Person mit meinen Symptomen empfehlen?«
- aussprechen, was die Herangehensweise des Arztes oder der Ärztin bei dir auslöst: »Ich habe den Eindruck, dass Sie sich in der Behandlung meiner Symptome sehr auf mein Gewicht konzentrieren. Kennen Sie den gewichtsneutralen Ansatz?«

- eigenes Wissen einbringen bei Diätempfehlungen: »Meine Therapeutin hat mit mir Studien besprochen, die zeigen, dass ein Großteil der Menschen nach anfänglicher Gewichtsabnahme das Gewicht nach Diäten langfristig wieder zunimmt und oft danach sogar noch mehr wiegt. Das deckt sich auch mit meinen persönlichen Diäterfahrungen. Ich glaube daher nicht, dass Diäten meine Probleme nachhaltig lösen können. Mir wäre es lieber, wenn wir meine Symptome direkt behandeln und auf Diäten verzichten.«

Diese Punkte können dir dabei helfen, eine gewichtsneutrale Behandlung zu erhalten. Sie sind jedoch kein Garant dafür, da viele Kolleginnen und Kollegen leider immer noch sehr gewichtszentriert arbeiten. Du kannst im ärztlichen Gespräch jederzeit auch auf die Inhalte auf meinem Social-Media-Account (@psychotherapie.essstoerungen) oder auf Inhalte dieses Buches verweisen. Eine weitere Empfehlung in diesem Kontext ist meine geschätzte Kollegin Dr. Antonie Post (@drantoniepost). Antonie ist promovierte Ernährungswissenschaftlerin, arbeitet nach dem HAES-Prinzip und hat auch einen wahnsinnig tollen Podcast mit dem Namen »*Iss doch, was Du willst*«. Dort klärt sie in der Tiefe und mit Verweis auf wissenschaftliche Studien über diverse Themen rund um Diäten und Gewichtsdiskriminierung auf. Schau sehr gerne mal bei ihr vorbei!

3.9 Selbstbestimmter Social-Media-Use

Es war bereits Thema in diesem Buch: Social-Media-Inhalte können sich ganz unterschiedlich auf unser Körperbild auswirken. Bestimmte Personen sind aufgrund ihrer Eigenschaften anfälliger als andere für negative Auswirkungen wie die Internalisierung von Schönheitsidealen und ein ausgeprägtes Vergleichsverhalten. Diesen Risikofaktoren stehen aber auch sogenannte Schutzfaktoren gegenüber, die Negativeffekte von Social

Media abpuffern können: Dazu zählen eine fundierte Medienkompetenz und eine ausgeprägte körperliche Selbstwertschätzung.[63] Eine hohe Medienkompetenz bewirkt, dass idealisierte Körperideale sowohl kritisch hinterfragt als auch als unrealistisch eingestuft werden. Die oft destruktiv wirkende Vergleichsspirale (»davon bin ich meilenweit entfernt«) kommt nicht in Gang. Individuelle Medienkompetenz lässt sich übrigens fördern. Im Bereich sozialer Medien zum Beispiel: sich inszenierte und stark bearbeitete Bilderstellung als solche bewusst machen. Die Kennzeichnung in entsprechenden Bildunterschriften (sogenannten »Captions« oder »Disclaimer Labels«) kann die unrealistische Natur der Bilder ausweisen. Influencer*innen können in ihren Beiträgen verdeutlichen, in welcher Form sie ihre Inhalte bearbeitet haben. Sie schärfen so das Wissen darum, dass die perfekt scheinende Welt und die idealisierten Körper auf Social Media nicht unbedingt der Realität entsprechen, wenn sich dadurch auch die Körperzufriedenheit von Betrachter*innen nicht verbessern lässt, wie eine Studie ergab.[64]Es wirkt eben immer noch die Konfrontation mit einem vermeintlich idealen Bild. Die Bewusstmachung der »Fake«-Tatsache kann jedoch in jedem Fall dazu beitragen, dass Menschen sich kritischer mit dargestellten Inhalten auseinandersetzen und ein realistischeres Verständnis von Körpern entwickeln.

Wie können wir nun aber Social Media so für uns nutzen, dass es sich positiv auf unser Körperbild oder zumindest nicht schädlich auswirkt? Zahlreiche Studien konnten nachweisen, dass eine erfolgreiche Möglichkeit zur Förderung eines positiven Körperbildes in der Präsenz von realistischen Körpern liegt. Bilder von Personen, deren Erscheinungsbild näher an dem der allgemeinen Bevölkerung ist (durchschnittliche Größe, realistisch, ohne digitale Manipulation usw.), wirken sich weniger schädlich auf das Körperbild aus als Bilder, die ein unerreichbares Körperideal darstellen oder stark bearbeitete Inhalte wiedergeben. Darüber hinaus wirken Bilder, die Individuen zeigen, negativer auf das Körperbild als Bilder, die dies nicht tun (Zitate,

Landschaften, Tiere etc.). Weitere Studien belegen, dass Diversität in der Darstellung von Körpern im Vergleich zu dünn-idealen und makellosen Bildern das eigene Körperbild beeinflussen kann. Studienteilnehmerinnen, die mit Bildern mehrgewichtiger Frauen und Body-Positive-Inhalten konfrontiert werden, berichteten von höherer Körperzufriedenheit im Vergleich zu denen, die dünn-ideale oder neutrale Bilder ansahen.[65]

Die Nützlichkeit von Captions oder Hashtags, die Bilder als realistisch oder unverändert kennzeichnen, ist, wie bereits oben dargestellt, unklar. Anders sieht es bei Kommentaren unter Beiträgen aus. In einer Studie wurde untersucht, wie sich unterschiedliche Arten von Kommentaren auf das Körperbild der Konsumentinnen auswirken. Dafür wurden jungen Frauen Bilder präsentiert, zu denen andere User und Userinnen Kommentare abgegeben hatten, die entweder einen Realitycheck lieferten (»Sie sieht unnatürlich aus.«), oder positive Wertungen lieferten (»Sie sieht umwerfend aus.«). In Zusammenhang mit den Realitycheck-Kommentaren fand sich im Anschluss eine höhere Körperzufriedenheit als in der Vergleichskategorie.[66] Was also wäre summa summarum im Bereich Social Media hilfreich und wünschenswert, damit die Körperzufriedenheit der User*innen in Zukunft wachsen kann?

1. **Vielfalt von Körperdarstellungen**: Die Präsenz realistischer und diverser Körper auf sozialen Medien kann dazu beitragen, ein positiveres Körperbild zu stärken und die negativen Auswirkungen von idealisierten Bildern zu mildern. Personen, die verschiedene Körpertypen und -größen repräsentieren, bieten ein realistischeres Bild der menschlichen Vielfalt und können Körperakzeptanz fördern.

2. **Reduzierung aussehensbezogener Inhalte**: Eine verringerte Menge derjenigen Inhalte, die sich allein auf die äußere Erscheinung konzentrieren, und eine gesteigerte Menge an Inhalten, die andere Aspekte des Lebens in den Fokus rücken, könnten dazu beitragen, den Druck zu senken, immer »perfekt« aussehen zu müssen.

3. Bewusstsein für Realitätsnähe: Kommentare und Captions, die die unrealistische Natur von bearbeiteten oder idealisierten Bildern betonen, können als eine Art »Realitycheck« dienen und möglicherweise dazu beitragen, die negativen Auswirkungen dieser Bilder zu mildern.

Wie können wir nun als Konsument*innen diese Erkenntnisse für uns auf individueller Ebene anwenden? Wie kann ein bewussterer Umgang mit Social Media konkret aussehen?

Du kannst beispielsweise Hashtags für dich nutzen, um Diversität in deinen Social-Media-Feed zu bringen. Eine der Stärken der Body-Positivity- und Body-Neutrality-Bewegung ist, dass sie sich über die sozialen Medien mittels entsprechender Hashtags miteinander vernetzen kann. Auf diese Weise kannst du deinen Social-Media-Feed mit vielfältigeren Bildern füllen und mit dem Thema verwandte Inhalte entdecken. Darüber hinaus kannst du dir auf identische Weise vermehrt unbearbeitete Bilder anzeigen lassen. Durch die Ergänzung diverserer und realistischerer körperbezogener Inhalte veränderst du schrittweise deine Sehgewohnheiten und wirkst der Internalisierung eines einzigen körperlichen Idealbilds entgegen. Darüber hinaus reduzieren sich dadurch die körperbezogenen Aufwärtsvergleiche, weil du seltener mit unrealistischen Körperidealen konfrontiert wirst. Zudem erkennt der Algorithmus deine Präferenzen und kann deinen Feed dementsprechend besser personalisieren.

Hashtag-Vorschläge, nach denen du gezielt suchen kannst, könnten sein: #bodypositive, #bodypositivity, #bodyneutrality, #bodyneutral, #bodyfunctionality, #bodyacceptance, #nofilter, #unedited, #diversity, #mehrrealitätaufinstagram, #unbearbeitet, #körperakzeptanz, #curvy, #bodyconfidence, #plussize, #bodylove. Außerdem solltest du die Inhalte, die du konsumierst, genau überprüfen und ihren Effekt auf dein Körperbild und deine Stimmung reflektieren.

Wie fühle ich mich, nachdem ich bestimmte Inhalte auf Social Media konsumiert habe? Reflektiere darüber, ob das

Ansehen bestimmter Bilder oder Beiträge dich positiv oder negativ beeinflusst hat. Fühlst du dich motiviert, inspiriert und selbstbewusster oder eher unsicher und negativ gestimmt?

Wer sind die Personen, denen ich auf Social Media folge, und wie beeinflussen sie mein Körperbild? Überlege, ob die Personen, die du online verfolgst, eine Vielfalt von Körpertypen und Lebensstilen repräsentieren.

Verbringe ich zu viel Zeit damit, mein Aussehen mit dem anderer auf Social Media zu vergleichen? Stelle fest, ob du dazu neigst, dich ständig mit anderen zu vergleichen und ob dies zu negativen Gedanken über dein eigenes Aussehen führt.

Habe ich unrealistische Erwartungen an mein eigenes Aussehen aufgrund dessen, was ich auf Social Media sehe? Denke darüber nach, ob die Inhalte, die du konsumierst, dazu führen, dass du unrealistische Schönheitsstandards verinnerlichst, und ob dies deine Erwartungen an dein eigenes Aussehen beeinflusst.

Fühle ich mich gestresst oder überfordert von meinem Nutzungsverhalten auf Social Media? Betrachte, ob die Zeit, die du auf sozialen Medien verbringst, zu Stress, Unruhe oder Unzufriedenheit führt. Reflektiere darüber, ob du möglicherweise Pausen einlegen oder deine Onlinenutzung reduzieren solltest.

AUS DER PRAXIS

»Welche Social-Media-Inhalte haben dein Körperbild positiv beeinflusst?«

Als Letztes möchte ich dir noch weitere Social-Media-Impulse mit auf den Weg geben, die dich darin stärken können, ein positives Körperbild auszubilden. Sie wurden in einer qualitativen Umfrage auf meinem eigenen Account genannt. Ich hatte in diesem Zusammenhang die Frage gestellt, durch welche Inhalte auf Social Media das persönliche Körperbild subjektiv positiv beeinflusst wurde. Diese Ergebnisse sind eine Ergänzung zu den aus wissenschaftlichen Studien abgeleiteten positiven Effekten und verdeutlichen, dass Übereinstimmungen zwischen quantitativen Forschungsergebnissen und Erfahrungen von Betroffenen vorliegen.

»Social Media hat mein Körperbild positiv beeinflusst durch …

- … Body-Positivity-Accounts: realistische Körper mit Dellen, Cellulite, Hip Dips.«
- … die Repräsentation mehrgewichtiger und marginalisierter Körper.«
- … die mediale Präsenz NORMALER Körper.«
- … die Tatsache, zu sehen, dass viele Frauen ähnliche Körper haben wie ich.«
- … Self-Love- und Self-Acceptance-Accounts: Ich bin gut so, wie ich bin.«
- … ein ›Ich bin nicht allein‹-Gefühl.«
- … das Aussortieren von ›negativen‹ Influencer*innen.«
- … durch Gespräche über psychische Erkrankungen.«
- … durch den Austausch mit anderen Betroffenen.«
- … die Tatsache, im Austausch zu merken, dass es anderen genauso geht wie mir.«
- … soziale Kontakte, die mich verstehen.«
- … Anti-Diät-Seiten.«
- … Infocontent über verschiedene Themen.«
- … Recovery-Accounts.«
- … den ›Respect-my-Size‹-Podcast.«
- … den ›Iss-doch-was-Du-willst‹-Podcast.«

Teil 4:
Last but not least:
Wir sind nicht perfekt.
Und das ist wunderbar!

Zum Abschluss komme ich zurück zum großen Ganzen, zum Titel, der über allem steht: UNFILTERED. Wie dir mein Buch hoffentlich zeigen konnte, handelt es sich nicht nur um die gewünschte Befreiung von unrealistischen Schönheitsidealen, wo auch immer sie uns begegnen, auf Social Media oder anderswo, am allermeisten aber in unseren Köpfen. UNFILTERED ist viel mehr: ein Aufruf zur Wertschätzung unserer Einzigartigkeit. Und eine Erinnerung daran, dass wir wählen können: welche Feeds und Bilder wir sehen, welche Geschichten wir erzählen und welche Realitäten wir schaffen. Dies ist die Essenz von UNFILTERED – eine Einladung, die Macht über unseren Körper zurückzuerlangen, uns von ungesunden Diättrends zu lösen, Menschen nicht aufgrund ihres Gewichts in Schubladen zu stecken und Social Media als Werkzeug zur Selbststärkung zu nutzen. Denke daran, dass dein Körper mehr ist als nur sein Aussehen. Dein Wert und deine Schönheit sind nicht von Zahlen wie deinem Gewicht, deinen Likes auf Instagram oder der Anzahl deiner Follower*innen abhängig. Du bist unique und wunderbar, ungefiltert, perfekt so wie du bist, perfekt in der Imperfektion. Lass uns UNFILTERED sein, denn in unserer Authentizität und Einzigartigkeit liegt unsere wahre innere und äußere Schönheit. Ich hoffe, dass dich dieses Buch auf deinem ganz persönlichen Weg zu einem positiveren Körperbild inspirieren konnte und begleiten wird.

Danksagung

Ich möchte mich zum Abschluss bei allen Menschen bedanken, die mich während des Schreibens dieses Buches und bereits im Vorfeld unterstützt, inspiriert, angespornt und begleitet haben.

Beginnen möchte ich bei meiner Familie – meinen Eltern und meinen Brüdern. Danke, dass ihr immer für mich da seid, mich bedingungslos unterstützt und wertschätzt. Der familiäre Zusammenhalt, den wir haben, ist ein großes Geschenk. Besonders hervorheben möchte ich meinen Bruder Christian. Ohne dich und deinen Glauben an mich und meine Kompetenz wäre ich nicht hier und hätte dieses Buch nicht geschrieben. Du bist ein großes Vorbild für mich, und deine bedingungslose Liebe und Wertschätzung für die Menschen, die du liebst (und darunter darf ich mich zählen), sind einzigartig. Deine Loyalität, dein Mut und deine Klarsicht, auch in Phasen der Unsicherheit, geben mir unglaublich viel Halt, und ich weiß, dass ich mich immer auf dich verlassen kann.

Ein weiterer großer Dank gilt meinem Hund Cookie. Auch wenn er das hier nie verstehen oder lesen wird (wie auch?!), so möchte ich ihn hier erwähnen. Cookie, du kleine Schneeflocke, du bist so eine Bereicherung in meinem Leben. Die Bedingungslosigkeit in deiner Zuneigung, deine Authentizität, deine immer positive Stimmung haben mich durch diese herausfordernde Zeit des Schreibens getragen. Durch die Spaziergänge mit dir kamen mir neue Ideen, neue Impulse, neue Inspirationen. Auch wenn du echt anstrengend sein kannst, wenn du eine läufige Hündin witterst oder wenn es an der Tür klingelt, so bist du so ein liebenswertes kleines Wesen, das ich nicht missen möchte.

Ein besonderer Dank gilt außerdem meinen Freund*innen. Elli, wir kennen uns seit der Schulzeit und ich danke dir auch in der Zeit des Schreibens dieses Buches für deine Unterstützung, deine Zeit, deine Ratschläge und deine Ideen. Du bist dir dessen oft gar nicht bewusst, wie wundervoll du bist – daher möchte ich dir das hiermit nochmal sagen. Jönna, aka Linde, du bist meine längste Freundin und bist so hyped auf dieses Buch, was echt unglaublich ist. Du stehst seit Jahren an meiner Seite und begleitest mich in sämtlichen Lebenslagen, wofür ich dir wahnsinnig dankbar bin. Kimia, du bist einer der loyalsten und empathischsten Menschen, die ich kenne. Danke für dein Korrekturlesen, deine Anmerkungen und dein immer offenes Ohr (in allen Lebenslagen). Du bist eine Freundin, über die ich sagen würde, dass man einfach alles mit dir teilen kann. Und natürlich, nicht zu vergessen, geht ein riesengroßer Dank an meine Hanni. Ich habe dich als unglaublich begeisterungsfähige und mitfühlende Arbeitskollegin (und teilweise auch Leidensgenossin) in meiner Zeit an der Uni Osnabrück kennen und lieben gelernt. Es ist einmalig, wie sehr du dich für Menschen freuen kannst und sie mit deiner positiven Energie ansteckst. Im Prozess des Buchschreibens konnte ich immer auf dich und dein Feedback zählen. Danke generell an alle meine Hamburger und Osnabrücker Mädels, die ich hier jetzt nicht alle aufzählen kann. Ihr seid großartig!

Lukas bzw. Mahi, aka @systemischegesundheit, ein besonderer Dank gilt dir. Ich hätte wahrscheinlich schon vor zwei Jahren wieder mit Insta aufgehört, wenn du nicht gewesen wärest. Demnach wäre es wahrscheinlich auch nie zu diesem Buchprojekt gekommen. Du hast mich immer wieder ermutigt und den Mehrwert in dem, was ich mache, herausgestellt. Die Credits für den Titel des Buches gehen außerdem an dich (ich kenne keinen Menschen, der so kreativ ist wie du). Die Connection, die wir beide haben, ist sehr besonders. Unsere Freundschaft zeigt, was Social Media auch für positive Aspekte mit sich bringen kann – ich bin sehr dankbar, dich zu haben. Danke außerdem an Nesibe, aka @psychologin_nesibe, die nicht nur einen geilen Humor hat (bei fast jeder Sprachnachricht von dir muss ich lachen), sondern auch eine große Unterstützung beim Schreiben dieses Buches für mich war. Ich konnte dich immer fragen, wenn ich mir bei Sachen unsicher war, und habe dann meist sofort oder spätestens nach sechs Tagen eine Antwort erhalten. Du bist ein Vorbild für mich, was den Mut angeht, Dinge auszuprobieren und zu machen. Ich freue mich jetzt schon auf das Apache-Konzert in Berlin mit dir! Auch bei uns beiden ist aus Social-Media-Buddies eine echte Freundschaft entstanden, die mir sehr wichtig ist. Anke, aka @diepsychotherapeutin, danke auch dir für dein immer (!!!) offenes Ohr. Deine morgendlichen Sprachnachrichten sind schon wie ein Ritual geworden. Du bist die Selbstfürsorge-Queen und hast mich, vor allem in Zeiten des intensiven Schreibens, oft mit deinem Wissen unterstützt und daran erinnert, auch mal an Selbstfürsorge zu denken. Auch wenn meine Selbstfürsorge stark von deiner abweicht (wir wissen, an welcher Stelle deines Buches du an mich gedacht hast), so ergänzen wir uns, glaube ich, genau dadurch total gut. Auch bei dir bin ich sehr happy, dass aus virtueller Social- Media-Bekanntschaft eine Real-Life-Freundschaft entstanden ist.

Ein besonderer Dank gilt an dieser Stelle außerdem dir, Silja, aka Prof. Dr. Silja Vocks. Du warst meine Doktormutter an der Uni Osnabrück und ich durfte unglaublich viel von dir lernen. Nicht nur, was wissenschaftliches Schreiben angeht (ich hoffe, ich habe dich mit diesem populärwissenschaftlichen Buch nicht enttäuscht), sondern auch was deine warme und wertschätzende Art angeht. Nur weil man Professorin ist, muss man eben nicht eingebildet, von oben herab oder abwertend gegenüber anderen Menschen auftreten. Du bist einer der herzlichsten Menschen, die ich kenne. Und ich durfte beruflich und persönlich so unglaublich viel von dir lernen und freue mich auf alle zukünftigen gemeinsamen Projekte – auch wenn ich nicht mehr direkt an der Uni Osnabrück angestellt bin.

Ein besonderer Dank gilt selbstverständlich auch dem Kailash Verlag und allen an diesem Buchprojekt Beteiligten. Ich habe zwar keine Vergleichswerte, aber ich bin sehr glücklich mit meiner Entscheidung, dieses Buchprojekt mit euch zu realisieren. Euer Engagement, eure Begeisterung für das ganze Projekt, eure Unterstützung und die Möglichkeit, mich jederzeit bei euch zu melden, habe ich als einmalig erlebt. Besonders hervorheben möchte ich hier Caroline, Stefanie und Caro, die als meine Lektorinnen meine engsten Ansprechpartnerinnen waren bzw. sind. Da das hier mein erstes Buch ist, kamen immer wieder Fragen auf, die sehr unkompliziert und schnell geklärt werden konnten. Danke, Caro, für die unglaublich wertvollen Rückmeldungen und deine Ideen zu meinem »first draft«, die dieses Buch extrem bereichert haben.

Zuletzt möchte ich mich bei meiner gesamten Instagram-Community auf @psychotherapie.essstoerungen bedanken. Wir sind mittlerweile so viele wundervolle Menschen, die unter meinen Beiträgen auf eine unglaublich wertschätzende, aufbauende und inspirierende Art und Weise in die Interaktion treten. Über zahlreiche Directmails erlebe ich, wie euch meine Inhalte bereichern, was euch geholfen hat, Perspektiven aufzeigen konnte, Denkanstöße geliefert hat. Viele Nachrichten von Angehörigen erreichen mich, die durch die Inhalte auf meinem Account ein besseres Verständnis der psychischen Erkrankung ihres Kindes, ihres Partners oder ihrer Freundin erlangen konnten. All das treibt mich an, mit dieser Aufklärungsarbeit weiter einen Beitrag zur Entstigmatisierung psychischer Erkrankungen zu leisten.

Und nun gilt mein Dank genau DIR für das Lesen dieses Buches. Ich danke dir für die Zeit, die du dir genommen hast, das damit verbundene Interesse an diesen Themenbereichen und die Wertschätzung meiner Arbeit. Ich hoffe, du konntest für dich neue Erkenntnisse gewinnen, Zusammenhänge verstehen und etwas zur Verbesserung der Beziehung zu deinem Körper mitnehmen.

Enden möchte ich dieses Buch mit einem Zitat von Jennifer Rollin, einer auf Essstörungen spezialisierten Therapeutin aus den USA:

Your body is for living in, not for looking at.

Anmerkungen

Teil 1: Wo wir heute stehen - Körperbild Body Shaming, Gewichtsdiskriminierung, Essstörungen

1. Wertheim, E.H., Paxton, S.J. & Blaney, S. (2009). Body Image in Girls. In: L. Smolak & J.K. Thompson (Eds.), Body image, eating disorders, and obesity in youth: Assessment, prevention, and treatment (47–76). American Psychological Association. doi:10.1037/11860–003
2. Soto-Ruiz, M.N., Marín Fernéndez, B., Aguinaga-Ontoso, I., Guillén-Grima, F., Serrano Monzó, I., Canga Armayor, N., Hermoso de Mendoza Canton, J., Stock, C., Kraemer, A. & Annan, J. (2015). Analysis of body image perception of university students in Navarra. Nutr. Hosp., 31, 2269–2275.
3. Neumark-Sztainer, D., Wall, M.M., Chen, C., Larson, N.I., Christoph, M.J. & Sherwood N.E. (2018). Eating, activity and weight-related problems from adolescence to adulthood. Am. J. Prev. Med., 55, 133–141.
4. Raj, J.P. & Ploriya, S. (2018). Prevalence of obesity among rehabilitated urban slum dwellers and altered body image perception in India (PRESUME). Indian J. Endocrinol. Metab., 22, 23–29.
5. Pruis, T.A. & Janowsky, J.S. (2010). Assessment of body image in youngr and older women. The Journal of General Psychology, 137(3), 225–238. doi:10.1080/00221309.2010.484446
6. Uchôa, F.N.M., Uchôa, N.M., Daniele, T.M.D.C., Lustosa, R.P., Garrido, N.D., Deana, N.F., Aranha, C.M. & Alves, N. (2019). Influence of the mass media and body dissatisfaction on the risk in adolescents of developing eating disorders. Int. J. Environ. Res. Public Health, 16, 1508.
7. Quittkat, H.L., Hartmann, A.S., Düsing, R., Buhlmann, U. & Vocks, S. (2019). Body dissatisfaction, importance of appearance, and body appreciation in men and women over the lifespan. Frontiers in Psychiatry, 10, 864. doi:10.3389/fpsyt.2019.00864
8. Perez, M., Kroon Van Diest, A.M., Smith, H. & Sladek, M.R. (2018). Body dissatisfaction and its correlates in 5- to 7-year-old girls: A social learning experiment. J Clin Child Adolesc Psychol., 47(5),757–769. doi:10.1080/15374416.2016.1157758
9. Smolak, L. (2011). Body image development in childhood. In: T.F. Cash, & L. Smolak (Eds.), Body image: A handbook of science, practice, and prevention (67–75). Guilford Press.
10. Stice, E., Marti, C.N. & Durant, S. (2011). Risk factors for onset of eating disorders: Evidence of multiple risk pathways from an 8-year prospective study. Behaviour Research & Therapy, 49, 622–627. doi:10.1016/j.brat.2011.06.009
11. Stice, E., Marti, C.N. & Durant, S. (2011). Risk factors for onset of eating disorders: Evidence of multiple risk pathways from an 8-year prospective study. Behaviour Research & Therapy, 49, 622–627. doi:10.1016/j.brat.2011.06.009
12. White, S., Reynolds-Malear, J.B. & Cordero, E. (2011). Disordered eating and the use of unhealthy weight control methods in college students: 1995, 2002, 2008. Eating Disorders, 19, 323–334. doi:10.1080/10640266.2011.584805
13. Thompson, J.K. & Stice, E. (2001). Thin-ideal internalization: Mounting evidence for a new risk factor for body-image disturbance and eating pathology. Current Directions in Psychological Science, 10, 181–183.
doi:10.1111/1467–8721.00144
14. Stice, E. & Whitenton, K. (2002). Risk factors for body dissatisfaction in adolescent girls: A longitudinal investigation. Developmental Psychology, 38, 669–678. doi:10.1037/0012–1649.38.5.669
15. Harriger, J.A., Calogero, R.M., Witherington, D.C. & Smith, J.E. (2010). Body size stereotyping and internalization of the thin ideal in preschool girls. Sex Roles, 63, 609–620. doi:10.1007/s11199–010–9868–1
16. Spiel, E.C., Paxton, S.J. & Yager, Z. (2012). Weight attitudes in 3- to 5- year-old children: Age differences and cross-sectional predictors. Body Image, 9, 524–527. doi:10.1016/j.bodyim.2012.07.006

17. Evans, E. H., Tovée, M. J., Boothroyd, L. G. & Drewett, R. F. (2013). Body dissatisfaction and disordered eating attitudes in 7- to 11-year-old girls: Testing a sociocultural model. Body Image, 10, 8–15. doi:10.1016/ j.bodyim.2012.10.001
18. https://dorsch.hogrefe.com/stichwort/selbstwirksamkeitserwartung
19. Haffner, J., Steen, R., Roos, J., Klett, M. & Rasch, F. (2007). Jugendliche und ihr Körperempfinden. Ergebnisse der Heidelberger Schulstudie. BZgA Forum 3,12–18.
20. Keel, P. K. & Forney, K. J. (2013). Psychosocial risk factors for eating disorders. Int. J. Eat. Disord. 46 (5), 433–439.
21. Slade, P. D. (1994). What is body image? Behaviour Research and Therapy, 32(5), 497–502. doi:10.1016/0005-7967(94)90136-8
22. Vocks, S., Legenbauer, T., Rüddel, H. & Troje, N. F. (2007). Static and dynamic body image in bulimia nervosa: mental representation of body dimensions and biological motion patterns. The International Journal of Eating Disorders, 40(1), 59–66. doi:10.1002/eat.20336
23. Countour Drawing Rating Scale, Thompson & Grey, 1995.
24. Bauer, A., Schneider, S., Waldorf, M., Braks, K., Huber, T. J., Adolph, D. et al. (2017). Selective visual attention towards oneself and associated state body satisfaction: An eye-tracking study in adolescents with different types of eating disorders. Journal of Abnormal Child Psychology, 45, 1647–1661.
25. Smeets, E., Jansen, A. & Roefs, A. (2011). Bias for the (un)attractive self: on the role of attention in causing body (dis)satisfaction. Health psychology: official journal of the Division of Health Psychology, American Psychological Association, 30(3), 360–367. doi:10.1037/ a0022095
26. Glashouwer, K. A., van der Veer, R. M. L., Adipatria, F., de Jong, P. J. & Vocks, S. (2019). The role of body image disturbance in the onset, maintenance, and relapse of anorexia nervosa: A systematic review. Clinical Psychology Review, 74, 101 771. doi:10/gg2ntx
27. Wilhelm, L., Hartmann, A. S., Cordes, M., Waldorf, M. & Vocks, S. (2018). How do you feel when you check your body? Emotional states during a body checking episode in normal-weight females. Eating and Weight Disorders, 1–11. doi:10.1007/s40519-018-0589-8
28. Bibliografische Angaben zum Aritkel ergänzen? Warner, Lisa Marie (2022). Artikel »Selbstwirksamkeitserwartung«. In: Wirtz, Markus Antonius (Ed.), Dorsch Lexikon der Psychologie.
29. Nikodijevic, A., Buck, K., Fuller-Tyszkiewicz, M., de Paoli, T. & Krug, I. (2018). Body checking and body avoidance in eating disorders: Systematic review and meta-analysis. European Eating Disorders Review, 26(3), 159–185. doi:10.1002/erv.2585
30. Quittkat, H. L., Hartmann, A. S., Düsing, R., Buhlmann, U. & Vocks, S. (2019 Dec 17). Body Dissatisfaction, Importance of Appearance, and Body Appreciation in Men and Women Over the Lifespan. Front Psychiatry, 10,864. doi: 10.3389/fpsyt.2019.00864. PMID: 31 920 737; PMCID: PMC6928134
31. Karazsia, B. T., Murnen, S. K. & Tylka, T. L. (2017). Is body dissatisfaction changing across time? A cross-temporal meta-analysis. Psychological bulletin, 143(3), 293–320. doi:10.1037/bul0000081
32. Nagata, J. M., Ganson, K. T. & Austin, S. B. (2020). Emerging trends in eating disorders among sexual and gender minorities. Curr Opin Psychiatry, 33(6), 562.
33. Jones, B. A., Haycraft, E., Murjan, S. & Arcelus, J. (2016). Body dissatisfaction and disordered eating in trans people: a systematic review of the literature, Bandnummer, Seitenbereich.
34. Vocks, S., Stahn, C., Loenser, K. & Legenbauer, T. (2009). Eating and body image disturbances in male-to-female and female-to-male transsexuals. Arch Sex Behav., 38, 364–377.
35. Dahlenburg, S. C., Gleaves, D. H., Hutchinson, A. D. & Coro, D. G. (2020). Body image disturbance and sexual orientation: An updated systematic review and meta-analysis. Body Image, 35, 126–141. doi:10.1016/j.bodyim.2020.08.0
36. Ramseyer Winter, V., Satinsky, S. & Jozkowski, K. (2015). Does women›s body appreciation differ by sexual orientation? A brief report. Journal of Bisexuality, 15, doi:10.1080/15299 716.2014.999903
37. Peplau, L. A., Frederick, D. A., Yee, C., Maisel, N., Lever, J. & Ghavami, N. (2009). Body image satisfaction in heterosexual, gay, and lesbian adults. Archives of Sexual Behavior, 38, 713–725. doi:10.1007/s10508-008-9378-1
38. VanKim, N. A., Porta, C. M., Eisenberg, M. E., Neumark-Sztainer, D. & Laska, M. N. (2016). Lesbian, gay and bisexual college student perspectives on disparities in weight-related behaviours and body image: a qualitative analysis. Journal of clinical nursing, 25(23–24), 3676–3686. doi:10.1111/jocn.13106
39. Samuels, K. L., Maine, M. M. & Tantillo, M. (2019). Disordered eating, eating disorders, and body image in midlife and older women. Curr. Psychiatry Rep. 21, 70. doi:10.1007/ s11920-019-1057-5

1.2 »Da kommt der Panzer«: Body Shamin

40. Schlüter, C., Kraag, G. & Schmidt, J. (2021). Bodyshaming: an exploratory study on its definition and classification. Int. Journal of Bullying Prevention, Seitenbereich. doi:10.1007/s42380-021-00109-3
41. Hooper, L., Puhl, R., Eisenberg, M.E., Crow, S. & Neumark-Sztainer, D. (2021). Weight teasing experienced during adolescence and young adulthood: Cross-sectional and longitudinal associations with disordered eating behaviors in an ethnically/racially and socioeconomically diverse sample. Int. J. Eat. Disord., 54(8), 1449–1462. doi:10.1002/eat.23534
42. BIPoC ist die Abkürzung von Black, Indigenous, People of Color und bedeutet auf Deutsch Schwarz, Indigen und People of Color. All diese Begriffe sind politische Selbstbezeichnungen (Quelle: www.migrationsrat.de/glossar/bipoc/).
43. Puhl, R.M., Himmelstein, M.S. & Watson, R.J. (2019). Weight-based victimization among sexual and gender minority adolescents: Findings from a diverse national sample. Pediatr. Obes., 14(7), 12514. doi:10.1111/ijpo.12514
44. Die Beispielkommentare stammen aus einer anonymisierten Umfrage.
45. Schmidt, J. & Martin, A. (2019). Appearance teasing and mental health: Gender differences and mediation effects of appearance-based rejection sensitivity and dysmorphic concerncs. Front. Psychol., 20, 10:579. doi:10.3389/fpsyg.2019.00579. PMID: 30 949 099; PMCID: PMC6435521
46. Lessard, L.M., Puhl, R.M., Larson, N., Simone, M., Eisenberg, M.E. & Neumark-Sztainer, D. (2021). Parental contributions to the prevalence and long-term health risks of family weight teasing in adolescence. J. Adolesc. Health., 69(1), 74–81. doi: 10.1016/j.jadohealth.2020.09.034. Epub 2020 Nov 9. PMID: 33 183 922; PMCID: PMC8076340
47. Szwimer, E., Mougharbel, F., Goldfield, G.S. et al. (2020). The association between weight-based teasing from peers and family in childhood and depressive symptoms in childhood and adulthood: A systematic review. Curr. Obes. Rep. 9, 15–29. doi:10.1007/s13679-020-00367-0
48. Lessard, L.M., Puhl, R.M., Larson, N., Simone, M., Eisenberg, M.E. & Neumark-Sztainer, D. (2021). Parental Contributors to the Prevalence and Long-term Health Risks of Family Weight Teasing in Adolescence. J Adolesc Health., 69(1), 74–81. doi: 10.1016/j.jadohealth.2020.09.034. Epub 2020 Nov 9. PMID: 33 183 922; PMCID: PMC8076340
49. Rodgers, R.F., Simone, M., Franko, D.L., Eisenberg, M.E., Loth, K. & Neumark-Sztainer, D. (2021). The longitudinal relationship between family and peer teasing in young adulthood and later unhealthy weight control behaviors: The mediating role of body image. International Journal of Eating Disorders, 54(5), 831–840. doi:10.1002/eat.23492
50. Hooper, L., Puhl, R., Eisenberg, M.E., Crow, S. & Neumark-Sztainer, D. (2021). Weight teasing experienced during adolescence and young adulthood: Cross-sectional and longitudinal associations with disordered eating behaviors in an ethnically/racially and socioeconomically diverse sample. Int. J. Eat. Disord., 54(8), 1449–1462.
51. Szwimer, E., Mougharbel, F., Goldfield, G.S. et al. (2020). The association between weight-based teasing from peers and family in childhood and depressive symptoms in childhood and adulthood: A systematic review. Curr. Obes. Rep. 9, 15–29. doi:10.1007/s13679-020-00367-0
52. Taylor, A.L. (2010). Perceived parental gender bias and youth sport withdrawal. ProQuest Information & Learning.
53. Nemiary, D., Shim, R., Mattox, g. & Holden, K. (2012). The relationship between obesity and depression among adolescents. Psychiatr. Ann., 42(8), 305–8.
54. Goldfield, G., Moore, C., Henderson, K., Buchholz, A., Obeid, N. & Flament, M. (2010). The relation between weight-based teasing and psychological adjustment in adolescents. Paediatr. Child Health., 15(5), 283–8.
55. Eisenberg, M.E., Neumark-Sztainer, D., Haines, J. & Wall, M. (2006). Weight-teasing and emotional well-being in adolescents: longitudinal findings from project EAT. J.Adolesc. Health., 38(6), 675–83.
56. Tomiyama, A., Carr, D., Granberg, E. et al. (2018). How and why weight stigma drives the obesity ›epidemic‹ and harms health. BMC Med 16, 123. doi:10.1186/s12916-018-1116-5
57. Bessenoff, G.R. & Sherman, J.W. (2000). Automatic and controlled components of prejudice toward fat people: Evaluation versus stereotype activation. Social Cognition, 18, 329–353.
58. Richardson, S.A., Goodman, N., Hastorf, A.H. & Dornbusch, S.M. (1961). Cultural uniformity in reaction to physical disabilities. American Sociological Review, 26, 241.
59. Spiel, E.C., Paxton, S.J. & Yager, Z. (2012). Weight attitudes in 3- to 5-year-old children: age differences and cross-sectional predictors. Body image, 94, 524–7.

60. Tatangelo, G., McCabe, M., Mellor, D. & Mealey, A. (2016). A systematic review of body dissatisfaction and sociocultural messages related to the body among preschool children. Body Image.,18,86–95. doi: 10.1016/j.bodyim.2016.06.003. Epub 2016 Jun 25. PMID: 27 352 102
61. Finn, Kristin E., Seymour, Clancy M. & Phillips, Anna E. (2019). Weight bias and grading among middle and high school teachers. British Journal of Educational Psychology, (), bjep.12322–.(?) doi:10.1111/bjep.12322
62. Greenleaf, C. & Weiller, K. (2005). Perceptions of youth obesity among physical educators. Social Psychology of Education, 8, 407–423.
63. Panza et al. (2018). Weight bias among exercise and nutrition professionals: a systematic review. Obesity Reviews, . doi: 10.1111/obr.12743
64. Puhl, R.M. & King, K.M. (2013). Weight discrimination and bullying. Best Practices and Research. Clinical Endocrinology & Metabolism, 27, 117–127. doi:10.1016/j.beem.2012.12.002
65. Szwimer, E., Mougharbel, F., Goldfield, G.S. & Alberga, A.S. (2020). The association between weight-based teasing from peers and family in childhood and depressive symptoms in childhood and adulthood: A systematic review. Curr. Obes. Rep., 9(1), 15–29.
66. Eisenberg, M.E., Neumark-Sztainer, D. & Story, M. (2003). Associations of weight-based teasing and emotional well-being among adolescents. Arch. Pediatr. Adolesc. Med., 157(8), 733–8.
67. Eisenberg, M.E., Neumark-Sztainer, D., Haines, J. & Wall, M. (2006). Weightteasing and emotional well-being in adolescents: longitudinal findings from project EAT. J. Adolesc. Health., 38(6), 675–83.
68. Rudolph, C.W., Wells, C.L., Weller, M.D. et al. (2009). A meta-analysis of empirical studies of weight-based bias in the workplace. Journal of Vocational Behavior, 74, 1–10.
69. Roehling, M.V., Roehling, P.V. & Odland, L.M. (2008). Investigating the validity of stereotypes about overweight employees: the relationship between body weight and normal personality traits. Group and Organization Management, 33, 392–424.
70. Baum, C.L. & Ford, W.F. (2004). The wage effects of obesity: a longitudinal study. Health Economics, 13, 885–899.
71. Han, E., Norton, E. C. & Powell, L. M. (2011). Direct and indirect effects of body weight on adult wages, Economics & Human Biology, Elsevier, 9(4), 381–392.
72. Roehling, M.V., Roehling, P.V. & Pichler, S. (2007). The relationship between body weight and perceived weight-related employment discrimination: the role of sex and race. Journal of Vocational Behavior, 71, 300–318.
73. Puhl, R.M. & Heuer, C.A. (2009). The stigma of obesity: a review and update. Obesity, 17, 941–964.
74. Hebl, M.R. & Xu, J. (2001). Weighing the care: physicians' reactions to the size of a patient. Int. J. Obes. Relat. Metab. Disord. 25, 1246–1252.
75. Phelan, S.M., Burgess, D.J., Yeazel, M.W., Hellerstedt, W.L., Griffin, J.M. & van Ryn, M. (2015). Impact of weight bias and stigma on quality of care and outcomes for patients with obesity. Obes. Rev., 16(4), 319–26. doi: 10.1111/obr.12266
76. Hernandez-Boussard, T., Ahmed, S.M. & Morton, J.M. (2012). wObesity, 20(8), 1639–1644. doi:10.1038/oby.2011.258
77. Phelan, S.M., Burgess, D.J., Yeazel, M.W., Hellerstedt, W.L., Griffin, J.M. & van Ryn, M. (2015). Impact of weight bias and stigma on quality of care and outcomes for patients with obesity. Obes. Rev., 16(4), 319–26. doi: 10.1111/obr.12266
78. Chen, E.Y. & Brown, M. (2005). Obesity stigma in sexual relationships. Obesity Research, 13, 1393–1397.
79. Regan, P.C. (1996). Sexual outcasts: the perceived impact of body weight and gender on sexuality. Journal of Applied Social Psychology, 26, 1803–1815.
80. Sitton, S. & Blanchard, S. (1995). Men's preferences in romantic partners: obesity vs. addiction. Psychological Reports, 77.
81. Pearce, M.J., Boergers, J. & Prinstein, M.J. (2002). Adolescent obesity, overt and relational peer victimization, and romantic relationships. Obesity Research, 10, 386–393. doi:10.1038/oby.2002.53
82. Toma, C.L., Hancock, J.T. & Ellison, N.B. (2008). Separating fact from fiction: An examination of deceptive self-presentation in online dating profiles. Personality and Social Psychology Bulletin, 34, 1023–1036. doi:10.1177/0146167208318067
83. Mukhopadhyay, S. (2008). Do women value marriage more? The effect of obesity on cohabitation and marriage in the USA. Review of Economics of the Household, 6, 111–126. doi:10.1007/ s11150–007–9025-y

84. Averett, S.L., Sikora, A. & Argys, L.M. (2008). For better or worse: Relationship status and body mass index. Economics and Human Biology, 6, 330–349. doi:10.1016/j.ehb.2008.07.003
85. Garn, S.M., Sullivan, T.V. & Hawthorne, V.M. (1989). The education of one spouse and the fatness of the other spouse. American Journal of Human Biology, 1, 233–238. doi:10.1002/ajhb.1310010302
86. Conley, D. & Glauber, R. (2007). Gender, body mass, and socioeconomic status: New evidence from the PSID. Advances in Health Economics and Health Services Research, 17, 253–275. doi:10.1016/S0731-2199(06)17010-7
87. Oreffice, S. & Quintana-Domeque, C. (2010). Anthropometry and socioeconomics among couples: Evidence in the United States. Economics and Human Biology, 8, 373–384. doi:10.1016/j.ehb.2010.05.001
88. Carmalt, J.H., Cawley, J., Joyner, K. & Sobal, J. (2008). Body weight and matching with a physically attractive romantic partner. Journal of Marriage and Family, 70, 1287–1296. doi:10.1111/j.1741-3737.2008.00566.x
89. Eisenberg, M.E., Neumark-Sztainer, D & Story M. (2003). Associations of weight-based teasing and emotional well-being among adolescents. Archives of Pediatrics Adolescent Medicine, 157, 733–738.
90. Puhl, R.M. & Brownell, K.D. (2006). Confronting and coping with weight stigma: an investigation of overweight and obese adults. Obesity, 14, 1802–1815.
91. Ball, K., Crawford, D. & Kenardy, J. (2004). Longitudinal relationships among overweight, life satisfaction, and aspirations in young women. Obesity Research, 12, 1019–1030.
92. Sarlio-Lahteenkorva, S. (2001). Weight loss and quality of life among obese people. Social Indicators Research, 54, 329–354.
93. Kaufman, L. (1980). Prime-time nutrition. Journal of Communication, 30, 37–46. doi:10.1111/j.1460-2466.1980.tb01989.x
94. Spitzer, B.L., Henderson, K.A. & Zivian, M.T. (1999). Gender differences in population versus media body sizes: A comparison over four decades. Sex Roles, 40, 545–565. doi:10.1023/A:1018836029738
95. Greenberg, B.S., Eastin, M., Hofschire, L., Lachlan, K., & Brownell, K.D. (2003). Portrayals of overweight and obese individuals on commercial television. American Journal of Public Health, 93, 1342–1348. doi:10.2105/AJPH.93.8.1342
96. Himes, S.M. & Thompson, J.K. (2007). Fat stigmatization in television shows and movies: a content analysis. Obesity, 15, 712–718.
97. Herbozo, S., Tantleff-Dunn, S., Gokee-Larose, J. et al. (2004). Beauty and thinness messages in children's media: a content analysis. Eating Disorders, 12, 21–34.
98. Boero, N. (2007). All the news that's fat to print: the American »obesity epidemic« and the media. Qualitative Sociology, 30, 41–60.
99. McClure, K., Puhl, R.M. & Heuer, C.A. (2011). Obesity in the news: Do photographic images of obese persons influence anti-fat attitudes? Journal of Health Communication, 16, 359–371.
100. Puhl, R. & Heuer, C.A. (2009). The stigma of obesity: a review and update. Obesity, 17, 941–964.
101. Ashmore, J.A., Friedman, K.E., Reichmann, S.K. et al. (2008). Weight-based stigmatization, psychological distress, & binge eating behavior among obese treatment-seeking adults. Eating Behaviors, 9, 203–209.
102. Schvey, N., Puhl, R.M. & Brownell, K.D. (2011). The impact of weight stigma on caloric consumption. Obesity, 19, 1957–1962.
103. Puhl, R., Peterson, J. & Luedicke, J. (2012). Fighting obesity or obese persons? Public perceptions of obesity-related health messages. International Journal of Obesity, doi:10.1038/ijo.2012.156
104. Hoek, H.W. (2016). Review of the worldwide epidemiology of eating disorders. Curr. Opin. Psychiatry, 29(6), 336–9. doi: 10.1097/YCO.0000000000000282. PMID: 27 608 181
105. van Strien, T., van de Laar, F.A., van Leeuwe, J.F.J., Lucassen, P.L. B.J., van den Hoogen, H.J. M., Rutten, G.E. H.M., et al. (2007). The dieting dilemma in patients with newly diagnosed type 2 diabetes: Does dietary restraint predict weight gain 4 years after diagnosis? Health Psychology, 26, 105–112.
106. Frayn, M. & Knäuper, B. (2018). Emotional eating and weight in adults: A review. Current Psychology: A Journal for Diverse Perspectives on Diverse Psychological Issues, 37(4), 924–933.
107. Adam, T.C., & Epel, E.S. (2007). Stress, eating and the reward system. Physiology & behavior, 91(4), 449–458. doi:10.1016/j.physbeh.2007.04.011

108. Frayn, M. & Knäuper, B. (2018). Emotional eating and weight in adults: A review. Current Psychology: A Journal for Diverse Perspectives on Diverse Psychological Issues, 37(4), 924–933.
109. Baker, J., Janson, L., Trace, S. & Bulik, C. (2015). Genetic risk factors for eating disorders. In: L. Smolak & M.P. Levine (Eds.), The Wiley Handbook of Eating Disorders (Vol. I: Basic Concepts and Foundational Research, 367–378). Wiley.
110. Frost, R.O., Marte, N.P., Lahart, C. & Rosenblate, R. (1990). The dimensions of perfectionism. Cognitive Therapy and Research, 14, 449–468.
111. Badone-Cone, A.M., Wonderlich, S.A., Frost, R.O., Bulik, C.M., Mitchell, J.E., Uppala, S. & Simonich, H. (2007). Perfectionism and eating disorders: Current status and future directions, 27(3), 0–405. doi:10.1016/j.cpr.2006.12.005
112. Stice, E., Agras, W.S. & Hammer, L.D. (1999). Risk factors for the emergence of childhood eating disturbances: A five-year prospective study. International Journal of Eating Disorders, 25, 375–387. doi:10.1002/(SICI)1098–108 X(199905)25:4<375::AID- EAT2>3.0.CO;2-K
113. Crowther, J., Smith, K.E. & Williams, G.A. (2015). Familial risk factors and eating disorders. In: L. Smolak & M.P. Levine (Hrsg.), The Wiley Handbook of Eating Disorders (Vol. I: Basic Concepts and Foundational Research, S. 338–351). Wiley.
114. Rodgers, R.F. & Chabrol, H. (2009). Parental attitudes, body image disturbance and disordered eating amongst adolescents and young adults: A Review. European Eating Disorders Review, 17, 137–151. doi:10.1002/erv.907
115. Stice, E. (2016). Interactive and meditational etiologic models of eating disorder onset: evidence from prospective studies. Annual Review of Clinical Psychology, Vol. 12, 359–381. doi:10.1146/annurev-clinpsy-021815–093317
116. Becker, A.E., Burwell, R.A., Gilman, S.E., Herzog, D.B., & Hamburg, P. (2002). Eating behaviours and attitudes following prolonged exposure to television among ethnic Fijian adolescent girls. The British journal of psychiatry: the journal of mental science, 180, 509–514. doi:10.1192/bjp.180.6.509
117. Aouad, P., Hay, P., Soh, N. et al. (2016). Chew and Spit (CHSP): a systematic review. J. Eat. Disord. 4, 23. doi:10.1186/s40337–016–0115–1
118. Meczekalski, B., Podfigurna-Stopa, A. & Katulski, K. (2013). Long-term consequences of anorexia nervosa. Maturitas, 75(3), 215–220. doi:10.1016/j.maturitas.2013.04.014
119. Gallant, A.R., Lundgren, J. & Drapeau, V. (2012). The night-eating syndrome and obesity. Obesity Reviews, 13(6), 528– 536.
120. Fairburn, C.G. & Cooper, Z. (2011). Eating disorders, DSM-5 and clinical reality. The British Journal of Psychiatry, 198, 8–10.
121. Keel, P.K. & Forney, K.J. (2013). Psychosocial risk factors for eating disorders. Int. J. Eat. Disord., 46(5), 433–9.
122. Smolak, L. (2015). Eating disorders across the lifespan. doi:10.1002/9781118574089.ch36
123. Zhao, Y. & Encinosa, W. (2011). An update on hospitalizations for eating disorders, 1999 to 2009. Healthcare Cost and Utilization Project (HCUP) Statistical Brief #120. Rockville: US Agency for Health Care Policy and Research.
124. Forliti, A. Associated Press. Doctors treating older anorexics. Washington Post. 23 July 2007.
125. Samuels, K.L., Maine, M.M. & Tantillo, M. (2019). Disordered eating, eating disorders, and body image in midlife and older women. Curr. Psychiatry Rep. 21, 70. doi:10.1007/s11920–019–1057–5
126. Lodge, A.C. & Umberson, D. (2013). Age and embodied masculinities: midlife gay and heterosexual men talk about their bodies. J. Aging Stud., 27, 225–32.
127. Smink, F.R., van Hoeken, D., Donker, G.A., Susser, E.S., Oldehinkel, A.J. & Hoek, H.W. (2016). Three decades of eating disorders in Dutch primary care: decreasing incidence of bulimia nervosa but not of anorexia nervosa. Psychol. Med., 46(6), 1189–96.
128. Asselmann, E., Beesdo-Baum, K., Hamm, A., Schmidt, C.O., Hertel, J., Grabe, H.J. & Pané-Farré C.A. (2019). Lifetime and 12-month prevalence estimates for mental disorders in northeastern Germany: findings from the Study of Health in Pomerania. Eur. Arch. Psychiatry Clin. Neurosci., 269(3), 341–350.

Teil 2: Körpergefühl in Schieflage: Wie konnte es dazu kommen?

1. Jeffery, R.W., Folsom, A.R., Luepker, R.V. et al. (1984). Prevalence of overweight and weight loss behavior in a metropolitan adult population: the Minnesota Heart Survey experience. Am. J. Public Health, 74, 349–352.
2. Yaemsiri, S., Slining, M.M. & Agarwal, S.K. (2011). Perceived weight status, overweight diagnosis and weight control among US adults: the NHANES 2003–2008 Study. Int. J. Obes. 35, 1063– 1070.

3. de Ridder, D., Adriaanse, M., Evers, C. & Verhoeven, A. (2014). Who diets? Most people and especially when they worry about food. Appetite, 80, 103–108.
4. Andreyeva, T., Long, M.W., Henderson, K.E. & Grode, G.M. (2010). Trying to lose weight. Diet strategies among Americans with overweight or obesity in 1996 and 2003. J. Am. Diet. Assoc., 110, 535– 542.
5. www.rki.de/DE/Content/Gesundheitsmonitoring/Studien/Degs/degs_w1/Symposium/degs_uebergewicht_adipositas.pdf?__blob=publicationFile
6. Yaemsiri, S., Slining, M.M. & Argawal, S.K. (2011). Perceived weight status, overweight diagnosis and weight control among US adults: the NHANES 2003–2008 Study. Int J Obes, 35, 1063– 1070.
7. Martin, C.B., Herrick, K.A., Sarafrazi, N. & Ogden, C.L. (2018). Attempts to lose weight among adults in the United States, 2013–2016. NCHS Data Brief, 1–8.
8. Mann, T., Tomiyama, A.J., Westling, E., Lew, A.M., Samuels, B. & Chatman, J. (2007). Medicare's search for effective obesity treatments: diets are not the answer. Am. Psychol., 62, 220–233.
9. https://behavioralnutrition.org/what-is-diet-culture/
10. The Emily Program https://emilyprogram.com/
11. Pinquart, M. & Gerke, D.C. (2019). Associations of parenting styles with self esteem in children and adolescents: A meta-analysis. J. Child. Fam. Stud., 28, 2017–2035. doi:10.1007/s10826-019-01417-5
12. Harris, M.A. & Orth, U. (2020). The link between self-esteem and social relationships: A meta-analysis of longitudinal studies. Journal of Personality and Social Psychology, 119(6), 1459–1477. doi:10.1037/pspp0000265
13. York, T.T., Gibson, C. & Rankin, S. (2015). Defining and measuring academic success. Practical Assessment, Research & Evaluation, 20, 5.
14. www.who.int/about/governance/constitution
15. Striegel-Moore, R.H. & Bulik, C.M. (2007). Risk factors for eating disorders. The American psychologist, 62(3), 181–198. doi:10.1037/0003-066 X.62.3.181
16. Liechty, J.M. & Lee, M.J. (2013). Longitudinal predictors of dieting and disordered eating among young adults in the U.S. The International journal of eating disorders, 46(8), 790–800. doi:10.1002/eat.22174
17. Stice, E.A. (2001). Prospective test of the dual-pathway model of bulimic pathology: mediating effects of dieting and negative affect. J. Abnorm. Psychol., 110, 124–135.
18. Heatherton, T.F. & Polivy, J. Chronic dieting and eating disorders: a spiral model. In: Crowther, J.H., Tennenbaum, D.L., Hobfoll, S.E. & Stephens, M.A.P. (Eds.), The Etiology of Bulimia Nervosa: The Individual and Familial Context (133–155). Hemisphere Publishing Corp.
19. Siehe Projektbericht EsKiMoII: https://edoc.rki.de/bitstream/handle/176904/6887.2/EsKiMoII_Projektbericht.pdf?sequence=3&isAllowed=y
20. Lahti-Koski, M., Mannisto, S., Pietinen, P. & Vartiainen, E. (2005). Prevalence of weight cycling and its relation to health indicators in Finland. Obes. Res. 13, 333–341.
21. Montani, J.P., Schutz, Y. & Dulloo, A.G. (2015). Dieting and weight cycling as risk factors for cardiometabolic diseases: who is really at risk?. Obesity reviews: an official journal of the International Association for the Study of Obesity, 16 Suppl 1, 7–18. doi:10.1111/obr.12251
22. Cafri, G., Olivardia, R. & Thompson, K.J. (2008). Symptom characteristics and psychiatric comorbidity among males with muscle dysmorphia. Compr. Psych., 49, 374–9. doi:10.1016/j.comppsych.2008.01.003
23. Murray, S.B., Rieger, E., Hildebrandt, T., Karlov, L., Russell, J., Boon, E. et al. (2012). A comparison of eating, exercise, shape, and weight related symptomatology in males with muscle dysmorphia and anorexia nervosa. Body Image, 9, 93–100. doi:10.1016/j.bodyim.2012.01.008
24. Lau, W.B., Ohashi, K., Wang, Y., Ogawa, H., Murohara, T., Ma, X.L. et al. (2017). Role of adipokines in cardiovascular disease. Circ. J., 81(7), 920–8. doi:10.1253/circj.CJ-17-0458
25. Lopez-Jimenez, F. et al. (2022). Obesity and cardiovascular disease: mechanistic insights and management strategies. A joint position paper by the World Heart Federation and World Obesity Federation, European Journal of Preventive Cardiology, 29 (17), 2218–2237.
26. Lavie, C.J., Ozemek, C., Carbone, S., Katzmarzyk, P.T. & Blair, S.N. (2019). Sedentary Behavior, Exercise and Cardiovascular Health. Circulation research, 124(5), 799–815. doi:10.1161/CIRCRESAHA.118.312669
27. Matheson, E.M., King, D.E. & Everett, C.J. (2012). Healthy lifestyle habits and mortality in overweight and obese individuals. Journal of the American Board of Family Medicine: JABFM, 25(1), 9–15. doi:10.3122/jabfm.2012.01.110164

28. Weintraub, W.S., Daniels, S.R., Burke, L.E., Franklin, B.A., Goff, D.C. Jr, Hayman, L.L. et al. (2011). Value of primordial and primary prevention for cardiovascular disease. Circulation, 124(8), 967–90. doi:10.1161/cir.0b013e3182285a81.
29. Liao, Y., Liao, J., Durand, C.P. & Dunton, G.F. (2014). Which type of sedentary behaviour intervention is more effective at reducing body mass index in children? A meta-analytic review. Obes. Rev. 15(3), 159–68. doi:10.1111/obr.12112
30. Lavie, C.J., McAuley, P.A., Church, T.S., Milani, R.V. & Blair, S.N. (2014). Obesity and cardiovascular diseases: implications regarding fitness, fatness, and severity in the obesity paradox. J. Am. Coll. Cardiol. 63(14), 1345–1354. doi:10.1016/j.jacc.2014.01.022
31. Matheson, E.M., King, D.E. & Everett, C.J. (2012). Healthy lifestyle habits and mortality in overweight and obese individuals. Journal of the American Board of Family Medicine: JABFM, 25(1), 9–15.
32. Yawn, B., Goodwin, M.A., Zyzanski, S.J. & Stange, K.C. (2003). Time use during acute and chronic illness visits to a family physician. Fam. Pract., 20(4), 474–477.
33. Gaesser, G.A. & Angadi, S.S. (2021). Obesity treatment: Weight loss versus increasing fitness and physical activity for reducing health risks. iScience, 24(10), 102 995. doi:10.1016/j.isci.2021.102995
34. Baker, C.W., Whisman, M.A. & Brownell, K.D. (2000). Studying intergenerational transmission of eating attitudes and behaviors: Methodological and conceptual questions. Health Psychology, 19, 376–381.
35. Rodgers, R. & Chabrol, H. (2009). Parental attitudes, body image disturbance and disordered eating amongst adolescents and young adults: A review. Eur. Eat. Disord. Rev., 17(2), 137–51. pmid:19130467
36. Perez, M., Kroon Van Diest, A.M., Smith, H. & Sladek, M.R. (2018). Body of clinical child and adolescent psychology: the official journal for the Society of Clinical Child and Adolescent Psychology, American Psychological Association, Division 53, 47(5), 757–769.
37. Jansen, A., Nederkoorn, C. & Mulkens, S. (2005). Selective visual attention for ugly and beautiful body parts in eating disorders. Behaviour Research and Therapy, 43 (2), 183–196.
38. Bauer, A., Schneider, S., Waldorf, M., Adolph, D. & Vocks, S. (2017). Familial transmission of a body-related attentional bias – An eye-tracking study in a nonclinical sample of female adolescents and their mothers. PLoS ONE 12(11): e0188186.
39. Botta, R.A. & Dumlao, R. (2002). How do conflict and communication patterns between fathers and daughters contribute to or offset eating disorders? Health Commun., 14(2), 199–219.
40. Tyrrell, J. et al. (2017). Gene–obesogenic environment interactions in the UK Biobank study. International Journal of Epidemiology, 46(2), 559–575. doi:10.1093/ije/dyw337
41. Wang, Y. & Lim, H. (2012). The global childhood obesity epidemic and the association between socio-economic status and childhood obesity. Int. Rev. Psychiatry., 24(3), 176–188. pmid:22724639
42. Sobal, J. & Stunkard, A.J. (1989). Socioeconomic status and obesity: A review of the literature. Psychol. Bull., 105(2), 260–275. pmid:2648443
43. Miller, M.A., Kruisbrink, M., Wallace, J., Ji, C. & Cappuccio, F.P. (2018). Sleep duration and incidence of obesity in infants, children, and adolescents: a systematic review and meta-analysis of prospective studies. Sleep, 41(4). doi:10.1093/sleep/zsy018
44. Swinburn, B., Egger, G. & Raza, F. (1999). Dissecting obesogenic environments: the development and application of a framework for identifying and prioritizing environmental interventions for obesity* 1. Preventive Medicine, 29(6), 563–570.
45. Boyland, E.J. & Whalen, R. (2015). Food advertising to children and its effects on diet: review of recent prevalence and impact data. Pediatr. Diabetes, 16(5), 331–337.
46. Boswell, R.G. & Kober, H. (2016). Food cue reactivity and craving predict eating and weight gain: a meta-analytic review. Obes. Rev., 17(2), 159–177.
47. Kraak, V.I., Rincón-Gallardo Patiño, S. & Sacks, G. (2019). An accountability evaluation for the International Food & Beverage Alliance's global policy on marketing communications to children to reduce obesity: a narrative review to inform policy. Obes. Rev., 20, 90–106.
48. Qutteina, Y., De Backer, C. & Smits, T. (2019). Media food marketing and eating outcomes among pre-adolescents and adolescents: A systematic review and meta-analysis. Obesity Reviews, (), obr.12929– doi:10.1111/obr.12929
49. Scully, M., Wakefield, M., Niven, P. et al. (2012). Association between food marketing exposure and adolescents' food choices and eating behaviors. Appetite, 58(1), 1–5. doi:10.1016/j.appet.2011. 09.020

50. Lam, T.M., Vaartjes, I., Grobbee, D.E. et al. (2021). Associations between the built environment and obesity: an umbrella review. Int. J. Health Geogr. 20, 7. doi:10.1186/s12942-021-00260-6
51. Patterson, R., Webb, E., Hone, T., Millett, C. & Laverty, A.A. (Jahreszahl). Associations of public transportation use with cardiometabolic health: a systematic review and meta-analysis. Am. J. Epidemiol.
52. Renalds, A., Smith, T.H. & Hale, P.J. (2010). A systematic review of built environment and health. Family & community health, 33(1), 68–78. doi:10.1097/FCH.0b013e3181c4e2e5
53. Spitzer, B.L., Henderson, K.A. & Zivian, M.T. (1999). Gender differences in population versus media body sizes: A comparison over four decades. Sex Roles, 40(7–8), 545–565.
54. Sypeck, M.F., Gray, J.J. & Ahrens, A.H. (2004). No longer just a pretty face: Fashion magazines' depictions of ideal female beauty from 1959 to 1999. International Journal of Eating Disorders, 36(3), 342–347. doi:10.1002/eat.20039.
55. Martins, N., Williams, D.C., Harrison, K., Ratan, R.A. (2009). A content analysis of female body imagery in video games. Sex Roles, 61, 824–836. doi:10.1007/s11199-009-9682-9
56. Foley Sypeck, M., Gray, J.J. & Ahrens, A.H. (2004). No longer just a pretty face: Fashion magazines' depictions of ideal female beauty from 1959 to 1999, International Journal of Eating Disorders,36(3), 342–347. doi:10.1002/eat.20039
57. Bozsik, F., Whisenhunt, B.L., Hudson, D.L., Bennett, B. & Lundgren, J.D. (2018). Thin is in? Think again: The rising importance of muscularity in the thin ideal female body. Sex Roles. doi:10.1007/s11199-017-0886-0
58. McComb, S.E. & Mills, J.S. (2022). The effect of physical appearance perfectionism and social comparison to thin-, slim-thick-, and fit-ideal Instagram imagery on young women's body image. Body image, 40, 165–175. doi:10.1016/j.bodyim.2021.12.003
59. Law, C. & Labre, M.P. (2002). Cultural standards of attractiveness: A thirty year look at changes in male images in magazines. Journalism & Mass Communication Quarterly, 79(3), 697–711. doi:10.1177/107769900207900310
60. Frederick, D.A., Buchanan, G.M., Sadehgi-Azar, L., Peplau, L.A., Haselton, M.G. & Berezovsaya, A. et al. (2007). Desiring the muscular ideal: men's body satisfaction in the United States, Ukraine and Ghana. Psychol. Men Masculinity. 8(2), 103–117.
61. Hunt, C.J., Gonsalkorale, K. & Murray, S.B. (2013). Threatened masculinity and muscularity: An experimental examination of multiple aspects of muscularity in men. Body Image, 10(3), 290–299. doi:10.1016/j.bodyim.2013.02.007
62. McLean, S.A., Wertheim, E.H. & Paxton, S.J. (2018). Preferences for being muscular and thin in 6-year-old boys. Body Image, 26, 98–102.
63. Boyd, H. & Murnen, S.K. (2017). Thin and sexy vs. muscular and dominant: Prevalence of gendered body ideals in popular dolls and action figures. Body image, 21, 90–96. doi:10.1016/j.bodyim.2017.03.003
64. Groesz, L.M., Levine, M.P. & Murnen, S.K. (2002). The effect of experimental presentation of thin media images on body satisfaction: a meta-analytic review. The International journal of eating disorders, 31(1), 1–16. doi:10.1002/eat.10005
65. Thompson, J.K., Heinberg, L.J., Altabe, M. & Tantleff-Dunn, S. (1999). Exacting beauty: Theory, assessment, and treatment of body image disturbance. American Psychological Association. doi:10.1037/10312-000
66. Mastro, D. & Figueroa-Caballero, A. (2018). Measuring extremes: A quantitative content analysis of prime time TV depictions of body type. Journal of Broadcasting & Electronic Media, 62(2), 320–336. doi:10.1080/08838151.2018.1451853
67. Thorton, B. & Maurice, J. (1997). Physique contrast effect: Adverse impact of idealized body images for women. Sex Roles, 37(5), 433–439. doi:10.1023/A:1025609624848
68. Engeln-Maddox, R. (2005). Cognitive responses to idealized media images of women: The relationship of social comparison and critical processing to body image disturbance in college women. Journal of Social and Clinical Psychology, 24(8), 1114–1138. doi.:10.1521/jscp.2005.24.8.1114
69. Tiggemann, M. & Polivy, J. (2010). Upward and downward: Social comparison processing of thin idealized media images. Psychology of Women Quarterly, 34(3), 356–364. doi:10.1111/j. 1471-6402.2010.01581.x
70. Thompson, J.K. & Stice, E. (2001). Thin-ideal internalization: Mounting evidence for a new risk factor for body-image disturbance and eating pathology. Current Directions in Psychological Science, 10(5), 181–183. doi:10.1111/1467-8721.00144
71. Lew, A.M., Mann, T., Myers, H., Taylor, S., & Bower, J. (2007). Thinideal media and women's body dissatisfaction: Prevention using downward social comparisons on non-appearance dimensions. Sex Roles, 57(7), 543–556. doi:10.1007/s11199-007-9274-5

72. López-Guimerà, G., Levine, M.P., Sánchez-Carracedo, D., & Fauquet, J. (2010). Influence of mass media on body image and eating disordered attitudes and behaviors in females: A review of effects and processes. Media Psychology, 13(4), 387–416. doi:10.1080/15213269.2010.525737
73. Devine, S., Germain, N., Ehrlich, S. & Eppinger, B. (2022). Changes in the prevalence of thin bodies bias young women's judgments about body size. Psychological Science, 33(8), 1212–1225. doi:10.1177/09567976221082941
74. Koiranen, I., Keipi, T., Koivula, A. & Räsänen, P. (2020). Changing patterns of social media use? A population-level study of Finland. Universal Access in the Information Society, 19, 603–617. doi:10.1007/s10209-019-00654-1
75. Appel, M., Marker, C. & Gnambs, T. (2020). Are social media ruining our lives? A review of meta-analytic evidence. Review of General Psychology, 24(1), 60–74. doi:10.1177/1089268019880891
76. Saiphoo, A.N. & Vahedi, Z. (2019). A meta-analytic review of the relationship between social media use and body image disturbance. Computers in Human Behavior, 101, 259–275. doi:10.1016/j.chb.2019.07.028
77. Bennett, B.L., Whisenhunt, B.L., Hudson, D.L., Wagner, A.F., Latner, J.D., Stefano, E.C., & Beauchamp, M.T. (2019). Examining the impact of social media on mood and body dissatisfaction using ecological momentary assessment. Journal of American College Health, 68(5), 502–508. doi:10.1080/07448481.2019.1583236
78. Valkenburg, P.M., Driel, I., & Beyens, I. (2022). The associations of active and passive social media use with well-being: a critical scoping review. New Media Soc. 24, 530–549. doi: 10.1177/14614448211065425
79. Tomczyk, Ł., Szyszka, M. & Stošić, L. (2020). Problematic Internet Use among Youths. Educ. Sci.,10, 161. doi: 10.3390/educsci10060161
80. Nasaescu, E., Marin-Lopez I., Llorent V.J., Ortega-Ruiz R. & Zych, I. (2018). Abuse of technology in adolescence and its relation to social and emotional competencies, emotions in online communication, and bullying. Comput. Hum. Behav., 88, 114–120. doi: 10.1016/j.chb.2018.06.036
81. Chen, L., Ho, S.S. & Olwin M. (2017). A meta-analysis of factors predicting cyberbullying perpetration and victimization: From the social cognitive and media effects approach. New Media Soc., 19, 1194–1213. doi: 10.1177/1461444816634037
82. Tiggemann, M. & Zaccardo. M. (2018). ›Strong is the new skinny‹: A content analysis of #fitspiration images on Instagram. Journal of Health Psychology, 23(8), 1003–1011. doi:10.1177/1359105316639436
83. Prichard, I., Kavanagh, E., Mulgrew, K.E., Lim, M.S. & Tiggemann, M. (2020). The effect of Instagram #fitspiration images on young women's mood, body image, and exercise behaviour. Body Image, 33, 1–6. doi:10.1016/j.bodyim.2020.02.002
84. Miller, A.L. (2016). Eating the other Yogi: Kathryn Budig, the yoga industrial complex, and the appropriation of body positivity. Race and Yoga, 1(1), 1–22. doi:10.5070/R311028507
85. Michelberger, M. (2021). Body Politics. Rowohlt Polaris.
86. Leboeuf, C. (2019). What is body positivity? The path from shame to pride. Philosophical Topics, 47(2), 113–128. doi:10.5840/philtopics201947218
87. Cohen, R., Irwin, L., Newton-John, T. & Slater, A. (2019). #bodypositivity: A content analysis of body positive accounts on Instagram. Body Image, 29, 47–57. doi:10.1016/j.bodyim.2019.02.007
88. Stevens, A. & Griffiths, S. (2020). Body Positivity (#BoPo) in everyday life: An ecological momentary assessment study showing potential benefits to individuals' body image and emotional wellbeing. Body Image, 35, 181–191. doi:10.1016/j.bodyim.2020.09.003
89. Cohen, R., Fardouly, J., Newton-John, T. & Slater, A. (2019). #BoPo on Instagram: An experimental investigation of the effects of viewing body positive content on young women's mood and body image. New Media & Society, 21(7), 1546–1564. doi:10.1177/1461444819826530
90. Perry, M., Watson, L., Hayden, L. & Inwards-Breland, D. (2019). Using body neutrality to inform eating disorder management in a gender diverse world. The Lancet. Child & Adolescent Health, 3(9), 597–598. doi:10.1016/S2352-4642(19)30237-8
91. Clark, E. (2022). Body neutrality: Finding acceptance and liberation in a body-focused culture. Taylor & Francis
92. Alleva, J.M., Veldhuis, J., & Martijn, C. (2016). A pilot study investigating whether focusing on body functionality can protect women from the potential negative effects of viewing thin-ideal media images. Body Image, 17, 10–13. doi:10.1016/j.bodyim.2016.01.007

93. https://vdaepc.de/vdaepc-statistik-2022-zahlen-fakten-entwicklungen-in-der-aesthetisch-plastischen-chirurgie/#:~:text=Die%20Gesamtzahl%20der%20%C3%A4sthetischen%-20Eingriffe,Handstein.
94. https://de.statista.com/statistik/daten/studie/221664/umfrage/anteil-der-haeufigsten-schoenheitsoperationen-in-deutschland/#:~:text=Laut%20der%20 International%20 Society%20of,meisten%20%C3%A4sthetisch%2Dplastischen%20Eingriffen%20weltweit
95. www.aerzteblatt.de/nachrichten/103179/Zahl-der-Schoenheitsoperationen-nimmt-zu
96. Mattei et al. (2015). Body image and personality in aesthetic plastic surgery: A case-control study. Open Journal of Medical Psychology, 4, 35–44.
97. Mingoia, J., Hutchinson, A.D., Wilson, C. & Gleaves, D.H. (2017). The relationship between social networking site use and the internalization of a thin ideal in females: A meta-analytic review. Frontiers in Psychology, 8, Article 1351.
98. Festinger, L. (1954). A theory of social comparison processes. Human Relations, 7, 117–140. doi:10.1177/001872675400700202
99. Fredrickson, B.L. & Roberts, T. (1997). Objectification theory: Toward understanding women's lived experiences and mental health risks. Psychology of Women Quarterly, 21, 173–206.
100. Roberts, T.A. & Gettman, J. (2004). Mere exposure: gender differences in the negative effects of priming a state of self-objectification. 51(1–2), 17–27. doi:10.1023/b:sers.0000032306.20462.22
101. Tangney, J.P., Miller, R.S., Flicker, L. & Barlow, D.H. (1996). Are shame, guilt, and embarrassment distinct emotions? Journal of Personality and Social Psychology, 70, 1256– 1269.
102. Tiggemann, M. (2013). Objectification theory: Of relevance for eating disorders researchers and clinicians? Clinical Psychologist, 17, 35–45. doi:10.1111/cp.12010 Sociocultural pressures, thin-ideal internalization, self-objectification, and body dissatisfaction: Could feminist beliefs be a moderating factor?, 4(3), 296–308. doi:10.1016/j.bodyim.2007.04.001
103. Myers, T.A. & Crowther, J.H. (2007).
104. Franzoi, S.L., Vasquez, K., Sparapani, E., Frost, K., Martin, J. & Aebly, M. (2012). Exploring body comparison tendencies: Women are self-critical whereas men are self-hopeful. Psychology of Women Quarterly, 36(1), 99–109. doi:10.1177/0361684311427028
105. Franzoi, S.L., Vasquez, K., Sparapani, E., Frost, K., Martin, J. & Aebly, M. (2012). Exploring body comparison tendencies: Women are self-critical whereas men are self-hopeful. Psychology of Women Quarterly, 36(1), 99–109. doi:10.1177/0361684311427028
106. Dittmar, H. (2005). Vulnerability factors and processes linking sociocultural pressures and body dissatisfaction. Journal of Social and Clinical Psychology, 24, 1081–1087.
107. Ward, L.M. (2016). Media and sexualization: State of empirical research, 1995–2015. The Journal of Sex Research, 1–18. doi:10.1080/00224499.2016.1142496

Teil 3: Bodyacceptance reloaded – Wie du die Beziehung zu deinem Körper verbessern kannst

1. Webb, J.B., Wood-Barcalow, N.L. & Tylka, T.L. (2015). Assessing positive body image: Contemporary approaches and future directions. Body Image, 14, 130–145. doi:10.1016/j.bodyim.2015.03.010
2. Menzel, J.E. & Levine, M.P. (2011). Embodying experiences and the promotion of positive body image: The example of competitive athletics. In: R.M. Calogero, J.K. Thompson, S. Tantleff-Dunn (Eds.), Self-objectification in women: Causes, consequences, and counteractions (163–186). Washington, DC. doi:10.1037/12304-008
3. Alleva, J.M. & Tylka, T.L. (2021). Body functionality: A review of the literature. Body Image, 36, 149–171. doi:10.1016/j.bodyim.2020.11.006
4. Alleva, J.M., Martijn, C., Van Breukelen, G.J.P., Jansen, A. & Karos, K. (2015). Expand Your Horizon: A programme that improves body image and reduces self-objectification by training women to focus on body functionality. Body Image, 15, 81–89. doi:10.1016/j.bodyim.2015.07.001
5. Tylka, T.L. & Wood-Barcalow, N.L. (2015). What is and what is not positive body image? Conceptual foundations and construct definition. Body Image, 14, 118–129. doi:10.1016/j.bodyim.2015.04.001
6. Guest, E., Costa, B., Williamson, H., Meyrick, J., Halliwell, E., & Harcourt, D. (2019). The effectiveness of interventions aiming to promote positive body image in adults: A systematic review. Body Image, 30, 10–25. doi:10.1016/j.bodyim.2019.04.002
7. Halliwell, E. (2015). Future directions for positive body image research. Body Image, 14, 177–189. doi:10.1016/j.bodyim.2015.03.003

8. Halliwell, E. (2013). The impact of thin idealized media images on body satisfaction: Does body appreciation protect women from negative effects? Body Image, 10, 509–514. doi:10.1016/j.bodyim.2013.07.004
9. Halliwell, E., Jarman, H., Tylka, T. & Slater, A. (2017). Adapting the Body Appreciation Scale-2 for Children: A psychometric analysis of the BAS-2C. Body Image, 21, 97–102. doi:10.1016/j.bodyim.2017.03.005
10. Guest, E., Costa, B., Williamson, H., Meyrick, J., Halliwell, E. & Harcourt, D. (2019). The effectiveness of interventions aiming to promote positive body image in adults: A systematic review. Body Image, 30, 10–25. doi:10.1016/j.bodyim.2019.04.002
11. Guest, E., Zucchelli, F., Costa, B., Bhatia, R., Halliwell, E. & Harcourt, D. (2022). A systematic review of interventions aiming to promote positive body image in children and adolescents. Body Image, 42, 58–74. doi:10.1016/j.bodyim.2022.04.009
12. Wood-Barcalow, N.L., Tylka, T.L. & Augustus-Horvarth, C.L. (2010). »But I like my body«: Positive body image characteristics and a holistic model for young-adult women. Body Image, 7, 106–116. doi:10.1016/j.bodyim.2010.01.00
13. Alleva, J.M., Tylka, T.L. & Kroon Van Diest, A.M. (2017). The Functionality Appreciation Scale (FAS): Development and psychometric evaluation in U.S. community women and men. Body Image, 23, 28–44. doi:10.1016/j.bodyim.2017.07.008
14. Alleva, J.M., Martijn, C., Van Breukelen, G.J., Jansen, A. & Karos,K. (2015). Expand Your Horizon: A programme that improves body image and reduces self-objectification by training women to focus on body functionality. Body image, 15, 81–89. doi:10.1016/j.bodyim.2015.07.001
15. Alleva, J.M., Diedrichs, P.C., Halliwell, E., Martijn, C., Stuijfzand, B.G., Treneman-Evans, G. & Rumsey, N. (2018). A randomised-controlled trial investigating potential underlying mechanisms of a functionality-based approach to improving women's body image. Body image, 25, 85–96. doi:10.1016/j.bodyim.2018.02.009
16. Linardon, J., McClure, Z., Tylka, T.L. & Fuller-Tyszkiewicz, M. (2022). Body appreciation and its psychological correlates: A systematic review and meta-analysis. Body image, 42, 287–296. doi:10.1016/j.bodyim.2022.07.003
17. Ebd.
18. Behrend, N. & Warschburger, P. (2022). Validation of a German version of the Body Appreciation Scale-2 (BAS-2). Body Image, 41, 216–224. doi:10.1016/j.bodyim.2022.01.020
19. Bruce, L.J. & Ricciardelli, L.A. (2016). Intuitive eating has been proposed as an eating style that fosters a positive attitude towards food, the body, and physical activity. A systematic review of the literature was undertaken to examine intuitive eating in relation to disordered eating. Appetite 96, 454–472.
20. Van Dyke, N. & Drinkwater, E.J. (2014). Review article relationships between intuitive eating and health indicators: literature review. Public health nutrition, 17 (8), 1757–1766.
21. Tribole, E. & Resch, E. (1995). Intuitive eating: A revolutionary program that works.Saint Martin's Paperbacks, New York.
22. Ebd.
23. Ebd.
24. Trajković, N., Mitić, P.M. & Barić, R., (Editorial) Bogataj, Š. (2023). Effects of physical activity on psychological well-being. Front. Psychol., Jan 18;14:1121976. doi: 10.3389/fpsyg.2023.1121976. PMID: 36 743 250; PMCID: PMC9890147
25. Hanna, J.L. (1983). The performer-audience connection: emotion to metaphor in dance and society. Austin: University of Texas Press.
26. Donath, L., Roth, R., Hohn, Y., Zahner, L. & Faude, O. (2014). The effects of Zumba training on cardiovascular and neuromuscular function in female college students. Eur. J. Sport Sci.,14(6), 569–577.
27. Merom, D., Ding, D. & Stamatakis, E. (2016). Dancing participation and cardiovascular disease mortality: a pooled analysis of 11 population-based British cohorts. Am. J. Prev. Med., 50(6), 756–760.
28. Kaltsatou, A.C.H., Kouidi, E.I., Anifanti, M.A., Douka, S.I. & Deligiannis, A.P. (2014). Functional and psychosocial effects of either a traditional dancing or a formal exercising training program in patients with chronic heart failure: a comparative randomized controlled study. Clin. Rehabil., 28(2), 128–138. doi:10.1177/ 0 269 215 513 492 988
29. Meyer, C., Taranis, L., Goodwin, H. & Haycraft, E. (2011). Compulsive exercise and eating disorders. Eur. Eat. Disord. Rev., 19(3), 174–189.
30. Klein, D.A., Bennett, A.S., Schebendach, J., Foltin, R.W., Devlin, M.J. & Walsh, B.T. (2004). Exercise »addiction« in anorexia nervosa: Model development and pilot data. CNS Spectrums, 9, 531–537.

31. Meyer, C., Taranis, L., Goodwin, H. & Haycraft, E. (2011). Compulsive exercise and eating disorders. Eur. Eat. Disord. Rev.,19(3), 174–189.
32. Foley, D., Ancoli-Israel, S., Britz, P. & Walsh, J. (2004). Sleep disturbances and chronic disease in older adults: results of the 2003 National Sleep Foundation Sleep in America Survey. J. Psychosom. Res., 56(5), 497–502. doi:10.1016/j.jpsychores.2004.02.010. S0022399904000327
33. Thelwell, R.C., Lane, A.M. & Weston, N.J. (2007). Mood states, self-set goals, self-efficacy and performance in academic examinations. Personality and Individual Differences, 42(3), 573–583.
34. Turvey, C.L., Conwell, Y., Jones, M.P., Phillips, C., Simonsick, E., Pearson, L. & Wallace, R. (2002). Risk factors for late-life suicide: a prospective, community-based study. Am. J. Geriatr. Psychiatry, 10(4), 398–406.
35. Krueger, P.M. & Friedman, E.M. (2009). Sleep duration in the United States: a cross-sectional populationbased study. American journal of epidemiology, 169(9), 1052–1063.
36. https://de.statista.com/infografik/29586/befragte-die-unter-schlafstoerungen-leiden/
37. Montgomery, P., Burton, J.R., Sewell, R.P., Spreckelsen, T.F. & Richardson, A.J. (2014). Fatty acids and sleep in UK children: subjective and pilot objective sleep results from the DOLAB study - a randomized controlled trial. Journal of Sleep Research, 23(4), 364–388.
38. Imeri, L. & Opp, M.R. (2009). How (and why) the immune system makes us sleep. Nature Reviews Neuroscience, 10 (3), 199–210.
39. Byun, J.I., Shin, Y.Y., Chung, S.E. & Shin, W.C. (2018). Safety and efficacy of gamma-aminobutyric acid from fermented rice germ in patients with insomnia symptoms: a randomized, double-blind trial. Journal of Clinical Neurology, 14 (3), 291–295.
40. Rosenbaum, D.L., Gillen, M.M. & Bloomer, S.A. (2023). The effects of sleep on body image: examining the roles of depression, perceived stress, and anxiety. Journal of American college health: J. of ACH, 1–9. Advance online publication. doi:10.1080/07448481.2023.2186153
41. Akram, U., Allen, S.F., Stevenson, J.C., Lazuras, L., Ackroyd, M., Chester, J., Longden, J., Peters, C. & Irvine, K.R. (2021). Homogeneity of cognitive and behavioural processes underlying the relationship between insomnia and body image disturbance. Cognitive processing, 22(4), 701–709. doi:10.1007/s10339-021-01039-0
42. Angelehnt und erweitert aus: Kircher (Ed.), Kompendium der Psychotherapie, 212 Springer Verlag und K. Spiegelhalder, J. Backhaus & D. Riemann: Schlafstörungen, 2011 Hogrefe Verlag.
43. Tylka, T.L. (2011). Positive psychology perspectives on body image. In: T.F. Cash & L. Smolak (Eds.), Body image: A handbook of science, practice, and prevention (2. Aufl., S. 55–64). New York. doi:10.1016/b978-0-12-384925-0.00104-8
44. Rodgers, R.F., McLean, S.A. & Paxton, S.J. (2015). Longitudinal relationships among internalization of the media ideal, peer social comparison, and body dissatisfaction: Implications for the tripartite influence model. Developmental Psychology, 51(5), 706–713. doi:10.1037/dev0000013.
45. Smeets, E., Jansen, A. & Roefs, A. (2011). Bias for the (un)attractive self: on the role of attention in causing body (dis)satisfaction. Health psychology: official journal of the Division of Health Psychology, American Psychological Association, 30(3), 360–367. doi:10.1037/a0022095
46. Krohmer, K., Naumann, E., Tuschen-Caffier, B. & Svaldi, J. (2022). Mirror exposure in binge-eating disorder: Changes in eating pathology and attentional biases. Journal of Consulting and Clinical Psychology, 90(8), 613–625. doi:10.1037/ccp0000751
47. Tanck, J.A., Hartmann, A.S., Svaldi, J. & Vocks, S. (2021). Effects of full-body mirror exposure on eating pathology, body image and emotional states: Comparison between positive and negative verbalization. PLoS ONE, 16(9), Article e0257303. doi:10.1371/journal.pone.0257303
48. Klimek, P., Grotzinger, A. & Hildebrandt, T. (2016). Using acceptance to improve body image among individuals with eating disorders. In: A.F. Haynos, E.M. Forman, M.L. Butryn & J. Lillis (Eds.), Mindfulness & acceptance for treating eating disorders & weight concerns: Evidence based interventions (S. 121–142), New Harbinger Publications.
49. Klimek, P., Wie, B. & Blashill, A.J. (2020). Exploring moderators of mirror exposure on pre-to post changes in body image outcomes: Systematic review and meta-analysis. Eat. Disord., 25,1–22. doi:10.1080/10640266.2020.1791665
50. Vocks, S., Bauer, A. & Legenbauer, T. (2018). Körperbildtherapie bei Anorexia und Bulimia nervosa: Ein kognitiv-verhaltenstherapeutisches Behandlungsprogramm (3. Aufl.). Hogrefe Verlag.

51. Bauer, A., Vocks, S. & Legenbauer, T. (2016). Wer schön sein will, muss leiden? Hogrefe Verlag.
52. Watkins, P.C. (2014). Gratitude and the good life: Toward a psychology of appreciation. Springer Science.
53. Geraghty, A.W. A., Wood, A.M. & Hyland, M.E. (2010). Attrition from self-directed interventions: Investigating the relationship between psychological predictors, intervention content and dropout from a body dissatisfaction intervention. Social Science & Medicine, 71, 30–37. doi:10.1016/j.socscimed.2010.03.007
54. Emmons, R.A. & McCullough,M.E. (2003). Counting blessings versus burdens: an experimental investigation of gratitude and subjective well-being in daily life. Journal of Personality and Social Psychology, 84, 377–389.
55. Wolfe, W.L. & Patterson, K. (2017). Comparison of a gratitude-based and cognitive restructuring intervention for body dissatisfaction and dysfunctional eating behavior in college women. Eating Disorders, 1–15. doi:10.1080/10640266.2017.1279908
56. Schlüter, C., Kraag, G. & Schmidt, J. (2021). Bodyshaming: An exploratory study on its definition and classification. Int. Journal of Bullying Prevention. doi.org/10.1007/s42380-021-00109-3
57. Tzoneva, M., Forney, J.K. & Keel, P. (2015). The influence of gender and age on the association between »fat talk« and disordered eating: An examination ihn men and women from their 20s to their 50s. Eating Disorders, 23(5), 439–454. doi:10.1080/10640266.2015.1013396
58. Salk, R.H. & Engeln-Maddox, R. (2011). »If you're fat, then I'm humongous!«: Frequency, content and impact of fat talk among college women. Psychology of Women Quarterly, 35, 18–28. doi:10.1177/0361684310384107
59. Nitcher, M. (2000). Fat talk: What girls and their parents say about dieting. Harvard University Press.
60. Tucker, K.L., Martz, D.M., Curtin, L.A. & Bazzini, D.G. (2007). Examining »fat talk« experimentally in a female dyad: How are women influenced by another woman's body presentation style? Body Image, 4, 157–164, doi:http://dx.doi.org.proxy.lib.fsu.edu/10.1016/j.bodyim.2006.12.005
61. Mills, J., Fuller-Tyszkiewicz, M. (2016). Fat talk and its relationship with body image disturbance. Body Image, 18, 61–64. doi:10.1016/j.bodyim.2016.05.001
62. https://lindobacon.com/health-at-every-size-book/haes-excerpts-and-downloads/
63. Tamplin, N.C., McLean, S.a. & Praxton, S.J. (2018). Social media literacy protects against the negative impact of exposure to appearance ideal social media images in young adult women but not men. Body Image, 26, 29–37. doi:/10.1016/j.bodyim.2018.05.003
64. Fardouly, J. & Holland, E. (2018). Social media is not real life: The effect of attaching disclaimer-type labels to idealized social media images on women's body image and mood. New Media & Society, 20(11), 4311–4328. doi:10.1177/1461444818771083
65. Tiggemann, M. & Anderberg, I. (2020). Social media is not real: The effect of 'Instagram vs reality'images on women's social comparison and body image. New Media & Society, 22, 2183–2199, doi:1461444819888720.
66. Tiggemann, M. & Velissaris, V.G. (2020). The effect of viewing challenging »reality check« Instagram comments on women's body image. Body Image, 33, 257–263. doi:10.1016/j.bodyim.2020.04.004

Stichwortverzeichnis

MIX
Papier | Fördert gute Waldnutzung
FSC® C014496

Penguin Random House Verlagsgruppe FSC® N001967

2. Auflage
Originalausgabe

in der Verlagsgruppe Penguin Random House GmbH
Neumarkter Str. 28, 81673 München
produktsicherheit@penguinrandomhouse.de
(Vorstehende Angaben sind zugleich Pflichtinformationen nach GPSR)

Lektorat: Caroline Kaum
Umschlaggestaltung: ki 36, Daniela Hofner Editorial Design, München
Satz: Buch-Werkstatt GmbH, Bad Aibling
Druck und Bindung: GGP Media GmbH, Pößneck
Printed in Germany
ISBN 978-3-424-63259-0
www.kailash-verlag.de